IDIOMAS LAROUSSE

ALEMÁN
Iniciación

Usted puede adquirir esta obra en dos versiones:
- *Estuche*, con tres casetes y libro
- *Libro*, únicamente

ALEMÁN PARA TODOS / Iniciación

© Presses Pocket

"D.R." © MCMXCIV, por Ediciones Larousse, S. A. de C. V.
Dinamarca núm. 81, México 06600, D. F.

*Esta obra no puede ser reproducida, total o
parcialmente, sin autorización escrita del editor.*

PRIMERA EDICIÓN — 16ª reimpresión

ISBN 2-266-05617-4 (Presses Pocket)
ISBN 970-607-325-6 (Ediciones Larousse)

**Larousse y el Logotipo Larousse son
marcas registradas de Larousse, S. A.**

Impreso en México — Printed in Mexico

IDIOMAS LAROUSSE

ALEMÁN
Iniciación

Wolfram Klatt   Jean-Paul Vernon

Verónica Kugel

LAROUSSE

Av. Diagonal 407 Bis-10   Dinamarca 81   21 Rue du Montparnasse   Valentín Gómez 3530
08008 Barcelona   México 06600, D. F.   75298 París Cedex 06   1191 Buenos Aires

Contenido

Prefacio

Los autores de este método partieron de constataciones sencillas:

■ Algunas personas estudiaron alemán en condiciones óptimas, con profesores excelentes y los mejores métodos, pero **no han podido practicarlo desde hace varios años.**

■ Otras personas no pudieron dedicar el tiempo necesario al estudio del alemán y, consiguientemente, **les falta una estructuración adecuada de lo aprendido.**

En ambos casos:

■ sus conocimientos son, ahora, vagos y difusos. Mal dominados, prácticamente no son utilizables.

■ Además, no constituyen la base sólida indispensable para permitirles progresar.

Para reaccionar contra:

■ este conocimiento difuso y por lo tanto,

■ esta inutilidad práctica,

los autores de este método elaboraron una progresión que conviene, además, a **todos aquellos que empiezan de cero su estudio del alemán.** Cada lector avanzará a su propio ritmo, con total autonomía.

Esta última característica hace que este método sea un **complemento,** tanto para los alumnos de los **diferentes ciclos** del sistema educativo como para los participantes de los cursos de **ampliación de estudios.**

Por lo tanto, los autores optaron:

■ por asegurar el **conocimiento claro y preciso de las bases principales de la lengua,** más que por la descripción de todos los mecanismos de asimilación.

■ por cuidar que todos los elementos presentados (gramática, pronunciación, vocabulario) sean **definitivamente asimilados y por lo tanto, utilizables en la práctica.**

En un idioma, de nada sirve tener nociones de todo si no desembocan en la capacidad de expresarse.

■ por ilustrar los mecanismos descritos con oraciones y frases que **constituyan una forma correcta de comunicación**. Los ejemplos siempre son frases de **uso común** en el alemán de todos los días.

Para lograr esto, el libro se compone de:

■ **unidades sencillas y fáciles de asimilar**, que tratan una sola dificultad a la vez, para asegurar el dominio del punto concreto estudiado.

■ **comentarios y explicaciones** que con sus traducciones al español permiten a cada quien resolver las dudas que pueda tener.

■ **ejercicios de control** que, junto con la práctica sistemática de los puntos estudiados, aseguran una asimilación completa.

■ La sencillez de las unidades, la presentación progresiva de las dificultades, la repetición, el control sistemático de todos los puntos estudiados, el valor práctico de las estructuras y frases enseñadas, permiten que el lector adquiera un medio de comunicación eficaz.

■ En resumen, los autores han querido privilegiar el aprendizaje práctico del idioma más que su mera enseñanza teórica.

Esta descripción y estos consejos le ayudarán a utilizar su método y a organizar su trabajo con eficacia.

El libro consta de:
— 40 lecciones de seis páginas cada una;
— un breve resumen gramatical.

Encontrará en todas las lecciones una **organización idéntica** destinada a facilitar el autoaprendizaje: incluyen **tres partes, A, B y C,** de **dos páginas** cada una.

Así podrá trabajar a su ritmo personal. Aunque no disponga del tiempo necesario para aprender una lección completa, puede empezar una y estudiar sólo parte de ella, sin perder la coherencia ni tener la impresión de dispersarse.

Estructura (= sistematización) de las lecciones

LA PARTE A: está dividida en 4 secciones, A1, A2, A3, A4.

A 1 - PRESENTACIÓN

Esta primera sección introduce la información básica nueva (gramática, vocabulario y pronunciación) que tendrá que conocer y saber usar para producir oraciones.

A 2 - APLICACIÓN

Con base en los elementos presentados en A1, se propone una serie de oraciones modelo (que usted deberá aprender luego y reconstruir por sí mismo).

A 3 - COMENTARIOS

Comentarios adicionales con respecto a las oraciones de A2 para clarificar puntos de gramática, vocabulario o pronunciación.

A 4 - TRADUCCIÓN

Esta última sección incluye la traducción completa de la parte A2.

LA PARTE B: subdividida también en 4 secciones, B1, B2, B3, B4, tiene el mismo esquema que la parte A, profundizando y completando las mismas nociones gramaticales, con nuevos elementos de vocabulario.

⓪ Presentación y consejos

LA PARTE C: sus 4 secciones, C1, C2, C3 y C4 contienen ejercicios e información práctica.

C 1 - EJERCICIOS

Sirven para controlar la adquisición de los mecanismos aprendidos en A y B.

C 3 - RESPUESTAS

Se incluyen todas las respuestas correctas a los ejercicios de C1, para permitir una **autocorrección**.

C 2 Y C 4 - INFORMACIÓN PRÁCTICA

Expresiones de uso corriente en la vida cotidiana e información complementaria acompañados de una traducción integral o de explicaciones.

Resumen gramatical

El **resumen gramatical** repasa todos los puntos básicos de la gramática.

Algunos consejos

■ **Estudie con regularidad**

Es más eficiente trabajar a intervalos regulares, aunque sea por un periodo corto de tiempo, que tratar de aprender varias lecciones al mismo tiempo a intervalos muy espaciados.

Estudiar media hora diaria, aunque sea sólo una de las tres partes de cada lección, es más eficaz que sobrevolar varias lecciones por tres horas cada diez días. Además, sería conveniente que conforme vaya progresando elabore su propio fichero de vocabulario.

■ **Programe sus esfuerzos**

Trabaje cada lección según sus subdivisiones: no pase a B sin antes haber entendido, aprendido y memorizado correctamente la parte A.

Este principio también se aplica, naturalmente, a las diferentes lecciones: no empiece una lección nueva sin dominar la anterior.

■ **Repase las lecciones**

No dude en repasar las lecciones que ya aprendió y repetir varias veces los ejercicios.

Una vez más: asegúrese de haber entendido bien y de recordarlo todo.

Método de trabajo

Para las partes A y B

1. Después de haber estudiado A1 (o B1), lea la serie de oraciones A2 (o B2) varias veces.

2. Consulte los comentarios de A3 (o B3).

3. Vuelva a A2 (o B2) y trate de traducir las oraciones al español, sin mirar A4 (B4).

4. Verifique su traducción leyendo A4 (o B4).

5. Trate de reconstruir las oraciones de A2 (o B2) partiendo de A4 (o B4) sin mirar A2 (o B2) ... Después, verifique, etc.

Para la parte C

1. Siempre que pueda, haga los ejercicios de C1 por escrito antes de compararlos con los resultados corregidos de C3.

2. Memorice con constancia el contenido de C3 o C4.

3. No considere que ha asimilado una lección:
   — hasta que pueda traducir A4 o B4 al alemán sin ayudarse de A2 o B2.
   — hasta que pueda hacer todos los ejercicios de C1 sin equivocarse y traducir C4 al alemán.

Grabaciones del libro

●● ⊙ La grabación es el compañero natural del libro.

Hecha con voces alemanas auténticas, contiene todos los diálogos y una selección de ejercicios (C), identificados con el símbolo **●●**.

Le permitirá practicar su alemán hablando y escuchando.

Abreviaturas

acus.	=	acusativo	n.	=	neutro
adj.	=	adjetivo	nom.	=	nominativo
dat.	=	dativo	p.ej.	=	por ejemplo
fem.	=	femenino	pl.	=	plural
lit.	=	literalmente	pret.	=	pretérito
m.	=	masculino	sing.	=	singular

Signos

→ se transforma en/corresponde a: **ein** → **eine** → *un(a)*: **ein** se transforma en **eine** y corresponde a *un* o *una*.

/ la barra oblicua significa "o también": *él/ella* = *él* o *ella*.

ø ausencia de plural (o plural inusitado).

A 1   PRESENTACIÓN

- **Hier ist ...**   [hi:r''ist]   *Aquí está ...*
  Kiel   [ki:l]   *(la ciudad de) Kiel*
  Wien   [vi:n]   *(la ciudad de) Viena*
  Schmitt   [sᶜʰmit]   *(Señor, Señora) Schmitt*

> En alemán se distingue entre vocales largas y breves. Los dos puntos anotados después de una vocal indican que es larga: [i:] = **i** larga.

■ No hay enlace entre **hier** e **ist**.

A 2   APLICACIÓN

1. **Hier ist Kiel.**
2. **Hier ist Wien.**
3. **Schmitt!**
4. **Hier Schmitt!**
5. **Hier ist Schmitt!**

A 3 OBSERVACIONES

■ Pronunciación

- La ortografía permite casi siempre distinguir entre <u>vocales largas y breves</u>: a una vocal larga le sigue una sola consonante, a una vocal breve por lo menos dos consonantes. Por lo tanto, la **i** de **ist** [ist] es breve, al igual que la **i** de **Schmitt** [s^{ch}mit].

- La **e** después de la **i** es una indicación complementaria para anotar, en la ortografía, la vocal larga. La **e** de **hier**, **Kiel**, **Wien** no se pronuncia, es "muda": [hiːr], [kiːl], [viːn].

- [ʼ]: este signo indica la **glotal**, es decir, la ausencia de enlace entre dos palabras, entre una consonante y una vocal: un poco como la **h** muda en español, en el caso de *la harina* (ver p. 256, 8e).

- [h]: **h** al inicio de una palabra se pronuncia con una expiración fuerte (ver p. 256, 8d).

- [v]: **w** se pronuncia como en español la *v* de *ver* [ver].

- [s^{ch}]: **sch** transcribe el sonido único [s^{ch}], como la *s* cuando se indica *¡silencio!*

A 4 TRADUCCIÓN

1. Aquí está Kiel.
2. Aquí está Viena.
3. ¡Schmitt!
4. ¡Aquí Schmitt!
5. ¡(El Señor) Schmitt (al habla)!

1 Kiel ist hier

B 1 PRESENTACIÓN

Hier ist Kiel.   *Aquí está Kiel.*
Kiel ist hier.   *Kiel está aquí.*

- **ist** es la tercera persona del singular del verbo alemán que corresponde a *ser* y *estar* en español. Note que en alemán existe un solo verbo para traducir ambos verbos españoles.

    alem. **ist** → esp. *es, está*

- **hier** corresponde al español *aquí*.

- **hier ist ...** se traduce comúnmente al español por *aquí está ...*

Frau	[frao]	*Señora*
Herr	[hɛr]	*Señor*

B 2 APLICACIÓN

1. Hier ist Kiel.
2. Kiel ist hier.
3. Hier ist Wien.
4. Wien ist hier.
5. Hier ist Herr Schmitt.
6. Herr Schmitt ist hier.
7. Hier ist Frau Schmitt.
8. Frau Schmitt ist hier.

B 3 OBSERVACIONES

■ Pronunciación

- [k]: **k** se pronuncia como la *c* de *casi* o la *qu* de *que* en español, aunque con más fuerza (ver p. 256).

- [l] [m] [n]: **l, m, n** se pronuncian más o menos como las consonantes correspondientes en español (ver p. 254).

- [r]: la **r** es algo más gutural que en español (ver p. 254).

- [ao]: las letras **au** representan el diptongo [ao] (ver p. 255); evite pronunciarlo como dos vocales por separado *a* + *o*.

- [ɛ]: la **e** de **Herr** es muy abierta y breve, similar a la *e* de *perro* en español.

En alemán no existe la oposición *r* → *rr* (*pero, perro*), como en español. Las letras dobles, **rr** o **tt** por ejemplo, indican que la vocal que les precede es breve. Estas dos letras se pronuncian como una consonante sencilla:

$$\text{Herr} \rightarrow \text{[her]} \qquad \text{Schmitt} \rightarrow \text{[s}^{ch}\text{mit]}$$

B 4 TRADUCCIÓN

1. Aquí está Kiel.
2. Kiel está aquí.
3. Aquí está Viena.
4. Viena está aquí.
5. Aquí está el Señor Schmitt.
6. El Señor Schmitt está aquí.
7. Aquí está la Señora Schmitt.
8. La Señora Schmitt está aquí.

C 1 EJERCICIOS

A. Traducir al alemán
1. Aquí está Schmitt.
2. Viena está aquí, Kiel está aquí.
3. Aquí está la Señora Schmitt.
4. Aquí está Viena, aquí está Kiel.
5. El Señor Schmitt está aquí.
6. La Señora Schmitt está aquí.
7. Aquí está la Señora Schmitt.

B. ●● Transformar como en el ejemplo:
Hier ist Kiel → Kiel ist hier.

1. Hier ist Wien.
2. Hier ist Kiel.
3. Hier ist Frau Schmitt.
4. Hier ist Herr Schmitt.

C. Completar
1. ..... ist Kiel, hier ..... Wien.
2. Hier ..... Herr Schmitt.
3. Frau Schmitt ist ..... .
4. Kiel ..... hier, Wien ..... hier.

D. ●● Pronunciar
1. Wien, Kiel, hier, ist, Schmitt.
2. Hier ist Wien. Hier ist Schmitt.
3. Herr Schmitt. Frau Schmitt.
4. Hier ist Herr Schmitt. Hier ist Frau Schmitt.

C 2 VOCABULARIO

hier	*aquí*
ist	*está*
hier ist ...	*aquí está ...*
Herr Schmitt	*Señor Schmitt*
Frau Schmitt	*Señora Schmitt*

C 3   RESPUESTAS

A.
1. Hier ist Schmitt.
2. Wien ist hier, Kiel ist hier.
3. Hier ist Frau Schmitt.
4. Hier ist Wien, hier ist Kiel.
5. Herr Schmitt ist hier.
6. Frau Schmitt ist hier.
7. Hier ist Frau Schmitt.

B. ●●

Aquí está Kiel → Kiel está aquí.

1. Wien ist hier.
2. Kiel ist hier.
3. Frau Schmitt ist hier.
4. Herr Schmitt ist hier.

C.
1. Hier ist Kiel, hier ist Wien.
2. Hier ist Herr Schmitt.
3. Frau Schmitt ist hier.
4. Kiel ist hier, Wien ist hier.

D. ●●
1. [viːn] [kiːl] [hiːr] [ist] [s^{ch}mit]
2. [hiːr ist viːn] [hiːr ist s^{ch}mit]
3. [her s^{ch}mit] [frao s^{ch}mit]
4. [hiːr ist her s^{ch}mit] [hiːr ist frao s^{ch}mit]

C 4   OBSERVACIONES

- **au** de **Frau** es un diptongo.
- **ie** de **hier, Kiel, Wien** es una **i** larga.
- Atención con la *glotal*: no hay enlace entre **hier** e **ist**.

2 Da ist Karl

A 1 PRESENTACIÓN

da [da:] *ahí*
da ist ... [da:''ist] *ahí está ...*

■ **da** corresponde al español *ahí*, **da ist ...** suele traducirse por *ahí está ...*:

da *ahí* → **da ist ...** *ahí está ...*

Karl [karl] *Carlos*
Hans [hans] *Juan*

A 2 APLICACIÓN

1. Da!
2. Da ist Hans.
3. Hans ist da.
4. Da ist Karl.
5. Karl ist da.
6. Frau Schmitt ist da.
7. Da ist Herr Schmitt.
8. Hier ist Hans, da ist Karl.
9. Hier ist Kiel, da ist Wien.
10. Kiel ist hier, Wien ist da.
11. Hier ist Frau Schmitt, da ist Herr Schmitt.
12. Frau Schmitt ist hier, Herr Schmitt ist da.

A 3   OBSERVACIONES

■ **Pronunciación**

- Recuerde: no hay enlace entre una consonante final y una vocal inicial: **hier/ist** ...

- La **s** de **Hans** se pronuncia como la *s* en español.

- Las vocales son largas o breves: [da:], [hans]. La **a** de **da** al final de la palabra, que no precede a una consonante, es larga: [da:].

- La **a** de **Karl** y de **Hans**, delante de dos consonantes, es breve. Se parece a la *a* de *papa* [papa] en español.

A 4   TRADUCCIÓN

1. ¡Ahí!
2. Ahí está Juan.
3. Juan está ahí.
4. Ahí está Carlos.
5. Carlos está ahí.
6. La Señora Schmitt está ahí.
7. Ahí está la Señora Schmitt.
8. Aquí está Juan, ahí está Carlos.
9. Aquí está Kiel, ahí está Viena.
10. Kiel está aquí, Viena está ahí.
11. Aquí está la Señora Schmitt, ahí está el Señor Schmitt.
12. La Señora Schmitt está aquí, el Señor Schmitt está ahí.

B 1 PRESENTACIÓN

dort	[dort]	*allí*
dort ist ...	[dort"ist]	*allí está ...*

■ **hier**, **da**, **dort** corresponden respectivamente en español a *aquí*, *ahí*, *allí*.
La oposición entre **da ist ...** y **dort ist ...** corresponde a la diferencia entre *ahí* y *allí* en español, es decir, depende de la distancia expresada.

Rom	[ro:m]	*(la ciudad de) Roma*
Bonn	[bon]	*(la ciudad de) Bonn*

B 2 APLICACIÓN

1. Dort!
2. Dort ist Bonn.
3. Dort ist Rom.
4. Hans ist da, Karl ist dort.
5. Hans ist dort.
6. Dort ist Karl.
7. Dort ist Herr Schmitt.
8. Hier ist Wien, da ist Rom, dort ist Kiel.
9. Frau Schmitt ist hier, Hans ist da, Karl ist dort.
10. Hier ist Frau Schmitt, da ist Hans, dort ist Karl.

B 3 OBSERVACIONES

■ Pronunciación

- Recuerde: atención con la *glotal*: ['] no hay enlace entre **dort** e **ist**.
- Recuerde: oposición entre vocales largas y breves:
  — [o:]: la **o** de **Rom** delante de una sola consonante es larga, es muy cerrada (ver p. 254). Se parece, en español, a la *o* de *todo*.

  — [o]: la **o** de **Bonn** y de **dort**, seguida de dos consonantes, es breve y muy abierta. Se parece, en español, a la *o* de *norte*.

> Pronuncie la **o** de **Bonn** como la *o* de *norte* en español, aunque más larga, pero la **o** de **Rom** como la *o* de *todo* en español, aunque más abierta.

B 4 TRADUCCIÓN

1. ¡Allí!
2. Allí está Bonn.
3. Allí está Roma.
4. Juan está ahí, Carlos está allí.
5. Juan está allí.
6. Allí está Carlos.
7. Allí está el Señor Schmitt.
8. Aquí está Viena, ahí está Roma, allí está Kiel.
9. La Señora Schmitt está aquí, Juan está ahí, Carlos está allí.
10. Aquí está la Señora Schmitt, ahí está Juan, allí está Carlos.

C 1 EJERCICIOS

A. Traducir al alemán

1. Carlos está aquí, Juan está ahí, la Señora Schmitt está allí.
2. Aquí está Roma, ahí está Viena, allí está Kiel.
3. Kiel está aquí, Bonn está ahí, Roma está allí.
4. Aquí está el Señor Schmitt, ahí está la Señora Schmitt, allí está Juan.

B. ●● Transformar como en el ejemplo:

Karl ist hier. → *Hier ist Karl.*

1. Rom ist hier. Kiel ist da. Wien ist dort.
2. Herr Schmitt ist dort. Frau Schmitt ist da. Hans ist hier.
3. Kiel ist dort. Wien ist da. Rom ist hier.
4. Hans ist hier. Karl ist da. Frau Schmitt ist dort.

C. Transformar como en el ejemplo:

Da ist Karl. → *Karl ist da.*

1. Dort ist Karl. Da ist Herr Schmitt. Hier ist Frau Schmitt.
2. Hier ist Bonn. Da ist Kiel. Dort ist Rom.
3. Hier ist Herr Schmitt. Da ist Frau Schmitt. Dort ist Hans.
4. Dort ist Rom. Da ist Wien. Hier ist Kiel.

D. ●● Pronunciar

1. Hier, da, Rom; Schmitt, Karl, dort.
2. Hier ist Hans. Da ist Karl. Dort ist Rom.
3. Da ist Frau Schmitt. Dort ist Herr Schmitt.

C 2 VOCABULARIO

da	*ahí*	**Karl**	*Carlos*
dort	*allí*	**Hans**	*Juan*
da ist ...	*ahí está ...*	**Rom**	*(la ciudad de) Roma*
dort ist ...	*allí está ...*	**Bonn**	*(la ciudad de) Bonn*

C 3 RESPUESTAS

A.

1. Karl ist hier, Hans ist da, Frau Schmitt ist dort.
2. Hier ist Rom, da ist Wien, dort ist Kiel.
3. Kiel ist hier, Bonn ist da, Rom ist dort.
4. Hier ist Herr Schmitt, da ist Frau Schmitt, dort ist Hans.

B. ●●

Carlos está aquí. → *Aquí está Carlos.*

1. Hier ist Rom. Da ist Kiel. Dort ist Wien.
2. Dort ist Herr Schmitt. Da ist Frau Schmitt. Hier ist Hans.
3. Dort ist Kiel. Da ist Wien. Hier ist Rom.
4. Hier ist Hans. Da ist Karl. Dort ist Frau Schmitt.

C.

Ahí está Carlos. → *Carlos está ahí.*

1. Karl ist dort. Herr Schmitt ist da. Frau Schmitt ist hier.
2. Bonn ist hier. Kiel ist da. Rom ist dort.
3. Herr Schmitt ist hier. Frau Schmitt ist da. Hans ist dort.
4. Rom ist dort. Wien ist da. Kiel ist hier.

D. ●●

1. [hi:r] [da] [ro:m] [s^{ch}mit] [karl] [dort]
2. [hi:r''ist hans] [da''ist karl] [dort''ist ro:m]
3. [da''ist frao s^{ch}mit] [dort''ist her s^{ch}mit]

C 4 OBSERVACIONES

• Pronuncie bien las vocales largas.

• No hay enlace entre **da** e **ist**, ni entre **hier** e **ist**; al contrario, marque bien la separación (glotal).

A 1   PRESENTACIÓN

in   [in]   *en (dentro de)*

■ La preposición **in** expresa el interior de un espacio; **in Bremen** significa *en (la ciudad de) Brema*.

■ Como en español, en alemán hay sílabas acentuadas que se pronuncian con más fuerza que las sílabas no acentuadas. Sin embargo, esta diferencia no se marca en la ortografía. En la transcripción fonética, la vocal acentuada se señala en negrita:

Bremen = [br**e**:mən].

● ¡Atención! En general, es la primera sílaba la que se acentúa en alemán.

Peter	[p**e**:tər]	*Pedro*
Anna	[**a**na]	*Ana*
Bremen	[br**e**:mən]	*(la ciudad de) Brema*
Essen	[**ɛ**sən]	*(la ciudad de) Essen*

A 2   APLICACIÓN

1. Hier ist Bremen.
2. Herr Schmitt ist in Bremen.
3. Frau Schmitt ist in Kiel.
4. Hier ist Peter, da ist Anna.
5. Anna ist in Rom, Peter ist in Essen.
6. Hans ist in Bonn.
7. Karl ist in Wien.
8. Karl ist hier in Wien.
9. Anna ist da in Rom.
10. Peter ist dort in Essen.

A 3   OBSERVACIONES

■ **Pronunciación**

• Vocales largas y vocales breves:
  [e:] la **e** de **Bremen** es una **e** larga, muy cerrada, como la *e* de *debe* en español.

• Las vocales no acentuadas son breves: la segunda **a** de **Anna** es breve (la 1ª **a**, acentuada, también es breve delante de dos consonantes): [**a**na].

• [ə]: esta vocal (llamada **schwa** [s^{ch}va:] en alemán) es la transcripción de la vocal **e** en una sílaba no acentuada. Se pronuncia muy débilmente; por lo tanto, al final de las palabras:

  — [-n] no debe pronunciarse como la letra *n* en español, sino con una **n** muy apagada.

  — [-r] no se pronuncia [er] como en español, sino como una especie de [a].

A 4   TRADUCCIÓN

1. Aquí está Brema.
2. El Señor Schmitt está en Brema.
3. La Señora Schmitt está en Kiel.
4. Aquí está Pedro, ahí está Ana.
5. Ana está en Roma, Pedro está en Essen.
6. Juan está en Bonn.
7. Carlos está en Viena.
8. Carlos está aquí en Viena.
9. Ana está ahí, en Roma.
10. Pedro está allí, en Essen.

B 1 PRESENTACIÓN

nett	[nɛt]	*simpático, lindo/a, amable, gentil*
charmant	[sᶜʰarmant]	*encantador/a*
nervös	[nɛrvö:s]	*nervioso/a*
schön	[sᶜʰö:n]	*bello/a*
interessant	[interesant]	*interesante*
intelligent	[inteligent]	*inteligente*

■ En alemán, el adjetivo atributo (ver p. 261) no varía ni en género ni en número, cuando en español concuerda:

> **Peter ist nervös.** → *Pedro está nervioso.*
> **Anna ist nervös.** → *Ana está nerviosa.*

B 2 APLICACIÓN

1. Herr Schmitt ist nett.
2. Frau Schmitt ist charmant.
3. Anna ist charmant.
4. Peter ist nett.
5. Karl ist nervös.
6. Hans ist intelligent.
7. Rom ist schön.
8. Rom ist interessant.
9. Wien ist schön.
10. Wien ist interessant.

B 3 OBSERVACIONES

■ Pronunciación

• La letra **ö** con una diéresis **(Umlaut** en alemán, ver p. 278) no tiene equivalente en español. Se pronuncia como la *eu* francesa en *eux* o *peu*, disponiendo la cavidad bucal para una *o* y emitiendo una *e*.

■ Cuidado con los paralelos en:
   1. **la pronunciación**: la **g** de **intelligent** se pronuncia como la *g* española de *gato* y no como la *j* de *gente*.

   2. **el acento**: las palabras de origen extranjero casi siempre se acentúan en la última sílaba:

   nervös   charmant   intelligent etc.

B 4 TRADUCCIÓN

   1. El Señor Schmitt es amable.
   2. La Señora Schmitt es encantadora.
   3. Ana es encantadora.
   4. Pedro es amable.
   5. Carlos está nervioso.
   6. Juan es inteligente.
   7. Roma es (una ciudad) bella.
   8. Roma es (una ciudad) interesante.
   9. Viena es (una ciudad) bella.
   10. Viena es (una ciudad) interesante.

C 1 EJERCICIOS

A. Traducir al alemán

1. ¡Ahí está Brema! Ana está ahí, en Brema.
2. Ana es encantadora. Carlos es amable.
3. El Señor Schmitt está aquí en Bonn.
4. Ahí está Viena. Viena es (una ciudad) bella.
5. Aquí está Kiel. Kiel es (una ciudad) interesante.
6. Allí está Juan. Juan está nervioso.

B. ●● Formar dos oraciones, como en el ejemplo:

Hier ist Anna. (charmant, Wien):
→ *Anna ist charmant. Anna ist in Wien.*

1. Da ist Peter. (intelligent, Bonn)
2. Dort ist Karl. (nett, Rom)
3. Hier ist Herr Schmitt. (nervös, Essen)
4. Da ist Frau Schmitt. (nett, Bremen)
5. Dort ist Hans. (intelligent, Wien)

C. Pronunciar

1. Hier ist Wien, da ist Anna, dort ist Rom.
2. Peter ist in Essen, Anna ist in Bremen.
3. Peter, Essen, Bremen; schön, nervös.
4. Intelligent, charmant, interessant.

D. ●● Ubicar la sílaba acentuada

Anna, Peter, nervös, Essen, Bremen.
Intelligent, interessant, charmant.

C 2 VOCABULARIO

in	*en, dentro de*	charmant	*encantador/a*
Bremen	*Brema*	nervös	*nervioso/a*
Essen	*Essen*	schön	*bello/a*
Peter	*Pedro*	interessant	*interesante*
Anna	*Ana*	intelligent	*inteligente*
nett	*simpático, amable, lindo/a, gentil*		

C 3   RESPUESTAS

A.

1. Da ist Bremen! Anna ist da in Bremen.
2. Anna ist charmant. Karl ist nett.
3. Herr Schmitt ist hier in Bonn.
4. Da ist Wien. Wien ist schön.
5. Hier ist Kiel. Kiel ist interessant.
6. Dort ist Hans. Hans ist nervös.

B. ●●

Aquí está Ana. (encantadora, Viena):
→ *Ana es encantadora. Ana está en Viena.*

1. Peter ist intelligent. Peter ist in Bonn.
2. Karl ist nett. Karl ist in Rom.
3. Herr Schmitt ist nervös. Herr Schmitt ist in Essen.
4. Frau Schmitt ist nett. Frau Schmitt ist in Bremen.
5. Hans ist intelligent. Hans ist in Wien.

C.

1. [hiːr''ist viːn] [daˑ''ist ana] [dort''ist roːm]
2. [peːtər''ist''in''ɛsən] [ana''ist''in breːmən]
3. [peːtər] [ɛsən] [breːmən] [sᶜʰöːn] [nɛrvöːs]
4. [intɛligent] [sᶜʰarmant] [interesant]

D. ●●

Anna, Peter, nervös, Essen, Bremen.
Intelligent, interessant, charmant.

C 4   OBSERVACIONES

- En alemán se distingue entre vocales largas y cortas.
  La ö de **schön** y de **nervös** es larga.
- Cuidado con la pronunciación de ~ **er** y de ~ **en**.
- Pronunciar correctamente la vocal acentuada.

4 Sie ist nett. Er ist auch nett

A 1 PRESENTACIÓN

er	[eːr]	*él*
sie	[ziː]	*ella*

■ **er** y **sie** son los dos pronombres personales que corresponden en español a *él* y *ella*.

Peter ist da.	→	**Er ist da.**
Pedro está ahí.	→	*Él está ahí.*
Anna ist da.	→	**Sie ist da.**
Ana está ahí.	→	*Ella está ahí.*

Note que en alemán el pronombre sujeto <u>no</u> debe omitirse.

> Todos los sustantivos, ya sean comunes o propios, se escriben con mayúscula en alemán. <u>P</u>eter ist <u>S</u>tudent.

auch	[aoj]	*también*
Student	[s^{ch}tudent]	*estudiante*
Berlin	[berliːn]	*Berlín*

A 2 APLICACIÓN

1. Peter ist Student.
2. Er ist Student in Berlin.
3. Da ist Karl. Er ist auch Student.
4. Er ist Student in Wien.
5. Da ist Anna. Sie ist charmant.
6. Da ist Frau Schmitt. Sie ist nett.
7. Da ist Herr Schmitt. Er ist auch nett.

30

A 3   OBSERVACIONES

■ Pronunciación

- [j]: las letras **ch** de **auch** se transcriben [j], y corresponden al sonido *j* de *jardín*.

- **Student** se acentúa en la última sílaba, así que la **u** no acentuada es breve: [s^(ch)tudent]. ¡Tenga cuidado de no agregar una **e** delante de st!

- **Berlin** se acentúa en la segunda sílaba, la **i** delante de una consonante única es larga: [berli:n].

- Pronunciación de la letra **s**:
  — **s** al principio de una palabra es un sonido sonoro. Se transcribe [z]; este sonido no tiene equivalente en español.
  — **s** se pronuncia [s^(ch)] delante de una consonante al inicio de la palabra, como la [s^(ch)] de **schön**: **Student** [s^(ch)tudent].
  — **s** se pronuncia [s] al interior de una palabra delante de una consonante: **ist** = [ist] o al final de la palabra: **Hans** [hans].

A 4   TRADUCCIÓN

1. Pedro es estudiante.
2. (Él) es estudiante en Berlín.
3. Ahí está Carlos. Él también es estudiante.
4. (Él) es estudiante en Viena.
5. Ahí está Ana. (Ella) es encantadora.
6. Ahí está la Señora Schmitt. (Ella) es amable.
7. Ahí está el Señor Schmitt. (Él) también es amable.

❹ Ist sie Studentin?

B 1 PRESENTACIÓN

ist er ...?   [ist''eːr]   *¿(él) es?*

■ La interrogación (1):

> En una frase *interrogativa* que abarca toda la oración, y a la que
> no puede responderse más que por *sí* o por *no* (a estas oraciones
> se les llama *interrogativas globales*), el verbo siempre se encuen-
> tra al principio:
>
> **Ist er da?**
>
> al igual que en la traducción de esta oración al español:
>
> *¿Está (él) aquí?*
>
> Recuerde que en alemán el pronombre personal sujeto <u>no</u> debe
> ser omitido.

ja	[yaː]	*sí*
nein	[nain]	*no*
Studentin	[sᶜʰtudɛntin]	*estudiante (fem.)*
Sekretärin	[zekretɛːrin]	*secretaria*

Otro significado de **da**: cuando no se opone a **hier** o **dort**, significa
simplemente *estar presente*, *existir*. En este caso, la palabra desaparece en la traducción al español:

> **Ist Anna da?**   *¿Está Ana (presente)?*

B 2 APLICACIÓN

1. — Ist er in Berlin?
2. — Peter? Ja, er ist in Berlin.
3. — Ist er Student?
4. — Ja, er ist Student in Berlin.
5. — Ist Anna da?
6. — Ja, Anna ist da. Dort ist sie.
7. — Ist sie Studentin?
8. — Nein, sie ist Sekretärin.
9. — Ist sie in Wien?
10. — Nein, sie ist in Berlin.

32

B 3 OBSERVACIONES

■ Pronunciación

- [y]: la *j* alemana se pronuncia como la *y* en español: **ja** = [ya:] (con una vocal larga al final de la palabra, ver 2 A1).

- [ai]: el segundo diptongo del alemán es muy parecido al diptongo español *ai*, en *fraile*.

- [ɛ]: **ä, a** con una diéresis (**Umlaut** en alemán) se pronuncia como la [ɛ] de **Herr** (ver 1 B3).

■ Gramática

- el sufijo ~**in**

  Un *sufijo* es una terminación de derivación que se añade a una palabra para indicar, por ejemplo, el femenino. Es el caso, en español, de *~esa*, *alcaldesa*, derivado de *alcalde*.

  En alemán, el sufijo ~**in** nunca está acentuado, y por lo tanto la vocal es breve (ver 3 A3), al igual que la preposición **in** [in].

  Se distingue el sufijo ~**in** de la terminación ~**in**, de **Berlin**, con una vocal larga (acentuada) delante de una consonante única:

  sufijo ~**in** [in]   terminación ~**in** [i:n]
  Studentin [s^ch tudɛntin]   **Berlin** [berli:n]

B 4 TRADUCCIÓN

1. — ¿(Él) está en Berlín?
2. — ¿Pedro? Sí, (él) está en Berlín.
3. — ¿(Él) es estudiante?
4. — Sí, (él) es estudiante.
5. — ¿Está Ana?
6. — Sí, Ana está. Está allí.
7. — ¿(Ella) es estudiante?
8. — No, (ella) es secretaria.
9. — ¿(Ella) está en Viena?
10. — No, (ella) está en Berlín.

C 1 EJERCICIOS

A. Traducir

1. ¿Está Ana? No, (ella) está en Viena.
2. Aquí está el Señor Schmitt. (Él) también es amable.
3. (Él) está en Berlín. ¿Ella también está en Berlín?
4. ¿Ella es estudiante? Sí, ella es estudiante.

B. ●● Contestar

Ist Peter da? → *Ja, er ist da.*

1. Ist Herr Schmitt dort in Essen?
2. Ist Anna Sekretärin in Berlin?
3. Ist Frau Schmitt Sekretärin in Wien?
4. Ist Peter auch intelligent?

C. Transformar

Hier ist Frau Schmitt, da ist Herr Schmitt. (nett)
→ *Sie ist nett, er ist auch nett.*

1. Hier ist Anna, da ist Peter. (Studentin)
2. Da ist Herr Schmitt, da ist Frau Schmitt. (in Berlin)
3. Da ist Peter, dort ist Anna. (intelligent)
4. Hier ist Hans, da ist Anna. (Student in Wien)

D. Pronunciar

1. Sie ist Studentin. Sie ist Sekretärin.
2. Hans ist auch Student in Essen.
3. Sie ist auch Studentin in Berlin.

E. ●● Determinar la sílaba acentuada

Bremen, Berlin, Essen, Mexiko.
Student, Studentin, Sekretärin.
charmant, interessant, intelligent.

C 2 VOCABULARIO

er	*él*	ist er/sie ...?	*¿él/ella es/está ...?*
sie	*ella*	Student	*estudiante (masc.)*
auch	*también*	Studentin	*estudiante (fem.)*
ja	*sí*	Sekretärin	*secretaria*
nein	*no*	Berlin	*Berlín*

C 3 RESPUESTAS

A.

1. Ist Anna da? Nein, sie ist in Wien.
2. Hier ist Herr Schmitt. Er ist auch nett.
3. Er ist in Berlin. Ist sie auch in Berlin?
4. Ist sie Studentin? Ja, sie ist auch Studentin.

B. ●●

¿Está Pedro? → *Sí, (él) está.*

1. Ja, er ist dort in Essen.
2. Ja, sie ist Sekretärin in Berlin.
3. Ja, sie ist Sekretärin in Wien.
4. Ja, er ist auch intelligent.

C.

Aquí está la Señora Schmitt, ahí está el Señor Schmitt. (amable)
→ *Ella es amable, él también es amable.*

1. Sie ist Studentin, er ist auch Student.
2. Er ist in Berlin, sie ist auch in Berlin.
3. Er ist intelligent, sie ist auch intelligent.
4. Er ist Student in Wien, sie ist auch Studentin in Wien.

D.
1. [zi:"**i**st s^{ch}tudentin] [zi:"**i**st zekretɛ:rin]
2. [hans"**i**st"**ao**j s^{ch}tudent"**i**n"esən]
3. [zi:"**i**st"**ao**j s^{ch}tudentin"**i**n berli:n]

E. ●●

Bremen, Berlin, Essen, Madrid.
Student, Studentin, Sekretärin.
charmant, interessant, intelligent.

C 4 OBSERVACIONES

- El femenino de **Student** es **Studentin** (con el sufijo ~**in**).
- En una oración interrogativa global (a la que se responde necesariamente por *sí* o por *no*) el verbo siempre se coloca al principio.

Es ist schön

A 1   PRESENTACIÓN

es   [ɛs]   *él* (neutro)
es ist ... [ɛsˈˈist]   (neutro singular) *es* aquí: para el clima: *hace ...*

■ Además del masculino y del femenino, el alemán tiene un tercer
género: el neutro. El pronombre neutro es **es**. Tiene varios significados. Por lo pronto, vamos a limitarnos a su significado "meteorológico", equivalente del español *hace ...*; no se trata de una
persona determinada.

> **es ist schön**   →   *hace buen tiempo* (lit.: *es bonito*)

■ Note que en alemán se usa un adjetivo para calificar el tiempo,
cuando en español se usa un sustantivo:
> **es ist warm**   *hace calor* (lit.: *es caliente*)

kalt	[kalt]	*frío*	**kühl**	[küːl]	*fresco*
warm	[varm]	*caliente*	**heiß**	[hais]	*muy caliente*
Mexiko	[mɛksiko]	*México*			
Bogota	[bogota]	*Bogotá*			

■ En alemán hay dos adjetivos que corresponden al adjetivo español
caliente: **warm** y **heiß**. Heiß suele traducirse por *muy caliente* y
cuando se refiere al clima, por *hace mucho calor*.

■ Recuerde que en alemán no puede omitirse el pronombre sujeto:
> **es ist kalt**   →   (*él* NEUTRO) *es frío* = *hace frío*

A 2   APLICACIÓN

1. Es ist kalt.
2. Es ist kalt in Kiel.
3. Es ist kühl.
4. Es ist kühl in Berlin.
5. Es ist warm in Mexiko.
6. Es ist heiß in Bogota.
7. Ist es kalt?
8. Ja, es ist kalt.
9. Ist es in Berlin warm?
10. Nein, es ist kühl in Berlin.

A 3   OBSERVACIONES

■ Pronunciación

- **ü**: la letra **u** con **Umlaut** (diéresis) es un sonido entre la *u* y la *i;* no tiene equivalente en español.
- [ü:]: la vocal **ü** de **kühl** es larga delante de **h** (ver más abajo).
- **h**: la letra **h** detrás de una vocal no se pronuncia, indica que la vocal que la precede es larga (ver p. 255, 3 NB 2).
- **ß**: esta letra se llama **Eszett** [ɛstsɛt] se pronuncia [s]: **heiß** = [haɪs].
- Recuerde: la **w** se pronuncia [v] (ver 1 A3): **warm** = [varm].
- La **x** de **Mexiko** se pronuncia [ks] en alemán:

       esp. *México* [meʝiko] → al. **Mexiko** [mɛksiko]

A 4   TRADUCCIÓN

1. Hace frío.
2. Hace frío en Kiel.
3. Hace fresco.
4. Hace fresco en Berlín.
5. Hace calor en México.
6. Hace mucho calor en Bogotá.
7. ¿Hace frío?
8. Sí, hace frío.
9. ¿Hace calor en Berlín?
10. No, hace fresco en Berlín.

B 1 PRESENTACIÓN

zu	[tsuː]	*demasiado*	sehr	[zeːr]	*muy*
jetzt	[yetst]	*ahora*	heute	['hoitə]	*hoy*
oft	[oft]	*frecuentemente*			

■ **Peter ist oft in Berlin.** *Pedro está en Berlín frecuentemente.*

En una oración en la que se anuncia, en la que se declara algo (a estas oraciones se les dice *declarativas*), el verbo ocupa el segundo lugar (ver p. 272): El sujeto se encuentra en primera posición, o en tercera, si otro elemento ocupa el primer lugar (ver el esquema y los ejemplos en 5 B3).

B 2 APLICACIÓN

1. Heute ist es warm.
2. Heute ist es sehr warm.
3. Heute ist es zu warm.
4. Hier ist es kalt.
5. Hier in Berlin ist es kalt.
6. In Berlin ist es sehr kalt.
7. Oft ist es hier in Berlin sehr kalt.
8. Heute ist es zu kühl.
9. Es ist heute sehr kühl.
10. In Mexiko ist es warm.
11. In Mexiko ist es jetzt zu warm.
12. Jetzt ist es in Mexiko heiß.

B 3 OBSERVACIONES

■ Pronunciación

• **eu**: el tercer y último diptongo del alemán se pronuncia [oi].

• **z** o **tz** se pronuncia [ts].

■ Gramática

Orden de las palabras en la oración: si identificamos el *sujeto* con **S**, el *verbo* con **V** y los *complementos* (ver p. 275) con **C**, el orden de las palabras en la oración declarativa puede esquematizarse de la manera siguiente:

1	2	3	4		1	2	3	4
S		C	C		Er		oft	in Berlin.
	V				Oft	ist	er	in Berlin.
C		S	C		In Berlin		er	oft.

Él está en Berlín frecuentemente.
Frecuentemente (él) está en Berlín.

El verbo está en segunda posición, el sujeto en 1ª o 3ª.

B 4 TRADUCCIÓN

1. Hoy hace calor.
2. Hoy hace mucho calor.
3. Hoy hace demasiado calor.
4. Aquí hace frío.
5. Aquí en Berlín hace frío.
6. En Berlín hace mucho frío.
7. Frecuentemente hace mucho frío aquí en Berlín.
8. Hoy hace demasiado fresco.
9. Hace mucho fresco hoy.
10. En México hace calor.
11. En México hace demasiado calor ahora.
12. Ahora hace mucho calor en México.

C 1 EJERCICIOS

A. Traducir

1. Ahora hace mucho calor en México.
2. Frecuentemente hace mucho frío en Berlín.
3. ¿Hace calor hoy?
4. No, hace demasiado fresco hoy.
5. ¿Hace buen tiempo? Sí, ahora hace buen tiempo.

B. ●● Contestar

Ist es hier warm? → *Ja, es ist hier warm.*

1. Ist es heute in Wien sehr kalt?
2. Ist es in Mexiko oft warm?
3. Ist es jetzt oft kühl?
4. Ist es heute in Berlin zu kalt?
5. Ist es dort in Bremen sehr kalt?

C. Empezar con el complemento que se indica

Es ist kühl. (heute) → *Heute ist es kühl.*

1. Es ist oft sehr warm. (in Wien)
2. Es ist hier in Berlin kalt. (heute)
3. Es ist dort zu heiß. (jetzt)
4. Es ist jetzt kühl. (in Mexiko)

D. ●● Pronunciar

1. kühl, schön, Sekretärin
2. auch, heute, heiß
3. Es ist jetzt sehr heiß in Mexiko.

C 2 VOCABULARIO

es	*él (neutro)*	Mexiko	*México*
es ist ...	*hace ...*	jetzt	*ahora*
kalt	*frío*	heute	*hoy*
kühl	*fresco*	oft	*frecuentemente*
warm	*caliente*	zu	*demasiado*
heiß	*muy caliente*	sehr	*muy*

C 3 RESPUESTAS

A.

1. Jetzt ist es heiß (sehr warm) in Mexiko.
2. Oft ist es sehr kalt in Berlin.
3. Ist es heute warm?
4. Nein, es ist heute zu kühl.
5. Ist es schön? Ja, jetzt ist es schön.

B. ●●

¿Hace calor aquí? → *Sí, hace calor aquí.*

1. Ja, es ist heute in Wien sehr kalt.
2. Ja, es ist in Mexiko oft warm.
3. Ja, es ist jetzt oft kühl.
4. Ja, es ist heute in Berlin zu kalt.
5. Ja, es ist dort in Bremen sehr kalt.

C.

Hace fresco. (hoy) → *Hoy hace fresco.*

1. In Wien ist es oft sehr warm.
2. Heute ist es hier in Berlin kalt.
3. Jetzt ist es dort zu heiß.
4. In Mexiko ist es jetzt kühl.

D. ●●

1. [kü:l] [sᶜʰö:n] [zekretɛːrin]
2. [aoj] [hoitə] [hais]
3. [ɛs''ist yɛtst zeːr hais''in mɛksiko]

C 4 OBSERVACIONES

- La letra **ß** se pronuncia [s].
- La letra **z** se pronuncia siempre [ts].
- Pronuncie bien la [e:] larga y cerrada de **sehr**: [zeːr]

A 1 PRESENTACIÓN

> **ich bin**   [ich bin]   *yo soy/estoy*

■ **ich** es el pronombre personal de la primera persona del singular.

■ **bin** es la forma verbal que corresponde a *soy* o *estoy* en español.

gut	[guːt]	*buen*
Tag	[taːk]	*día*
Guten Tag!		*¡Buenos días!*
Herr Weiß	[vais]	*Señor Weiss*
Herr Braun	[braon]	*Señor Braun*
Architekt	[archiɫekt]	*arquitecto*
Mechaniker	[mechaːnikər]	*mecánico*
Techniker	[technikər]	*técnico*
Technikerin	[technikərin]	*técnico (fem.)*

A 2 APLICACIÓN

      Peter Schmitt   **Hans Weiß**   **Karoline Braun**

1. — Guten Tag! Guten Tag!
2.   Ich bin Peter Schmitt.
3.   Ich bin Architekt.
4. — Guten Tag, Herr Schmitt!
5.   Ich bin Weiß, Hans Weiß.
6.   Ich bin Mechaniker.
7. — Guten Tag, Herr Schmitt!
8.   Guten Tag, Herr Weiß!
9.   Ich bin Karoline Braun.
10.   Ich bin Technikerin.

A 3   OBSERVACIONES

■ Pronunciación

- **g~** = [g]: al principio de una palabra, la letra **g** se pronuncia (más o menos) como la *g* del español.

- **~g** = [k]: al final de una palabra, la letra **g** se pronuncia [k], más relajada que en español.

- **ch** = [cʰ]: la pronunciación de este sonido tiene parecido con la de la *j* de *jirafa*.

- la **i** de **bin** es breve, a pesar de que va seguida de una sola consonante.

- Ojo: la pronunciación de ~ch~ en las palabras de origen extranjero no es [k] como en español, sino [cʰ]: [mecha:nikar] en alemán, [mekaniko] en español.

- Las palabras que terminan en ~iker se acentúan en la antepenúltima sílaba: **Mechaniker, Techniker**.

A 4   TRADUCCIÓN

Pedro Schmitt   Juan Weiss   Carolina Braun

1. — ¡Buenos días! ¡Buenos días!
2.   Yo soy Pedro Schmitt.
3.   (Yo) soy arquitecto.
4. — ¡Buenos días, Señor Schmitt!
5.   Yo soy Weiss, Juan Weiss.
6.   (Yo) soy mecánico.
7. — ¡Buenos días, Señor Schmitt!
8.   ¡Buenos días, Señor Weiss!
9.   Yo soy Carolina Braun.
10.   (Yo) soy técnico.

B 1 PRESENTACIÓN

Sie [zi:]	*usted, ustedes*
sind [zint]	*es, está/son, están*
Sie sind ...	*usted es/está ...*
¿Sind Sie ...?	*¿(Usted) es/está ...?*
	¿(Ustedes) son/están ...?

■ **sie** es el pronombre femenino = *ella* (ver 4 A1). También corresponde al plural, sin importar el género: **sie** = *ellos, ellas*.

■ **Sie**, *con una mayúscula*, es el pronombre personal que corresponde en español al pronombre de respeto *usted/ustedes*. En ambos casos se conjuga como la 3ª persona del plural. Por lo tanto:

        sie sind   *ellos/ellas son/están*
        Sie sind   *usted es/está; ustedes son/están*

        Ist sie in Mexiko?   *¿(Ella) está en México?*
        Sind Sie in Berlin?   *¿(Usted/es) está/n en Berlín?*

und	[unt]	*y*
Abend	[a:b ~ənt]	*tarde, a partir de las 7*
Guten Abend	[gu:tən''a:bənt]	*buenas tardes/noches*
heute abend		*hoy en la tarde/noche*

B 2 APLICACIÓN

Telefon, Herr Schmitt!

1. — Ja? Hallo!
2. — Guten Abend! Hier Braun!
3.   Sind Sie Herr Schmitt?
4. — Ja, hier ist Schmitt.
5.   Sind Sie Karl Braun?
6. — Ja, hier ist Karl Braun.
7.   Sind Sie heute abend da, Herr Schmitt?
8. — Ja, ich bin da. Und Sie?
9.   Sind Sie jetzt in Berlin?
10. — Ja, ich bin heute in Berlin.

B 3 OBSERVACIONES

■ Pronunciación

● d~ = [d]: al principio de una palabra, la letra **d** se pronuncia más o menos como la *d* en español (ver 2 A1).

● ~d = [t]: al final de una palabra, la letra **d** se pronuncia [t]: **sind** = [zint], **Abend** = [a:bənt], **und** = [unt].

● No pronuncie la (segunda) sílaba inacentuada de **Abend** con una [ɛ], sino con una [n] muy apagada (ver 3 A3).

■ Vocabulario

● **heute abend**: *hoy en la tarde, noche.* **Abend** cubre el periodo más o menos del anochecer hasta la hora de acostarse. En el caso de **heute abend**, se escribe con una **a** minúscula porque es un adverbio en alemán.

B 4 TRADUCCIÓN

¡El teléfono, Señor Schmitt!

1. — ¿Sí? ¡Diga!
2. — ¡Buenas noches! ¡Aquí Braun!
3.   ¿Usted es el Señor Schmitt?
4. — Sí, aquí Schmitt.
5.   ¿Usted es el Señor Braun?
6. — Sí, aquí Karl Braun.
7.   ¿Está usted allí hoy en la noche, Señor Schmitt?
8. — Sí, (yo) estoy aquí. ¿Y usted?
9.   ¿Está usted en Berlín ahora?
10. — Sí, hoy (yo) estoy en Berlín.

C 1   EJERCICIOS

A. Traducir

1. (Yo) soy arquitecto. ¿Usted también es arquitecto?
2. ¡Buenos días! Aquí (el Señor) Braun. ¿Está el Señor Weiss?
3. ¿Está usted hoy en la noche, Señor Schmitt?
4. Sí, (yo) estoy hoy en la noche. ¿Y usted?
5. (Yo) estoy en Berlín frecuentemente. ¿Usted también?

B. ●● Contestar

Sind Sie da? → *Ja, ich bin da. Sind Sie auch da?*

1. Guten Tag, Herr Schmitt! Sind Sie nervös?
2. Guten Abend, Frau Braun! Sind Sie oft in Wien?
3. Guten Tag! Sind Sie heute abend da?

C. Empezar con el complemento indicado

Er ist oft nervös. (oft) → *Oft ist er nervös.*

1. Herr Weiß ist jetzt oft nervös. (jetzt)
2. Ich bin jetzt oft sehr nervös. (oft)
3. Es ist heute in Berlin zu warm. (heute)
4. Heute ist es in Wien zu kalt. (in Wien)
5. Er ist heute abend in Berlin. (heute abend)

D. ●● Pronunciar

1. Guten Abend! Guten Tag!
2. Sind Sie heute abend da?
3. Ja, heute abend bin ich da.
4. Ich bin Mechaniker. Techniker. Architekt.

C 2   VOCABULARIO

ich bin ...	yo soy/estoy	Guten Tag!	¡buenos días!
Sie sind ...	usted es/está	Guten Abend!	¡buenas tardes/ noches!
	ustedes son/ están	heute abend	hoy en la tarde/ noche
Tag	día		
Abend	tarde, noche	Architekt	arquitecto
gut	buen	Mechaniker	mecánico
und	y	Techniker	técnico

46

C 3   RESPUESTAS

A.

1. Ich bin Architekt. Sind Sie auch Architekt?
2. Guten Tag! Hier Braun. Ist Herr Weiß da?
3. Sind Sie heute abend da, Herr Schmitt?
4. Ja, ich bin heute abend da. Und Sie?
5. Ich bin oft in Berlin. Sie auch?

B. ●●

¿Está usted ahí? → *Sí, estoy aquí. ¿Usted también está?*

1. Ja, ich bin nervös. Sind Sie auch nervös?
2. Ja, ich bin oft in Wien. Sind Sie auch oft in Wien?
3. Ja, ich bin heute abend da. Sind Sie auch heute abend da?

C.

Él está nervioso frecuentemente. (frecuentemente) → *Frecuentemente (él) está nervioso.*

1. Jetzt ist Herr Weiß oft nervös.
2. Oft bin ich jetzt sehr nervös.
3. Heute ist es in Berlin zu warm.
4. In Wien ist es heute zu kalt.
5. Heute abend ist er in Berlin.

D. ●●

1. [guːtən''**a**ːbənt] [guːtən t**a**ːk]
2. [zint ziː hoitə''**a**ːbənt daː]
3. [yaː hoitə''**a**ːbənt bin''**i**cʰ daː]
4. [icʰ bin mecʰ**a**ːnikər] [tɛcʰnikər] [arcʰitɛkt]

C 4   OBSERVACIONES

- La letra **ß** se transcribe a veces **ss**, es la forma que aquí se adopta para el español: **Herr Weiß** → *Sr. Weiss.*

- Ponga atención en la pronunciación de [cʰ] en **Architekt, Mechaniker** y **Techniker.**

- ~d y ~g se pronuncian [t] [k] al final de una palabra.

A 1 PRESENTACIÓN

> **haben** [haːbən] *tener, haber*
> **ich habe ...** [icʰ haːbə] *yo tengo*

- **haben** corresponde a los verbos *tener* y *haber*. Aquí se traduce por *tener*. Veremos su uso como auxiliar (*haber*) más adelante.

- La primera persona singular del presente del verbo **haben** se forma suprimiendo la terminación ~**en** del infinitivo y añadiendo ~**e**:
  ich hab + e → **ich habe** *yo tengo*

Post	[post]	*correo*
Zeit	[tsait]	*tiempo*
Geld	[gɛlt]	*dinero*
Arbeit	[arbait]	*trabajo*
Urlaub	[uːrlaop]	*licencia/vacaciones*

A 2 APLICACIÓN

1. Ich habe Urlaub.
2. Ich habe oft Zeit.
3. Ich habe Geld.
4. Jetzt habe ich Arbeit.
5. Habe ich Post?
6. Habe ich heute Post?
7. Heute habe ich Zeit.
8. Und Zeit ist Geld!
9. Ich habe Urlaub und ich habe Zeit.
10. Ich habe Arbeit und Geld.
11. Ich bin Architekt und habe Arbeit.
12. Ich habe Arbeit und bin nervös.

A 3 OBSERVACIONES

■ Pronunciación

- **b~** [b]: al principio de una palabra, la letra **b** se pronuncia casi como en español, sólo un poco más fuerte.

- **~b** [p]: al final de una palabra, la letra **b** se pronuncia [p]: **Urlaub** = [**u**:rlaop].

- Como la mayoría de las palabras en alemán, las dos palabras **Arbeit** y **Urlaub** deben ser acentuadas en la primera sílaba.

A 4 TRADUCCIÓN

1. (Yo) tengo vacaciones.
2. (Yo) tengo tiempo frecuentemente.
3. (Yo) tengo dinero.
4. Ahora (yo) tengo trabajo.
5. ¿(Yo) tengo correo?
6. ¿(Yo) tengo correo hoy?
7. Hoy (yo) tengo tiempo.
8. Y el tiempo es dinero.
9. (Yo) tengo vacaciones y (yo) tengo tiempo.
10. (Yo) tengo trabajo y dinero.
11. (Yo) soy arquitecto y tengo trabajo.
12. (Yo) tengo trabajo y estoy nervioso.

7 Ich habe ein Problem

B 1 PRESENTACIÓN

ein [ain] *un*   eine [ainə] *una*

■ El género de las palabras en alemán puede coincidir a veces con el sexo: **ein Herr**, *un señor*, **eine Sekretärin**, *una secretaria*, **eine Frau**, *una mujer*, pero el género de los sustantivos raras veces es el mismo en alemán que en español.

ein Auto	[aoto]	*un auto*
ein Haus	[haos]	*una casa*
ein Problem	[pro:ble:m]	*un problema*
eine Wohnung	[vo:nuŋ]	*un apartamento*
eine Frage	[fra:gə]	*una pregunta*
eine Idee	[ide:]	*una idea*
eine Konferenz	[konferents]	*una conferencia*

B 2 APLICACIÓN

1. Ich habe ein Problem.
2. Hier habe ich ein Problem.
3. Ich habe ein Auto.
4. Ja, ich habe auch ein Auto.
5. Hier in Berlin habe ich ein Haus.
6. In Wien habe ich auch ein Haus.
7. Und in Bonn habe ich eine Wohnung.
8. Heute habe ich eine Konferenz in Bogota.
9. Ich habe eine Frage.
10. Ich bin Student und habe eine Frage.
11. Ich habe eine Idee.
12. Ich bin intelligent und habe eine Idee.

B 3   OBSERVACIONES

■ Pronunciación

> Las letras **ng** transcriben un sonido único [ŋ], que no debe pronunciarse [ng] o [nk] (ver p. 256, 8 2c); **Wohnung** = [voːnuŋ].

- La **f** alemana se pronuncia como en español.
- Fíjese en las vocales largas: **Frage**, **Wohnung**, **Idee** (ver 7 B1).
- La **e** de **Problem** es una [eː] larga (delante de una sola consonante) y no una [ɛ] como en español; note también la **o** larga [oː], a pesar de las dos consonantes que le siguen:
  > alemán **Problem** [proːbleːm] español *problema*

■ Gramática

> El complemento puede ser más o menos complejo (ver p. 273): por lo tanto, el primer elemento de la oración puede contener varias palabras:

1	2	3	4
Hier in Bremen *Aquí en Brema*			
Hier und dort *Aquí y allí*	**habe** *tengo*	**ich** *(yo)*	**eine Wohnung** *un apartamento*
In Bremen und in Kiel *En Brema y en Kiel*			

- La conjunción de coordinación **und** no cuenta como primer elemento: se dice que **und** está "al margen de la construcción".

B 4   TRADUCCIÓN

1. (Yo) tengo un problema.
2. Aquí (yo) tengo un problema.
3. (Yo) tengo un auto.
4. Sí, yo también tengo un auto.
5. Aquí en Berlín (yo) tengo una casa.
6. (Yo) también tengo una casa en Viena.
7. Y en Bonn (yo) tengo un apartamento.
8. Hoy (yo) tengo una conferencia en Bogotá.
9. (Yo) tengo una pregunta.
10. (Yo) soy estudiante y tengo una pregunta.
11. (Yo) tengo una idea.
12. (Yo) soy inteligente y tengo una idea.

C 1 EJERCICIOS

A. Traducir

1. ¿(Yo) tengo correo hoy?
2. (Yo) tengo vacaciones y tengo tiempo.
3. (Yo) tengo trabajo y estoy nervioso.
4. (Yo) soy estudiante y tengo una pregunta.
5. (Yo) soy inteligente y tengo una idea.

B. ●● Contestar

Sind Sie Student? (Zeit)
→ *Ja, ich bin Student und ich habe Zeit.*

1. Sind Sie Sekretärin? (Arbeit)
2. Sind Sie Architekt? (Haus)
3. Sind Sie Mechaniker? (Auto)
4. Sind Sie Techniker? (Problem)
5. Sind Sie Studentin? (Frage)

C. Empezar con el complemento indicado:

Ich habe ein Problem. (da) → *Da habe ich ein Problem.*
1. Ich habe ein Haus. (hier in Berlin)
2. Ich habe eine Konferenz. (heute abend)
3. Ich habe eine Wohnung. (dort in Kiel)
4. Ich habe eine Frage. (jetzt)

D. ●● Pronunciar

1. Tag, Abend, Urlaub.
2. Frage, Student, Arbeit.
3. Zeit und Geld, Arbeit und Urlaub.
4. Problem, Konferenz, Idee, Auto.

C 2 VOCABULARIO

haben	*tener, haber*	**ein Auto**	*un auto*
ich habe ...	*yo tengo ...*	**ein Haus**	*una casa*
Post	*correo*	**ein Problem**	*un problema*
Zeit	*tiempo*	**eine Wohnung**	*un apartamento*
Geld	*dinero*	**eine Frage**	*una pregunta*
Arbeit	*trabajo*	**eine Idee**	*una idea*
Urlaub	*vacaciones*	**eine Konferenz**	*una conferencia*

C 3 RESPUESTAS

A.

1. Habe ich heute Post?
2. Ich habe Urlaub und (ich habe) Zeit.
3. Ich habe Arbeit und (ich) bin nervös.
4. Ich bin Student und (ich) habe eine Frage.
5. Ich bin intelligent und (ich) habe eine Idee.

B. ●●

¿Es (usted) estudiante? (tiempo)
→ *Sí, (yo) soy estudiante y (yo) tengo tiempo.*

1. Ja, ich bin Sekretärin und habe Arbeit.
2. Ja, ich bin Architekt und habe ein Haus.
3. Ja, ich bin Mechaniker und habe ein Auto.
4. Ja, ich bin Techniker und habe ein Problem.
5. Ja, ich bin Studentin und habe eine Frage.

C.

(Yo) tengo un problema. (ahí)
→ *Ahí (yo) tengo un problema.*

1. Hier in Berlin habe ich ein Haus.
2. Heute abend habe ich eine Konferenz.
3. Dort in Kiel habe ich eine Wohnung.
4. Jetzt habe ich eine Frage.

D. ●●

1. [**ta**:k] [**a**:bənt] [**u**:rlaop]
2. [fra:gə] [s^ch tudɛ:nt] [**a**rbait]
3. [ts**a**it **u**nt gɛlt] [**a**rbait **u**nt **u**rlaop]
4. [pro:ble:m] [konferɛnts] [ide:] [**a**oto]

C 4 OBSERVACIONES

- ~**b**, ~**g**, ~**d** se pronuncian respectivamente [p], [k], [t] al final de una palabra.

- **z** se pronuncia [ts] (ver **Konferenz, Zeit**).

53

A 1 PRESENTACIÓN

> **Haben Sie ...?** *¿Tiene(n) usted(es) ...?*
> **Sie haben ...** *Usted(es) tiene(n) ...*

■ La forma de respeto del verbo **haben** es idéntica a la forma del infinitivo:
   haben *tener, haber* → **Sie haben ...** *Usted(es) tiene(n) ...*

■ La expresión de cortesía **Bitte!** o **Bitte schön!** o también **Bitte sehr!** se usa para responder a **Danke!** *¡gracias!*, y equivale a *no hay de que, de nada.* Cuando acompaña a una petición o exigencia corresponde a *por favor.* También se usa para presentar algo (Ja, **hier bitte!**).

eine Mark (¡femenino!)	[mark]	*un marco*
eine Karte	[kartə]	*una tarjeta*
eine Postkarte		*una tarjeta postal*
ein Brief	[bri:f]	*una carta*
eine Marke	[markə]	*un timbre, un sello*
eine Briefmarke		*una estampilla*
bitte	[bitə]	*por favor*
danke	[daŋkə]	*gracias*
Danke schön! Danke sehr!		*¡muchas gracias!*
Auf Wiedersehen!	[aof vi:dərze:ən]	*¡hasta luego!*

A 2 APLICACIÓN

1. — Haben Sie eine Karte?
2. — Eine Postkarte?
3. — Ja, eine Postkarte, bitte.
4. — Hier ist eine Postkarte.
5. — Haben Sie auch eine Briefmarke?
6. — Ja, hier bitte!
7.   Eine Postkarte und eine Briefmarke:
8.   Eine Mark, bitte!
9. — Da, bitte!
10. — Danke schön!
11. — Bitte sehr!
12. — Auf Wiedersehen!

A 3   OBSERVACIONES

■ Gramática
● **Las palabras compuestas**

Una palabra compuesta en alemán consta de por lo menos dos elementos:

Post + Karte → *"tarjeta del correo"* → *tarjeta postal*

En español el segundo elemento determina al primero: es el **determinante**; por consiguiente, el primero es el **determinado**.

En alemán la composición se construye **al revés**: el determinante precede al determinado: 1   2   3   4
un timbre para carta
1   4   2
eine Briefmarke

Nota: 1) en alemán, las palabras compuestas se escriben en una sola palabra.
2) el género de la palabra es el del determinado, del último elemento.
3) una palabra compuesta en alemán puede corresponder a una palabra sencilla en español: **eine Briefmarke** → *(timbre para carta)* una estampilla.

A 4   TRADUCCIÓN

1. — ¿Tiene (usted) una tarjeta?
2. — ¿Una tarjeta postal?
3. — Sí, una tarjeta postal, por favor.
4. — Aquí está una tarjeta postal.
5. — ¿También tiene (usted) una estampilla?
6. — ¡Sí, aquí tiene!
7.   Una tarjeta postal y una estampilla:
8.   ¡Un marco, por favor!
9. — ¡Aquí tiene!
10. — ¡Muchas gracias!
11. — ¡De nada!
12. — ¡Hasta luego!

B 1 PRESENTACIÓN

eins	[ains]	*uno*	sechs	[zɛks]	*seis*
zwei	[tsvai]	*dos*	sieben	[zi:bən]	*siete*
drei	[drai]	*tres*	acht	[ajt]	*ocho*
vier	[fi:r]	*cuatro*	neun	[noin]	*nueve*
fünf	[fünf]	*cinco*	zehn	[tsə:n]	*diez*
zwanzig	[tsvantsic^h]	*veinte*	fünfzig	[fünftsic^h]	*cincuenta*

eine Zigarette	[tsigaretə]	*un cigarro, cigarrillo*
zwanzig Zigaretten		*veinte cigarros*
eine Zigarre	[tsigarə]	*un cigarro puro*
fünf Zigarren		*cinco puros*
ein Pfennig	[pfenic^h]	*un "centavo"*
(1 marco = 100 pfennig)		
zurück	[tsurük]	*vuelto*

■ Mark y Pfennig son invariables, no tienen plural:
   eine Mark, zwei Mark   *un marco, dos marcos*
   ein Pfennig, fünfzig Pfennig   *un pfennig, cincuenta pfennig*

■ El plural de los sustantivos femeninos se forma (la mayoría de las veces) añadiendo ~n a la ~e final del singular:
   eine Zigarette → zwei Zigaretten

B 2 APLICACIÓN

1. — Zwanzig Zigaretten, bitte. "Lord Extra".
2. — Zwanzig Zigaretten: Drei Mark!
3. — Haben Sie auch Zigarren?
4. — Ja, hier. Eine Zigarre: 50 Pfennig.
5. — Gut, fünf Zigarren, bitte!
6. — Eins, zwei, drei, vier, fünf.
7. Fünf Zigarren: Zwei Mark fünfzig.
8. Zwanzig Zigaretten: Drei Mark.
9. Fünf Mark und fünfzig Pfennig, bitte!
10. — Hier haben Sie zehn Mark.
11. — Und vier Mark fünfzig zurück, danke!
12. — Auf Wiedersehen!

B 3   OBSERVACIONES

■ Ortografía–pronunciación

- ¡Ojo con la ortografía! **eine Zigarette** → *un cigarro* (una sola **r** en alemán).
- La letra **v** se pronuncia [f] al principio de una palabra: **vier** = [fi:r].
- La terminación ~**ig** se pronuncia [ich] o [ik].
- **eine Zigarette** se acentúa en la penúltima sílaba: [tsigarɛtə].
- La letra **ü** no tiene equivalente en español; se pronuncia como la *u* francesa. Delante de dos consonantes, es breve: **fünf** = [fünf].
- Pronuncie bien la [e:] larga de **zehn**: la vocal es larga delante de ~**h** (ver 5 A3).
- Fíjese bien en la pronunciación de [z] al inicio de la palabra para la letra **s** (ver 4 A3): pronunciar [zɛks] para **sechs**, y no [seks] como en español para *seis*. Lo mismo vale para **sieben** *siete* = [zi:bən].

■ Gramática

- El artículo indefinido es **ein/eine** (*un/una*; ver 7 B1) pero el número *uno* se escribe (y se pronuncia) con una ~**s** final: **eins** = *uno, 1*.
- Las decenas se forman añadiendo ~**zig** a las unidades (equivalente de ~*enta* en español: *cuarenta, cincuenta*, etc.):
  4 → **vier** → **vierzig** → 40   5 → **fünf** → **fünfzig** → 50
  Excepción: 20 → **zwanzig**, la raíz no es **zwei** sino **zwan**~, al igual que para 30 → **dreißig**, con una **ß** y no con una **z**.

B 4   TRADUCCIÓN

1. – Una cajetilla de cigarros, por favor. "Lord Extra".
2. – Una cajetilla de cigarros: tres marcos.
3. – ¿También tiene (usted) puros?
4. – Sí, aquí. Un puro: 50 pfennig.
5. – Bueno, ¡cinco puros, por favor!
6. – Uno, dos, tres, cuatro, cinco.
7. Cinco puros: dos marcos cincuenta.
8. Veinte (una cajetilla de) cigarros: tres marcos.
9. ¡Cinco marcos y cincuenta pfennig, por favor!
10. – Aquí tiene diez marcos.
11. – Y cuatro marcos cincuenta (de cambio), ¡gracias!
12. – ¡Hasta luego!

C 1 EJERCICIOS

A. Traducir

1. Una estampilla: 50 pfennig, por favor.
2. ¿Tiene (usted) una tarjeta postal, por favor?
3. ¿También tiene (usted) cigarros?

B. ●● Hacer una pregunta:

Ich habe hier ein Auto. → *Haben Sie auch ein Auto?*

1. Ich habe hier eine Briefmarke.
2. Ich habe hier eine Postkarte.
3. Ich habe hier fünfzig Mark.
4. Ich habe ein Haus in Wien.
5. Ich habe eine Wohnung in Bonn.

C. Aprender el artículo indefinido:

Auto, Karte, Konferenz.
→ *Ein Auto, eine Karte, eine Konferenz.*

1. Student, Frau, Herr, Studentin.
2. Sekretärin, Mechaniker, Techniker, Architekt.
3. Haus, Wohnung, Auto, Frage, Idee.
4. Mark, Pfennig, Marke, Brief.
5. Arbeit, Abend, Tag.

D. ●● Leer

1. 5, 7, 4, 8, 1.	**3.** 20, 50, 1 Mark 50.
2. 9, 2, 6, 3, 10.	**4.** 2 Mark 20, 5 Mark 50.

C 2 VOCABULARIO

eins, zwei	*uno, dos*	**eine Postkarte**	*una tarjeta postal*
drei, vier	*tres, cuatro*		
fünf, sechs	*cinco, seis*	**ein Brief**	*una carta*
sieben, acht	*siete, ocho*	**eine Marke**	*un timbre*
neun, zehn	*nueve, diez*	**eine Briefmarke**	*una estampilla*
zwanzig	*veinte*	**eine Zigarette**	*un cigarro*
fünfzig	*cincuenta*	**eine Zigarre**	*un puro*
Danke!	*¡gracias!*	**eine Mark**	*un marco*
Auf Wiedersehen!	*¡hasta luego!*	**ein Pfennig**	*un pfennig*
eine Karte	*una tarjeta*		

58

C 3 RESPUESTAS

A.

1. Eine Briefmarke: fünfzig Pfennig, bitte.
2. ¿Haben Sie eine Postkarte, bitte?
3. ¿Haben Sie auch Zigaretten?

B. ●●

Yo tengo un auto aquí → *¿Usted también tiene un auto?*

1. Haben Sie auch eine Briefmarke?
2. Haben Sie auch eine Postkarte?
3. Haben Sie auch fünfzig Mark?
4. Haben Sie auch ein Haus in Wien?
5. Haben Sie auch eine Wohnung in Bonn?

C.

Auto, tarjeta, conferencia.
→ *Un auto, una tarjeta, una conferencia.*

1. Ein Student, eine Frau, ein Herr, eine Studentin.
2. Eine Sekretärin, ein Mechaniker, ein Techniker, ein Architekt.
3. Ein Haus, eine Wohnung, ein Auto, eine Frage, eine Idee.
4. Eine Mark, ein Pfennig, eine Marke, ein Brief.
5. Eine Arbeit, ein Abend, ein Tag.

D. ●●

1. fünf, sieben, vier, acht, eins.
2. neun, zwei, sechs, drei, zehn.
3. zwanzig, fünfzig, eine Mark fünfzig.
4. zwei Mark zwanzig, fünf Mark fünfzig.

C 4 OBSERVACIONES

- No confunda el artículo definido **ein**, **eine** con el número 1 = **eins** (con una ~**s** final).

- Fíjese en la pronunciación de **zwei** y de **zwanzig**: [tsv**ai**], [tsv**a**ntsic^h].

A 1 PRESENTACIÓN

kein	[kain]	*ningún, ninguno*
keine	[kainə]	*ninguna*
kein(e) ... und auch kein(e)		ver 9 A3

La forma negativa del artículo indefinido **ein/eine** es **kein/keine** → *ningún(a)* ...:
Ich habe kein Haus
- *"(Yo) no tengo una casa."*
- *(Yo) no tengo ninguna casa.*
- *(Yo) no tengo casa.*

Esta última traducción es la más frecuente.

A la ausencia de artículo en la forma afirmativa le corresponde la forma negativa **kein(e)**:

Ich habe Zeit. → **Ich habe keine Zeit.**
Tengo tiempo. → *No tengo tiempo.*

---

ein Telefon	[telefo:n]	*un teléfono*
ein Buch	[bu:j]	*un libro*
ein Telefonbuch		*un directorio telefónico*
eine Garage	[gara:ʒə]	*un garaje (auto)*

A 2 APLICACIÓN

1. Ich habe kein Buch.
2. Ich habe keine Karte.
3. Ich habe keine Zigaretten.
4. Ich habe keine Zeit und kein Geld.
5. — Haben Sie eine Zigarette?
6. — Nein, ich habe keine Zigarette.
7. — Haben Sie eine Postkarte und eine Briefmarke?
8. — Nein, ich habe keine Postkarte
9. und auch keine Briefmarke.
10. — Haben Sie ein Telefonbuch?
11. — Nein, ich habe kein Telefon
12. und auch kein Telefonbuch.
13. — Haben Sie eine Garage?
14. — Ich habe kein Auto und auch keine Garage.

A 3 OBSERVACIONES

■ Pronunciación

- La segunda **a**, accentuada, de **Garage** es larga: [garaːʒə].
  — La sílaba final ~**ge** se pronuncia con una [ʒ], que corresponde a la *ll* o *y* del español argentino en *calle*, *yo*.

> - **ch** después de la vocal **u** se pronuncia siempre [j]: **ein Buch** → [buːj].
> Nota: la **u** de **Buch** es larga.

- Pronuncie con cuidado la [oː] larga y cerrada de **Telefon** (ver 2 B3) y no con una *o* abierta como en español para *teléfono*.

■ Gramática

- Dos negaciones pueden ser coordinadas por **auch** → *también*. La traducción al español puede darse de varias maneras:

  Ich habe kein Geld und auch keine Arbeit.

  literal: *"(Yo) no tengo trabajo y también no tengo dinero."*
  o: *(Yo) no tengo trabajo y tampoco tengo dinero.*
  (Yo) no tengo ni trabajo ni dinero.
  (Yo) no tengo ni trabajo ni tampoco dinero.

A 4 TRADUCCIÓN

1. (Yo) no tengo ningún libro.
2. (Yo) no tengo ninguna tarjeta.
3. (Yo) no tengo ningún cigarro.
4. (Yo) no tengo ni tiempo ni dinero.
5. — ¿Tiene usted un cigarro?
6. — No, (yo) no tengo ningún cigarro.
7. — ¿Tiene usted una tarjeta postal y una estampilla?
8. — No, (yo) no tengo ni una tarjeta postal
9. ni tampoco una estampilla.
10. — ¿Tiene usted un directorio telefónico?
11. — No, (yo) no tengo ni un teléfono
12. ni tampoco un directorio telefónico.
13. — ¿Tiene usted un garaje?
14. — No tengo ni auto ni garaje.

B 1 PRESENTACIÓN

aber	[**a**:bər]	*pero*
vielleicht	[fil**aic**ʰt]	*quizás*
viel	[f**i**:l]	*mucho/a*
leider	[l**ai**dər]	*desgraciadamente*
morgen	[m**o**rgən]	*mañana*
teuer	[t**oi**ər]	*caro/a*
nur	[n**u**:r]	*sólo, solamente*
wenig	[v**e**nicʰ]	*poco/a*

■ **viel** se usa sin artículo, como *mucho* en español:

   viel Geld → *mucho dinero*
   viel Arbeit → *mucho trabajo*

B 2 APLICACIÓN

1. — Haben Sie Geld?
2. — Ja, aber leider nur wenig.
3. — Haben Sie heute Zeit?
4. — Nein, heute habe ich keine Zeit,
5.   aber vielleicht morgen.
6. — Haben Sie ein Auto?
7. — Ja, aber leider keine Garage.
8. — Haben Sie ein Haus?
9. — Nein, aber eine Wohnung.
10. — Haben Sie morgen Zeit?
11. — Ja, ich habe jetzt viel Zeit.
12.   Ich habe Urlaub, aber leider kein Geld.
13. — Ja, Urlaub ist schön, aber teuer.

B 3 OBSERVACIONES

■ Pronunciación

- **Recuerde:** La letra **v** al principio de una palabra se pronuncia [f] (ver 7 B3), y **w** se pronuncia [v] (ver 5 A3):

  viel = [fi:l]   **wenig** = [ve:nic^h]

■ Gramática

- Traducción: **nur** se traduce por *sólo, solamente* o *no más que* según el caso:

  Ich habe nur 20 Mark. ⎧ *(Yo) tengo sólo 20 marcos.*
                        ⎨ *(Yo) tengo solamente 20 marcos.*
                        ⎩ *(Yo) no tengo más que 20 marcos.*

- Note: en alemán puede omitirse el verbo en la respuesta cuando ya lo menciona la pregunta y es obvio:

  Haben Sie ein Haus?   **Nein, aber eine Wohnung.**
  ¿Tiene Ud. una casa?   *No, pero tengo un apartamento.*

B 4 TRADUCCIÓN

1. — ¿Tiene usted dinero?
2. — Sí, pero desgraciadamente sólo poco.
3. — ¿Tiene usted tiempo hoy?
4. — No, hoy (yo) no tengo tiempo,
5.   pero quizás mañana.
6. — ¿Tiene usted un auto?
7. — Sí, pero desgraciadamente (yo) no tengo garaje.
8. — ¿Tiene usted una casa?
9. — No, pero (yo) tengo un apartamento.
10. — ¿Tiene usted tiempo mañana?
11. — Sí, (yo) tengo mucho tiempo ahora.
12.   (Yo) estoy de vacaciones, pero desgraciadamente no tengo dinero.
13. — Sí, las vacaciones son agradables, pero caras.

C 1   EJERCICIOS

A. Traducir

1. (Yo) no tengo tiempo ni dinero.
2. (Yo) no tengo ni auto ni tampoco un garaje.
3. Desgraciadamente (yo) no tengo cigarros.
4. (Yo) estoy de vacaciones pero (yo) no tengo dinero.
5. Sí, las vacaciones son agradables, pero caras.

B. [●●] Contestar   *Haben Sie Zeit und Geld?*
→ *Ich habe keine Zeit und auch kein Geld.*

1. Haben Sie Zigaretten und Zigarren?
2. Haben Sie eine Briefmarke und eine Postkarte?
3. Haben Sie ein Auto und eine Garage?
4. Haben Sie Telefon und ein Telefonbuch?
5. Haben Sie ein Problem und eine Frage?

C. Contestar   *Haben Sie hier ein Haus? (eine Wohnung)*
→ *Nein, hier habe ich kein Haus, aber eine Wohnung.*

1. Haben Sie heute eine Konferenz? (morgen)
2. Haben Sie heute Zeit? (vielleicht morgen)
3. Haben Sie jetzt Arbeit? (auch kein Geld)
4. Haben Sie eine Garage? (auch kein Auto)
5. Haben Sie eine Frage? (eine Idee)

D. Transformar en una oración negativa

Sie haben Geld. → *Ich habe kein Geld.*

1. Sie haben Geld. Sie haben Zeit.
2. Sie haben ein Haus. Sie haben ein Auto.
3. Sie haben eine Konferenz. Sie haben Arbeit.
4. Sie haben Zigaretten. Sie haben Briefmarken.
5. Sie haben Ferien. Sie haben Zeit. (**Ferien** = *vacaciones*)

C 2   VOCABULARIO

kein	*ningún*	vielleicht	*quizás*
keine	*ninguna*	viel	*mucho/a*
aber	*pero*	leider	*desgraciadamente*
ein Telefon	*un teléfono*	morgen	*mañana*
ein Buch	*un libro*	teuer	*caro/a*
ein Telefonbuch	*un directorio*	nur	*solamente*
eine Garage	*un garaje*	wenig	*poco/a*

C 3   RESPUESTAS

A.

1. Ich habe keine Zeit und kein Geld.
2. Ich habe kein Auto und auch keine Garage.
3. Leider habe ich keine Zigaretten.
4. Ich habe Urlaub, aber (ich habe) kein Geld.
5. Ja, Urlaub ist schön, aber teuer.

B. ●●   *¿Tiene usted tiempo y dinero?*
                       → *(Yo) no tengo tiempo ni dinero.*

1. Ich habe keine Zigaretten und auch keine Zigarren.
2. Ich habe keine Briefmarke und auch keine Postkarte.
3. Ich habe kein Auto und auch keine Garage.
4. Ich habe kein Telefon und auch kein Telefonbuch.
5. Ich habe kein Problem und auch keine Frage.

C.   *¿Tiene usted una casa aquí? (un apartamento)*
      → *No, aquí no tengo casa, pero tengo un apartamento.*

1. Nein, heute habe ich keine Konferenz, aber morgen.
2. Nein, heute habe ich keine Zeit, aber vielleicht morgen.
3. Nein, jetzt habe ich keine Arbeit, aber auch kein Geld.
4. Nein, ich habe keine Garage, aber auch kein Auto.
5. Nein, ich habe keine Frage, aber eine Idee.

D.

Usted tiene dinero. → *Yo no tengo dinero.*

1. Ich habe kein Geld. Ich habe keine Zeit.
2. Ich habe kein Haus. Ich habe kein Auto.
3. Ich habe keine Konferenz. Ich habe keine Arbeit.
4. Ich habe keine Zigaretten. Ich habe keine Briefmarken.
5. Ich habe keine Ferien. Ich habe keine Zeit.

C 4   OBSERVACIONES

A la ausencia de artículo en la oración afirmativa corresponde **kein** o **keine** en la oración negativa.

Was ist das?

A 1 PRESENTACIÓN

der	[deːr]	el (masculino)
das	[das]	el (neutro)
die	[diː]	la (femenino)

Was ist das?	[vas ist das]	¿Qué es esto?

der Tag	el día	die Frage	la pregunta
der Abend	la tarde, noche	die Antwort	la respuesta
der Wagen	el auto	das Haus	la casa
die Wohnung	el apartamento	das Auto	el auto

■ El artículo definido singular:

En alemán hay tres géneros: el masculino, el neutro y el femenino
(ver 3 A y 5 A). Las letras de los pronombres personales er, es, sie
se reconocen en los artículos definidos:

masculino er = der   neutro es = das   femenino sie = die

A 2 APLICACIÓN

1. — Was ist das?
2. — Das ist ein Haus.
3. — Ist das Haus schön?
4. — Ja, das Haus ist schön.
5. — Das Auto ist teuer.
6. — Die Frage ist interessant. Die Antwort auch.
7. — Ist die Wohnung in Bonn?
8. — Nein, die Wohnung ist in Berlin.
9. — Ist der Wagen schön?
10. — Ja, der Wagen ist sehr schön,
11.   aber er ist leider auch sehr teuer.
12. — Der Tag ist schön, aber der Abend ist kühl.

A 3 OBSERVACIONES

■ **die Antwort** se acentúa en la primera sílaba, como la mayoría de las palabras en alemán: [**a**ntvort].

■ Atención: es raro que el género de la palabra en alemán corresponda al de la palabra más cercana en español:

der Brief	*la carta*
das Haus	*la casa*
die Wohnung	*el apartamento*

A 4 TRADUCCIÓN

1. — ¿Qué es esto?
2. — (Esto) es una casa.
3. — ¿La casa es bonita?
4. — Sí, la casa es bonita.
5. — El auto es caro.
6. — La pregunta es interesante. La respuesta también.
7. — ¿El apartamento está en Bonn?
8. — No, el apartamento está en Berlín.
9. — ¿Es bonito el auto?
10. — Sí, el auto es muy bonito,
11.   pero desgraciadamente también es muy caro.
12. — El día es bonito, pero la noche es fresca.

B 1 PRESENTACIÓN

die	[di:]	*los/las (ver más abajo), la*
die Ferien	[fe:ryən]	*las vacaciones*
sie	[zi:]	*ella/ellos(as)*
sie ist ...		*ella es/está*
sie sind ...		*ellos/as son/están*

■ El artículo definido plural es idéntico con el artículo definido femenino singular. Sólo el verbo permite distinguir si se trata del singular o del plural:

Die Karte ist schön. → *La tarjeta es bonita.*
Die Ferien sind zu kurz. → *Las vacaciones son demasiado cortas.*

■ Lo mismo pasa con los pronombres personales (ver 6 B1):

Sie ist da. → *Ella está aquí.*
Sie sind da. → *Ellos/as están aquí.*
Usted(es) está(n) aquí.

> Nota: Al contrario del español, el alemán no distingue entre el masculino y el femenino del pronombre personal plural:
> **sie** → *ella* **sie** → *ellos, ellas*

immer	[imər]	*siempre*
lang	[lan]	*largo*
kurz	[kurts]	*corto, breve*

B 2 APLICACIÓN

1. Ist der Tag lang? — Ja, er ist lang.
2. Ist das Telefon teuer? — Ja, es ist teuer.
3. Ist die Karte schön? — Ja, sie ist schön.
4. Sind die Zigaretten teuer?
5. Ja, sie sind teuer.
6. Ist die Wohnung schön?
7. Ja, sie ist schön, aber teuer.
8. Sind die Ferien lang?
9. Nein, sie sind sehr kurz.
10. Die Ferien sind schön.
11. Sie sind aber kurz.
12. Leider sind sie immer zu kurz.

B 3   OBSERVACIONES

■ Pronunciación

● [y] es la semivocal comparable a la del español *tierno* [tyerno]: **die Ferien** [fe:ryən].

● Recuerde: la letra **s** se pronuncia [z] al principio de una palabra: **sie sind** [zi: zint].

■ Gramática

> ● Recuerde: el adjetivo *atributo* es *invariable*
>   — en *género*:
>   **der Wagen/das Haus/die Wohnung ... ist schön.**
>   *el auto/la casa/el apartamento ... es bonito/a.*
>   — y en *número*:
>   **die Wohnung ist .../die Ferien sind ... schön.**
>   *el apartamento es .../las vacaciones son ... bonito/as.*

● ¡Atención! **sie sind** y **Sie sind**.
   — **sind** es la 3ª persona del plural del verbo **sein**, *ser/estar*.
   — Esta 3ª persona se utiliza también para el pronombre de respeto (ver 6 B1).
Para distinguir las dos formas, el pronombre **Sie**, *usted*, se escribe con una s MAYÚSCULA:
      sie sind *ellos/as son/están*   **Sie sind** *usted es/está*

B 4   TRADUCCIÓN

1. ¿El día es largo? — Sí, (él) es largo.
2. ¿El teléfono es caro? — Sí, (él) es caro.
3. ¿La tarjeta es bonita? — Sí, (ella) es bonita.
4. ¿Los cigarros son caros?
5. Sí, (ellos) son caros.
6. ¿El apartamento es bonito?
7. Sí, (él) es bonito, pero caro.
8. ¿Las vacaciones son largas?
9. No, (ellas) son muy cortas.
10. Las vacaciones son bonitas.
11. Pero (ellas) son cortas.
12. Desgraciadamente (ellas) siempre son demasiado breves.

C 1 EJERCICIOS

A. Traducir

1. El día es bonito, pero la noche es fresca.
2. La pregunta es interesante; la respuesta también.
3. ¿Las vacaciones son largas? (Ellas) son muy cortas.
4. El auto es bonito, pero (él) también es muy caro.
5. ¿El apartamento es bonito? (Él) es bonito, pero caro.

B. ●● Utilizar el pronombre en la respuesta

Ist der Abend kühl? → Ja, er ist kühl.

1. Ist die Arbeit interessant?
2. Sind die Ferien kurz?
3. Ist die Wohnung warm?
4. Ist das Auto teuer?
5. Sind die Zigaretten teuer?

C. Utilizar el pronombre en la respuesta

Ist Peter nervös? → Ja, er ist heute sehr nervös.

1. Ist Frau Schmitt charmant?
2. Ist die Arbeit interessant?
3. Ist die Konferenz lang?
4. Sind Peter und Anna nett?
5. Sind Herr Weiß und Herr Braun nervös?

D. ●● Aprender el género

Abend, Zeit, Geld. → der Abend, die Zeit, das Geld.

1. Herr, Frau, Student, Studentin, Urlaub.
2. Tag, Arbeit, Haus, Buch.
3. Konferenz, Problem, Wohnung, Frage.
4. Post, Karte, Brief, Mark, Marke.
5. Pfennig, Zigarette, Telefon, Ferien.

C 2 VOCABULARIO

der, das	*el (masc. + neutro)*	**der Wagen**	*el auto*
die	*la, los/las*	**das Auto**	*el auto*
sie ist ...	*ella es ...*	**die Frage**	*la pregunta*
sie sind ...	*ellos/ellas son ...*	**die Antwort**	*la respuesta*
immer	*siempre*	**die Ferien** (pl.)	*las vacaciones*
lang/kurz	*largo/corto, breve*		

C 3   RESPUESTAS

A.

1. Der Tag ist schön, aber der Abend ist kühl.
2. Die Frage ist interessant; die Antwort auch.
3. Sind die Ferien lang? Sie sind sehr kurz.
4. Der Wagen ist schön, aber er ist auch sehr teuer.
5. Ist die Wohnung schön? Sie ist schön, aber teuer.

B. ●●

¿La noche es fresca? → *Sí, (ella) es fresca.*

1. Ja, sie ist interessant.
2. Ja, sie sind kurz.
3. Ja, sie ist warm.
4. Ja, es ist teuer.
5. Ja, sie sind teuer.

C.

¿Pedro está nervioso? → *Sí, (él) está muy nervioso hoy.*

1. Ja, sie ist heute sehr charmant.
2. Ja, sie ist heute sehr interessant.
3. Ja, sie ist heute sehr lang.
4. Ja, sie sind heute sehr nett.
5. Ja, sie sind heute sehr nervös.

D. ●●

Noche, tiempo, dinero. → *la noche, el tiempo, el dinero.*

1. der Herr, die Frau, der Student, die Studentin, der Urlaub.
2. der Tag, die Arbeit, das Haus, das Buch.
3. die Konferenz, das Problem, die Wohnung, die Frage.
4. die Post, die Karte, der Brief, die Mark, die Marke.
5. der Pfennig, die Zigarette, das Telefon, die Ferien (pl.).

C 4   OBSERVACIONES

Tenga mucho cuidado en el uso del género en alemán, sobre todo en el empleo de los pronombres:
   (Él) es bonito.   **Er ist schön/Es ist schön**
cuando se trata del *auto* (**der Wagen** o **das Auto**).

71

A 1 PRESENTACIÓN

Wie? [viː]		¿Cómo?
Wie bitte?		¿Cómo por favor? = ¿cómo?, ¿cómo dijo?
Wie ist .../sind ...?		¿Cómo es/está ... /son/están ...?

deutsch	[doɪtsᶜʰ]	*alemán*
das Land, ̈ er	[lant] [lɛndər]	*el país*
Deutschland	[doɪtsᶜʰlant]	*Alemania*
das Wetter, ø	[vɛtər]	*el tiempo (clima)*
das Mistwetter	[mɪstvɛtər]	*el mal tiempo, tiempo desagradable*
der Regen, ø	[reːgən]	*la lluvia*
der Wind, ~e	[vɪnt] [vɪndə]	*el viento*
die Temperatur	[tɛmpəratuːr]	*la temperatura*
2 Grad	[tsvaɪ graːt]	*dos grados*
2 Grad plus	[plus]	*2 grados sobre cero*
2 Grad minus	[miːnus]	*2 grados bajo cero*
angenehm	[angəneːm]	*agradable*
schlecht	[sᶜʰlɛcʰt]	*malo*
denn	[dɛn]	*pues, porque*
unangenehm	[unˮangəneːm]	*desagradable*
miserabel	[mizeraːbəl]	*malísimo, pésimo*
mit	[mɪt]	*con*

A 2 APLICACIÓN

1. — Ist es in Deutschland warm?
2. — Wie bitte?
3. — Ist das Wetter in Deutschland schön?
4. — Nein.
5. — Wie ist das Wetter denn?
6. — Es ist schlecht.
7. Das Wetter ist jetzt miserabel.
8. Ein Mistwetter.
9. Mit Regen und Wind.
10. Der Regen ist unangenehm.
11. Und der Wind ist kalt.
12. — Und wie ist die Temperatur?
13. — Nur zwei Grad plus.

A 3 OBSERVACIONES

■ Gramática

> La interrogación (2):
>> — **Wie ist das Wetter?**   — **Es ist schön.**
>> — *¿Cómo está el tiempo?*   — *Está bonito.*
>
> La interrogación que empieza con una palabra interrogativa
> (was? *¿qué?*, wie? *¿cómo?*, etc.) abarca un elemento, una parte
> de la respuesta: esta interrogación se llama **parcial**.

- Al contrario de la interrogación global (ver 4 B1) con el verbo al
  principio, en la interrogación parcial el verbo está en 2ª posición,
  seguido del sujeto y de los complementos eventuales:

	1 **Was**	2 **ist**	3 **das?**	4
	¿Qué	*es*	*eso?*	
	Wie	**ist**	**das Wetter**	**heute?**
	¿Cómo	*es*	*el tiempo*	*hoy?*

■ Pronunciación

En las palabras compuestas, la sílaba acentuada de la primera componente tiene un acento más fuerte que el de la 2ª (o de la 3ª si hay)
componente. Así, la palabra **deutsch**, *alemán* es más acentuada que
la palabra **Land**, *país*, en la palabra compuesta **Deutschland**, *Alemania*. En la transcripción fonética se marcan en negrita las vocales
acentuadas de ambas componentes —recuerde que la primera se
acentúa más fuertemente.

A 4 TRADUCCIÓN

1. — ¿Hace calor en Alemania?
2. — ¿Cómo?
3. — ¿El tiempo es agradable en Alemania?
4. — No.
5. — ¿Cómo es el tiempo, entonces?
6. — Es malo.
7. Hace un tiempo malísimo ahora.
8. Un tiempo desagradable.
9. Con lluvia y viento.
10. La lluvia es desagradable.
11. Y el viento es frío.
12. — ¿Y cómo es la temperatura?
13. — Nada más dos grados sobre cero.

B 1 PRESENTACIÓN

> **Wieviel?** [vi:fi:l]   *¿Cuánto?*
> **Wieviel ist .../sind ...?**   *¿Cuánto es ...?/¿Cuántos son ...?*
> **Wieviel kostet .../kosten?**   *¿Cuánto cuesta .../cuestan ...?*

11, elf	[ɛlf]	**30, dreißig**	[draisic^h]
12, zwölf	[tsvölf]	**40, vierzig**	[firtsic^h]
13, dreizehn	[draitsɛ:n]	**100, hundert**	[hundert]
14, vierzehn	[fi:rtsɛ:n]	**200, zweihundert**	[tsvaihundert]
21, einundzwanzig	[ain''unt tsvantsic^h]		
32, zweiunddreißig	[tsvai''unt draisic^h]		

der Kunde, ~n	[kundə]	*el cliente*
die Kundin, ~en	[kundin]	*la clienta*
der Verkäufer, ~	[fɛrkoifər]	*el vendedor*
das Kilo, ∅	[ki:lo]	*el kilo*
der Käse, ∅	[kɛ:zə]	*el queso*
die Butter, ∅	[butər]	*la mantequilla*
das Ei, ~er	[ai]	*el huevo*
das Gramm, ∅	[gram]	*el gramo*

> El infinitivo de los verbos en alemán se termina en ~en:
> **haben** *tener, haber*   **kosten** *costar*

B 2 APLICACIÓN

Die Kundin (K) und der Verkäufer (V):
1. K — Wieviel kostet das Kilo?
2. V — Ein Kilo Käse kostet einundzwanzig Mark.
3. K — Und wieviel kosten die Eier?
4. V — Ein Ei kostet fünfunddreißig Pfennig.
5.   Zwölf Eier kosten vier Mark zwanzig.
6. K — Das ist teuer. Wieviel kostet die Butter?
7. V — Ein Kilo Butter kostet elf Mark.
8. K — Gut. Hundert Gramm Käse, bitte.
9.   Und zweihundertfünfzig Gramm Butter.
10. V — 100 Gramm Käse kosten zwei Mark zehn.
11.   Und 250 Gramm Butter: zwei Mark fünfundsiebzig.
12.   2 Mark 10 und 2 Mark 75 ist vier Mark fünfundachtzig, bitte.
13. K — Hier sind fünf Mark.
14. V — Und fünfzehn Pfennig zurück, danke!

B 3 OBSERVACIONES

■ La vocal de **vier** es larga: [fi:r], pero en el caso de **vierzig** 40, es breve: [fírtsic^h].

■ **ein Kilo Käse**, *un kilo de queso*; **100 Gramm Butter**, *100 gramos de mantequilla*. **Butter** y **Käse** se ubican simplemente detrás de la unidad de medida: **Kilo, Gramm**, etc., sin preposición.

■ **Los números cardinales:**

1) las decenas se forman añadiendo~**zig** [tsic^h] a los números sencillos (ver 8 B3). Fíjese sin embargo en:

— 30 **dreißig** se presenta con ~**ßig** [sic^h] en vez de ~**zig**.

— 60 **sechzig** [zec^{h}tsic^h] (sin la ~**s** final de **sechs**): se pronuncia [zec^h] y no [zek] como en el caso de 6 **sechs** [zeks].

— 70 **siebzig** [zi:ptsic^h]: la terminación ~**en** de 7 **sieben** desaparece.

2) los nombres de números compuestos hasta el 99 se forman "al revés" para los hispanohablantes:

$\qquad$ 24 = "4 y 20" **vierundzwanzig**

$\qquad$ 46 = "6 y 40" **sechsundvierzig**

$\qquad$ 55 = "5 y 50" **fünfundfünfzig**

3) a partir de 100, se dan primero las centenas y luego las decenas:

220 = "200 + 20" $\qquad$ **zweihundertzwanzig**

332 = "300 + 2 y 30" $\qquad$ **dreihundertzweiunddreißig**

577 = "500 + 7 y 70" $\qquad$ **fünfhundertsiebenundsiebzig**, etc.

B 4 TRADUCCIÓN

La clienta (C) y el vendedor (V):

1. C — ¿Cuánto cuesta el kilo?
2. V — Un kilo de queso cuesta 21 marcos.
3. C — ¿Y cuánto cuestan los huevos?
4. V — Un huevo cuesta 35 pfennig.
5. $\quad$ Doce huevos cuestan cuatro marcos y 20 pfennig.
6. C — Eso es caro. ¿Cuánto cuesta la mantequilla?
7. V — Un kilo de mantequilla cuesta once marcos.
8. C — Bueno. Cien gramos de queso, por favor.
9. $\quad$ Y 250 gramos de mantequilla.
10. V — 100 gramos de queso cuestan dos marcos y diez pfennig.
11. $\quad$ Y 250 gramos de mantequilla: dos marcos y 75 pfennig.
12. $\quad$ Dos marcos 10 y dos marcos 75 son cuatro marcos 85, por favor.
13. C — Aquí están cinco marcos.
14. V — Y 15 pfennig de cambio. ¡Gracias!

C 1 EJERCICIOS

A. Traducir

1. Dos marcos 10 y dos marcos 75 son cuatro marcos 85.
2. Doce huevos cuestan cuatro marcos veinte.
3. ¿Cuánto cuestan 250 gramos de mantequilla?
4. ¿Cómo es el tiempo ahora en Alemania?
5. La lluvia es desagradable y el viento es frío.

B. ●● Usar *Wie?* en la pregunta:

• *Die Ferien in Deutschland sind sehr teuer.*

1. Die Konferenz in Berlin ist sehr interessant.
2. Herr Schmitt ist jetzt oft sehr nervös.
3. Der Abend ist heute sehr kühl.
4. Das Wetter ist jetzt oft sehr unangenehm.
5. Der Urlaub in Wien ist sehr schön.

C. Usar *Wieviel?* en la pregunta:

• *20 Zigaretten kosten in Deutschland drei Mark.*

1. 100 Gramm Käse und 250 Gramm Butter kosten fünf Mark.
2. Die Wohnung in Bogota kostet sehr viel Geld.
3. Zwölf Eier kosten vier Mark zwanzig.
4. Eine Postkarte und eine Briefmarke kosten eine Mark.
5. Der Urlaub in Deutschland kostet viel Geld.

D. ●● Contar   • *Wieviel ist fünf und sechs?*

1. Wieviel ist elf und zwölf?
2. Wieviel ist dreiundzwanzig und zehn?
3. Wieviel ist dreiunddreißig und fünfzig?
4. Wieviel ist dreiundachtzig und dreißig?
5. Wieviel ist hundertdreizehn und zwölf?

C 2 VOCABULARIO

die Mark, ∅ *el marco*	die Temperatur, ~en *la temperatura*
die Briefmarke, ~n *la estampilla*	die Zeit, ~en *el tiempo*
die Karte, ~n *la tarjeta*	die Postkarte, ~n *la tarjeta postal*
die Arbeit, ~en *el trabajo*	die Wohnung, ~en *el apartamento*
die Zigarette, ~n *el cigarro*	die Antwort, ~en *la respuesta*
die Zigarre, ~n *el puro*	die Garage, ~n *el garaje*
die Frage, ~n *la pregunta*	die Studentin, ~nen *la estudiante*
die Idee, ~n *la idea*	die Sekretärin, ~nen *la secretaria*

C 3   RESPUESTAS

A.

1. Zwei Mark 10 und zwei Mark 75 ist vier Mark fünfundachzig.
2. Zwölf Eier kosten vier Mark zwanzig.
3. Wieviel kosten 250 Gramm Butter?
4. Wie ist jetzt das Wetter in Deutschland?
5. Der Regen ist unangenehm und der Wind ist kalt.

B. ●●

→ *Wie sind die Ferien in Deutschland?*

1. Wie ist die Konferenz in Berlin?
2. Wie ist Herr Schmitt jetzt oft?
3. Wie ist der Abend heute?
4. Wie ist das Wetter jetzt oft?
5. Wie ist der Urlaub in Wien?

C.

→ *Wieviel kosten 20 Zigaretten in Deutschland?*

1. Wieviel kosten 100 Gramm Käse und 250 Gramm Butter?
2. Wieviel kostet die Wohnung in Bogota?
3. Wieviel kosten zwölf Eier?
4. Wieviel kosten eine Postkarte und eine Briefmarke?
5. Wieviel kostet der Urlaub in Deutschland?

D. ●●   → *Fünf und sechs ist elf.*

1. Elf und zwölf ist dreiundzwanzig.
2. Dreiundzwanzig und zehn ist dreiunddreißig.
3. Dreiunddreißig und fünfzig ist dreiundachzig.
4. Dreiundachtzig und dreißig ist hundertdreizehn.
5. Hundertdreizehn und zwölf ist hundertfünfundzwanzig.

C 4   OBSERVACIONES

Las marcas del plural se señalan con un ~que retoma la palabra
entera más la terminación:

die Karte, ~**n** → plural: **die Karten**.

Las marcas del plural del femenino son:

1) ~**n** si terminan en ~**e**,
2) ~**en** si terminan en consonante,
3) ~**nen** si tienen el sufijo ~**in**.

77

A 1 PRESENTACIÓN

wo?	[vo:]	*¿dónde?*
nicht	[nicʰt]	*no*
auch nicht		*tampoco*

> **La negación**
> — kein(e) es la negación del artículo definido y de la ausencia de artículo:
>
> **Ist das eine Karte?** → **Nein, das ist *keine* Karte.**
> *¿Es una tarjeta?* → *No, no es una tarjeta.*
> **Hast du Zeit?** → **Nein, ich habe *keine* Zeit.**
> *¿Tienes tiempo?* → *No, no tengo tiempo.*
>
> — nicht se utiliza en todos los demás casos: delante de un adjetivo, un complemento circunstancial, etc.

hier	*aquí*	**nicht hier**	*no aquí*
in Berlin	*en Berlín*	**nicht in Berlin**	*no en Berlín*
klein	*pequeño*	**nicht klein**	*no pequeño*

groß	[gro:s]	*grande*
klein	[klain]	*pequeño*
München	[münchən]	*Munich*

A 2 APLICACIÓN

1. — Ist die Konferenz in Berlin?
2. — Nein, sie ist nicht in Berlin.
3. — Ist die Konferenz in Bonn?
4. — Nein, sie ist nicht in Berlin und auch nicht in Bonn.
5. — Wo ist die Konferenz?
6. — Sie ist in München.
7. — Ist Anna da?
8. — Nein, sie ist nicht da.
9. — Wo ist sie?
10. — Sie ist in Bonn.
11. — Wo ist das Haus? Wie ist es? Wieviel kostet es?
12. — Ist das Haus klein?
13. — Nein, es ist nicht klein.
14. Aber es ist auch nicht sehr groß.

A 3   OBSERVACIONES

■ Gramática

● **es** es el pronombre neutro y **sie** el pronombre femenino (ver 10 A1). Tenga cuidado de respetar el género del sustantivo cuando use el pronombre: no necesariamente es el mismo en alemán que en español:

> **Das Haus ist klein.** → **Es ist klein.**
> *La casa es pequeña.* → *(Ella) es pequeña.*

■ Pronunciación

● ~**ch**~ se pronuncia [c^h]:
  — detrás de la vocal **i**: **nicht** → [nich^t],
  — detrás de la consonante **n**: **München** → [münch^{h}ən].

● La **o** de **groß** es larga y cerrada: [o:].

A 4   TRADUCCIÓN

1. — ¿La conferencia es en Berlín?
2. — No, no es en Berlín.
3. — ¿La conferencia es en Bonn?
4. — No, no es en Berlín ni tampoco en Bonn.
5. — ¿Dónde es la conferencia?
6. — Es en Munich.
7. — ¿Está Ana?
8. — No, no está.
9. — ¿Dónde está?
10. — Está en Bonn.
11. — ¿Dónde está la casa? ¿Cómo es? ¿Cuánto cuesta?
12. — ¿Es pequeña la casa?
13. — No, no es pequeña.
14. Pero tampoco es muy grande.

B 1   PRESENTACIÓN

wann?	[van]	*¿cuándo?*

aber		*pero*
sondern	[zondɐn]	*sino*

neu	[noi]	*nuevo*
alt	[alt]	*viejo*
das Telegramm, ~e	[telegram]	*el telegrama*
morgen	[mɔrgən]	*mañana*
Lima	[liːma]	*(la ciudad de) Lima*

B 2   APLICACIÓN

1. Wann ist die Konferenz? Heute?
2. Nein, sie ist nicht heute, sondern morgen.
3. Wie ist das Haus? Alt?
4. Nein, es ist nicht alt, sondern neu.
5. Wieviel kostet der Wagen? Viel?
6. Nein, er kostet nicht viel, sondern wenig.
7. Wo ist Anna? In Bonn.
8. Nein, sie ist nicht in Bonn, sondern in Berlin.
9. Wo ist Herr Müller? In Lima?
10. Nein, er ist nicht in Lima, sondern in Mexiko.
11. Was ist das? Ein Brief?
12. Nein, das ist kein Brief, sondern ein Telegramm.

B 3   OBSERVACIONES

■ **aber**, *pero*, y **sondern**, *sino*

— En alemán se utiliza la conjunción de coordinación **sondern**, *sino*, para oponer una palabra (nombre, adjetivo, etc.) a otra; la primera necesariamente irá precedida de la negación **nicht** o **kein(e)** (ver 12 A1).

> **Das Haus ist nicht alt, sondern neu.**
> *La casa no es vieja, sino nueva.*

— **aber**, *pero*, no introduce una oposición, sino una restricción o precisión (ver 9 B):

> **Das Haus ist (nicht) alt, aber es ist groß.**
> *La casa (no) es vieja, pero es grande.*

■ **Expresión del futuro**

Si el contexto es suficientemente explícito, si un elemento indica que la acción se sitúa en el futuro (**morgen**, *mañana* en este caso), el alemán (como el español aquí) emplea el presente con valor de futuro:

> **Die Konferenz ist morgen.**
> *La conferencia es mañana.*

B 4   TRADUCCIÓN

1. ¿Cuándo es la conferencia? ¿Hoy?
2. No, no es hoy, sino mañana.
3. ¿Cómo es la casa? ¿Vieja?
4. No, no es vieja, sino nueva.
5. ¿Cuánto cuesta el auto? ¿Mucho?
6. No, no cuesta mucho, sino poco.
7. ¿Dónde está Ana? ¿En Bonn?
8. No, no está en Bonn, sino en Berlín.
9. ¿Dónde está el Señor Müller? ¿En Lima?
10. No, no está en Lima, sino en México.
11. ¿Qué es eso? ¿Una carta?
12. No, no es una carta, sino un telegrama.

C 1 EJERCICIOS

A. Traducir

1. La conferencia no es en Berlín ni tampoco en Bonn.
2. ¿Dónde está el auto? ¿Cuánto cuesta?
3. La conferencia no es hoy, sino mañana.
4. El Señor Müller no está en México, sino en Lima.
5. La casa no es vieja, sino nueva.

B. Usar *Wo?* en la pregunta:

• *In Deutschland ist das Wetter oft schlecht.*

1. Die Sekretärin ist jetzt in Ferien.
2. Herr und Frau Schmitt sind heute in Berlin.
3. In Deutschland kosten die Zigaretten viel.
4. Das Haus und die Wohnung sind in Bonn.
5. Peter und Anna sind jetzt in Bogota.

C. ●● Usar *Was?, Wo?, Wie?,* etc. en la pregunta:

• *Er ist heute da. (Wann?)*   • *Sie ist in Mexiko. (Wo?)*

1. Sie ist sehr nett. (Wie?)
2. Ich bin Student. (Was?)
3. Sie sind morgen hier. (Wann?)
4. Es kostet viel. (Wieviel?)
5. Sie sind nett. (Wie?)

D. Usar *sondern* en la respuesta:

• *Wann ist die Konferenz? Heute? (morgen)*

1. Wie ist das Wetter? Schön? (schlecht)
2. Was ist das? Ein Telegramm? (ein Brief)
3. Wieviel kostet der Urlaub? Wenig? (viel Geld)
4. Wo sind Sie morgen? In Bonn? (in Kiel)
5. Was sind sie? Studentinnen? (Sekretärinnen)

C 2 VOCABULARIO

der Tag, ~e *el día*
der Abend, ~e *la tarde, noche*
der Brief, ~e *la carta*
der Wind, ~e *el viento*
der Urlaub, ø *las vacaciones*
der Regen, ~ *la lluvia*
der Architekt, ~en *el arquitecto*

der Verkäufer, ~ *el vendedor*
der Wagen, ~ *el auto*
der Mechaniker, ~ *el mecánico*
der Techniker, ~ *el técnico*
der Herr, ~en *el señor*
der Student, ~en *el estudiante*

C 3 RESPUESTAS

A.

1. Die Konferenz ist nicht in Berlin und auch nicht in Bonn.
2. Wo ist der Wagen? Wieviel kostet er?
3. Die Konferenz ist nicht heute, sondern morgen.
4. Herr Müller ist nicht in Mexiko, sondern in Lima.
5. Das Haus ist nicht alt, sondern neu.

B.

→ *Wo ist das Wetter oft schlecht?*

1. Wo ist die Sekretärin jetzt?
2. Wo sind Herr und Frau Schmitt heute?
3. Wo kostendie Zigaretten viel?
4. Wo sind das Haus und die Wohnung?
5. Wo sind Peter und Anna jetzt?

C. ●●

→ *Wann ist er da?*   → *Wo ist sie?*

1. Wie ist sie?
2. Was sind Sie?
3. Wann sind sie hier?
4. Wieviel kostet es?
5. Wie sind sie?

D.

→ *Die Konferenz ist nicht heute, sondern morgen.*

1. Das Wetter ist nicht schön, sondern schlecht.
2. Das ist kein Telegramm, sondern ein Brief.
3. Der Urlaub kostet nicht wenig, sondern viel Geld.
4. Ich bin morgen nicht in Bonn, sondern in Kiel.
5. Sie sind nicht Studentinnen, sondern Sekretärinnen.

C 4 OBSERVACIONES

- Las marcas del plural del masculino son:
  1) ~e en general: **der Tag → die Tage**,
  2) ~en en algunos casos: **die Herren, die Studenten**,
  3) el ~ solo indica que el sustantivo se retoma tal cual, sin terminación: el singular y el plural son idénticos: **der Wagen → die Wagen**
  4) ∅: este símbolo marca la ausencia de plural para los sustantivos que no tienen plural: **der Urlaub**, por ejemplo.

A 1 PRESENTACIÓN

Wer?	[veːr]	¿Quién?

Hallo!	[halo]	*¿diga? ¡bueno!*
der Apparat, ~e	[aparaːt]	*el aparato*
der Direktor, ~en	[direktor]	*el director*
natürlich	[natüːrlic^h]	*claro, naturalmente*
gerade	[gəraːdə]	*justamente, ahora mismo*

A 2 APLICACIÓN

Herr Müller (M) und Herr Schmitt (S):

1. M — Hallo! Wer ist da bitte?
2. S — Hier Schmitt. Wer ist am Apparat?
3. M — Hier Müller.
4. S — Guten Tag, Herr Direktor!
5. M — Sind Sie heute abend in Bonn?
6. S — Ja, ich bin jetzt in Bonn.
7.   Ich habe hier morgen eine Konferenz.
8.   Wo sind Sie jetzt?
9. M — Ich bin jetzt gerade in Köln.
10.   Aber heute abend bin ich wieder in Bonn.
11.   Haben Sie heute abend Zeit?
12. S — Natürlich, Herr Direktor.
13. M — Auf Wiedersehen, Herr Schmitt!
14. S — Auf Wiedersehen!

A 3   OBSERVACIONES

■ Pronunciación

● Pronuncie bien **wer**, con una [e:] larga y cerrada: [ve:r].

● **Acentuación de las palabras de origen extranjero**
Las palabras de origen extranjero se acentúan por lo general en la
última sílaba: **der Apparat** [apara:t], al igual que **die Natur** [natu:r],
y su derivado **natürlich**, acentuado en la misma sílaba de la raíz:
[natü:rlic^h].

● Las palabras en ~or se acentúan en general en la penúltima sílaba:
der Direktor → [direktor].

■ Gramática

● **La inflexión**: En general, los neutros forman su plural añadiendo
~er al singular: **das Ei** → **die Eier** (*el huevo* → *los huevos*). Si la
palabra presenta en singular las vocales **a**, **o**, **u** o el diptongo **au**,
la marca del plural ~er es acompañada por el **Umlaut** (la diéresis)
en la vocal de la raíz, y en ese caso el plural se anota ̈ er:
— **a** se convierte en **ä** [ɛ]: **das Land** → **die Länder** [lɛndər];
— **u** se convierte en **ü** [ü]: **das Buch** → **die Bücher** [bü:jər];
— **au** se convierte en **äu** [oi]: **das Haus** → **die Häuser** [hoizər].

A 4   TRADUCCIÓN

El Sr. Müller (M) y el Sr. Schmitt (S):

1. M — ¿Diga? ¿Quién habla, por favor?
2. S — Aquí Schmitt. ¿Quién habla?
3. M — Aquí Müller.
4. S — ¡Buenos días, Señor Director!
5. M — ¿Está usted en Bonn hoy en la noche?
6. S — Sí, estoy en Bonn ahora.
7. Tengo una conferencia aquí mañana.
8. ¿Dónde está usted ahora?
9. M — Estoy en Colonia ahora mismo.
10. Pero hoy en la noche estaré (ver 12 B3) de vuelta en Bonn.
11. ¿Tiene usted tiempo hoy en la noche?
12. S — Naturalmente, Señor Director.
13. M — ¡Hasta luego, Señor Schmitt!
14. S — ¡Hasta luego!

13 Herr Müller hat eine Fabrik

B 1 PRESENTACIÓN

er/sie hat	[hat]	él/ella tiene

das Hotel, ~s	[hotəl]	el hotel
die Fabrik, ~en	[fabrík]	la fábrica
der Fabrikdirektor		el director de la fábrica
die Familie, ~n	[famí:lyə]	la familia
die Tochter, ~̈	[tojtər] [töchtər]	la hija
das Fräulein, ~	[froilain]	la señorita
oder	[o:dər]	o

■ ~lein es un *sufijo diminutivo* que provoca la inflexión, la modificación de la vocal de la raíz (ver 13 A3):

die Frau [frao] *la mujer*
→ das Fräulein [froilain] *la señorita*

En este caso particular, el femenino reaparece con el pronombre:

Fräulein Müller ist nicht da. → Sie ist nicht da.
La Señorita Müller no está. → *Ella no está.*

B 2 APLICACIÓN

1. — Wer ist das?
2. — Das ist Herr Müller.
3. — Was ist Herr Müller?
4. — Er ist Direktor.
5. — Hoteldirektor oder Fabrikdirektor?
6. — Er ist Fabrikdirektor.
7. — Hat er eine Fabrik?
8. — Natürlich, er hat eine Fabrik in Essen.
9. — Und da, wer ist das? Hat Herr Müller eine Tochter?
10. — Das ist Fräulein Schmitt. Herr Müller hat keine Tochter.
11. — Was ist Fräulein Schmitt?
12. — Sie ist Sekretärin.

B 3   OBSERVACIONES

■ Pronunciación

- El plural de **die Tochter** es **die Töchter**, con una diéresis en la **ö**. La ~**ch**~ después de [o] se pronuncia [j], pero después de **ö** = [ö] se vuelve [c^h] (ver p. 256, 9, 6).

- Acentuación de las palabras de origen extranjero:
  — **das Hotel** (¡ojo con el género!) y **die Fabrik** se acentúan en la última sílaba.
  — las palabras en ~**ie** se acentúan a veces en la penúltima sílaba: **die Familie** [fam**i**:lyə].

  Nota: la **i** de ~**lie** es una semivocal, [y] (ver 10 B3).

■ Gramática

- Repaso: el verbo **haben**, *tener, haber*
  En el tiempo presente usted conoce ahora:

Singular	ich	habe	*yo tengo*
	er/es/sie	hat	*él/ella tiene*
Plural	sie	haben	*ellos/ellas tienen*
	Sie	haben	*usted(es) tiene(n)*

B 4   TRADUCCIÓN

1. — ¿Quién es?
2. — Es el Señor Müller.
3. — ¿Qué hace el Señor Müller?
4. — Es director.
5. — ¿Director de un hotel o director de una fábrica?
6. — Es director de una fábrica.
7. — ¿Tiene una fábrica?
8. — Claro, tiene una fábrica en Essen.
9. — Y ahí, ¿quién es? ¿El Señor Müller tiene una hija?
10. — Es la Señorita Schmitt. El Señor Müller no tiene hija.
11. — ¿Qué es la Señorita Schmitt?
12. — Es secretaria.

C 1   EJERCICIOS

A. Traducir

1. El Señor Müller tiene una conferencia aquí mañana.
2. Pero hoy en la noche estará de regreso en Bonn.
3. El Señor Schmitt tiene una fábrica en Essen.
4. ¿El Señor Braun tiene una hija?
5. ¡Buenos días! ¡Aquí Weiss! ¿Quién habla?

B. Usar *Wer?* en la pregunta:

• *Frau Müller ist heute abend nicht da.*

1. Herr Schmitt hat morgen eine Konferenz in Mexiko.
2. Fräulein Weiß ist heute sehr charmant.
3. Herr und Frau Braun sind jetzt in Ferien.
4. Sie haben ein Haus und ein Auto.
5. Ich habe kein Auto und keine Garage.

C. Usar *auch* en la respuesta:

• *Er hat immer sehr viel Arbeit. Und Sie?*

1. Er hat morgen eine Konferenz in Wien. Und Sie?
2. Er hat ein Auto und keine Garage. Und Sie?
3. Er hat eine Fabrik in Essen. Und Sie?
4. Sie hat jetzt oft Urlaub. Und Sie?
5. Sie hat viel Arbeit und ist sehr nervös. Und Sie?

D. ●● Usar *Wer?*, *Wie?*, *Was?*, etc. en la pregunta:

• *Er ist am Apparat. (Wer?)*   • *Sie ist dort. (Wo?)*

1. Es ist heute schön. (Wie?)
2. Sie hat Ferien. (Was?)
3. Es kostet viel. (Wieviel?)
4. Es ist morgen. (Wann?)

C 2   VOCABULARIO

das Ei, ~er	*el huevo*	**das Telefon**, ~e	*el teléfono*
das Geld, ~er	*el dinero*	**das Telegramm**, ~e	*el telegrama*
das Haus, ∼er	*la casa*	**das Problem**, ~e	*el problema*
das Buch, ∼er	*el libro*	**das Kilo**, ~	*el kilo*
das Land, ∼er	*el país*	**das Gramm**, ~	*el gramo*
das Auto, ~s	*el auto*	**das Fräulein**, ~	*la señorita*
das Wetter, ø	*el tiempo (clima)*		

C 3   RESPUESTAS

A.

1. Herr Müller hat hier morgen eine Konferenz.
2. Aber heute abend ist er wieder in Bonn.
3. Herr Schmitt hat eine Fabrik in Essen.
4. Hat Herr Braun eine Tochter?
5. Guten Tag! Hier Weiß! Wer ist am Apparat?

B.

→ *Wer ist heute abend nicht da?*
1. Wer hat morgen eine Konferenz in Mexiko?
2. Wer ist heute sehr charmant?
3. Wer ist jetzt in Ferien?
4. Wer hat ein Haus und ein Auto?
5. Wer hat kein Auto und keine Garage?

C.

→ *Ich habe auch immer sehr viel Arbeit.*
1. Ich habe morgen auch eine Konferenz in Wien.
2. Ich habe auch ein Auto und keine Garage.
3. Ich habe auch eine Fabrik in Essen.
4. Ich habe jetzt auch oft Urlaub.
5. Ich habe auch viel Arbeit und bin auch sehr nervös.

D. ●●

→ *Wer ist am Apparat?*   → *Wo ist sie?*
1. Wie ist es heute?
2. Was hat sie?
3. Wieviel kostet es?
4. Wann ist es?

C 4   OBSERVACIONES

- Las marcas del plural de los sustantivos neutros son:
  1) ~**er** o ~**er** en general,
  2) ~**e**, casi siempre, para palabras de origen extranjero,
  3) ~**s** cuando la palabra termina en ~**o**,
  4) ~ para los derivados en ~**lein**,
  5) Ø para algunas palabras que no tienen plural: **das** Wetter.

89

A 1   PRESENTACIÓN

du	[du:]	*tú*
du bist	[bist]	*tú eres, estás*
du hast	[hast]	*tú tienes, has*

krank	[kraŋk]	*enfermo*
müde	[müdə]	*cansado*
zuviel	[tsufi:l]	*demasiado*
Du hast es gut.		*¡Qué suerte tienes!*

■ Conjugación de **sein**, *ser/estar* y **haben**, *tener/haber*.
  La 2ª persona del singular termina en ~st:

   du bist   *tú eres, estás*   **du hast**   *tú tienes, has*

■ Puede completarse el cuadro de la conjugación de estos dos verbos
  (ver 14 A3), ignorando todavía algunas formas.

A 2   APLICACIÓN

Karl (K) und Peter (P):

1. P — Was hast du? Bist du krank?
2. K — Nein, ich bin nicht krank.
3.   Aber ich habe zuviel Arbeit.
4.   Und ich bin sehr müde.
5.   Hast du auch viel Arbeit?
6. P — Nein, ich habe Ferien.
7. K — Ja, du hast es gut!
8.   Du bist Student und hast viel Zeit.
9. P — Ja, ich habe viel Zeit.
10.   Aber ich habe kein Geld.
11.   Du hast Arbeit und keine Zeit,
12.   aber du hast viel Geld.

A 3 OBSERVACIONES

■ **Pronunciación**

- La vocal de **müde** es una [ü:] larga delante de una sola consonante.
- La **n** de **krank** se pronuncia [ŋ] delante de [k].

■ **Gramática**

- Éstas son las formas de **haben** y **sein** que ya conocemos:

sein	
singular	plural
ich bin	?
er/es/sie ist	Sie/sie sind
du bist	?

haben	
singular	plural
ich habe	?
er/es/sie hat	Sie/sie haben
du hast	?

A 4 TRADUCCIÓN

Carlos (C) y Pedro (P):

1. P — ¿Qué tienes? ¿Estás enfermo?
2. C — No, no estoy enfermo.
3.   Pero tengo demasiado trabajo.
4.   Y estoy muy cansado.
5.   ¿Tú también tienes mucho trabajo?
6. P — No, yo tengo vacaciones.
7. C — ¡Qué suerte tienes!
8.   Eres estudiante y tienes mucho tiempo.
9. P — Sí, tengo mucho tiempo.
10.   Pero no tengo dinero.
11.   Tú tienes trabajo y no tienes tiempo,
12.   pero tienes mucho dinero.

B 1 PRESENTACIÓN

machen	[majən]	*hacer*
nichts	[nic*ts]	*nada*

■ **nicht** y **nichts**: **nicht** es la negación (*no*), particularmente delante de un adjetivo. No confunda esta negación con el adverbio **nichts**, que significa *nada*.

> **Er macht es nicht.** → *No lo hace.*
> **Er macht nichts.** → *No hace nada.*

das Examen, ~	[eksa:mən]	*el examen*
ein Examen machen		*pasar un examen*
die Reise, ~n	[raizə]	*el viaje*
der Lärm, ∅	[lɛrm]	*el ruido*
der Kaffee, ∅	[kafe:]	*el café*
zusammen	[tsuzamən]	*juntos, en total*

B 2 APLICACIÓN

1. Ich mache ein Examen.
2. Du machts nichts.
3. Sie macht Kaffee.
4. Er macht nicht viel.
5. Hans und Karl machen eine Reise.
6. Sie machen viel Lärm.
7. Machen Sie nicht zuviel Lärm!
8. Da ist nichts zu machen.
9. Das macht nichts.
10. Zwei und zwei macht vier.
11. Wieviel macht das zusammen?
12. Das macht zusammen acht Mark.

B 3 OBSERVACIONES

■ Pronunciación
- La letra ä se pronuncia [ε]: **der Lärm** = [lεrm].
- **der Kaffee** se acentúa (casi siempre) en la primera sílaba: [kafe:].

■ Gramática

> **El imperativo**: En la forma de respeto, el imperativo presenta el verbo al principio de la oración, seguido del sujeto Sie:
> **Sie machen ...** → *Usted hace ...* **Machen Sie ...!** → *¡Haga usted!*

> El infinitivo complemento se introduce (salvo excepciones que veremos más tarde) con la preposición **zu**:
> **Das ist nicht zu machen.** *Esto no puede/debe hacerse.*
> **Da ist nichts zu machen.** *No hay nada que hacer.*

B 4 TRADUCCIÓN

1. Yo paso un examen.
2. Tú no haces nada.
3. Ella hace café.
4. Él no hace mucho.
5. Juan y Carlos hacen un viaje.
6. Ellos (ellas) hacen mucho ruido.
7. ¡No haga(n) demasiado ruido!
8. Ahí no hay nada que hacer.
9. Eso no importa.
10. Dos y dos son cuatro.
11. ¿Cuánto es en total?
12. En total son ocho marcos.

C 1 EJERCICIOS

A. Traducir

1. Tengo demasiado trabajo y estoy muy cansado.
2. Eres estudiante y tienes mucho tiempo.
3. Tienes trabajo, pero no tienes tiempo.
4. Ellos hacen demasiado ruido ahora.
5. En total son ocho marcos.

B. ●● Hacer dos preguntas:
* *Ich bin Student und habe viel Zeit.*

1. Ich bin Mechaniker und habe ein Auto.
2. Ich habe Probleme und bin krank.
3. Ich habe viel Arbeit und bin sehr müde.
4. Ich habe jetzt Ferien und viel Zeit.

C. Completar, usando el verbo *machen*:
* *Ich bin Direktor und ..... morgen eine Reise.*

1. Du bist nervös und ..... zuviel Lärm.
2. Er ist Student und ..... jetzt Ferien.
3. Sie ist Sekretärin und ..... die Arbeit gut.
4. Sie sind Studenten und ..... morgen ein Examen.
5. Sie sind Direktor und ..... heute nichts.

D. ●● Usar la palabra interrogativa indicada:
* *Ich mache morgen eine Reise. (wann?)*

1. Er macht das Examen gut. (wie?)
2. Das macht zusammen acht Mark. (wieviel?)
3. Sie macht in Deutschland Urlaub. (wo?)
4. Sie machen heute nichts. (was?)
5. Die Sekretärin macht Kaffee. (wer?)

C 2 GRAMÁTICA

Conjugación de los verbos:

	sein	haben	machen	
	ser	*tener*	*hacer*	
	estar	*haber*		

ich	bin	habe	mache	*yo soy/estoy, tengo/he, hago*
du	bist	hast	machst	*tú eres/estás, tienes/has, haces*
er/sie/es	ist	hat	macht	*él/ella/él (n.) es/está, tiene/ha, hace*
sie/Sie	sind	haben	machen	*usted(es)/ellos(as) es(son)/está(n), tiene(n)/ha(n), hace(n)*

C 3 RESPUESTAS

A.
1. Ich habe zuviel Arbeit und bin sehr müde.
2. Du bist Student und hast viel Zeit.
3. Du hast Arbeit, aber (du hast) keine Zeit.
4. Sie machen jetzt zuviel Lärm.
5. Das macht zusammen acht Mark.

B. ●●
→ *Bist du auch Student? Hast du auch viel Zeit?*
1. Bist du auch Mechaniker? Hast du auch ein Auto?
2. Hast du auch Probleme? Bist du auch krank?
3. Hast du auch viel Arbeit? Bist du auch sehr müde?
4. Hast du jetzt auch Ferien? Hast du auch viel Zeit?

C.
→ *Ich bin Direktor und **mache** morgen eine Reise.*
1. Du bist nervös und **machst** zuviel Lärm.
2. Er ist Student und **macht** jetzt Ferien.
3. Sie ist Sekretärin und **macht** die Arbeit gut.
4. Sie sind Studenten und **machen** morgen ein Examen.
5. Sie sind Direktor und **machen** heute nichts.

D. ●●
→ *Wann machen Sie eine Reise.*
1. Wie macht er das Examen?
2. Wieviel macht das zusammen?
3. Wo macht sie Urlaub?
4. Was machen sie heute?
5. Wer macht Kaffee?

C 4 OBSERVACIONES

- Salvo por el verbo **sein**, que tiene una conjugación irregular, los verbos se terminan en presente en:

  ~**e** en la primera persona del singular,
  ~**st** en la segunda persona del singular,
  ~**t** en la tercera persona del singular,
  ~**en** en la tercera persona del plural.

Der Fotograf fotografiert

A 1 PRESENTACIÓN

> En la segunda persona del singular, los verbos terminan en ~st:
> **ich mache** → **du machst**   *yo hago* → *tú haces*

reparieren	[repariːrən]	*reparar*
fotografieren	[fotografiːrən]	*fotografiar*
studieren	[s^ch tudiːrən]	*estudiar*
der Fotograf, ~en	[fotograːf]	*el fotógrafo*
das Foto, ~s	[foːto]	*la foto*
die Mathematik (sing.)	[matəmatik]	*las matemáticas* (pl.)

A 2 APLICACIÓN

1. Ich bin Mechaniker.
2. Ich repariere Autos.
3. Ich habe viel Arbeit.
4. Bist du Fotograf? Machst du Fotos?
5. Ja, ich bin Fotograf und ich mache Fotos.
6. Er ist Student.
7. Er studiert in Bonn.
8. Er studiert in Bonn Mathematik.
9. Sie ist Sekretärin.
10. Sie macht Kaffee.
11. Das Telefon ist teuer. Es kostet viel.

A 3   OBSERVACIONES

■ Pronunciación

- Recuerde: la letra **s**~ delante de una consonante y al principio de una palabra se pronuncia [s^{ch}]: **studieren** = [s^{ch}tud**i**:rən].
- Los verbos que terminan en ~**ieren** se acentúan en la vocal ~**ie**~ (ver 15 A1).
- La palabra **das Foto** se acentúa en la 1ª sílaba: [**fo**:to].

■ Gramática

Ich mache Fotos.	*Yo hago fotos.*

No hay artículo indefinido plural en alemán. En español, aunque existen, en muchos casos se omiten, así que se dice de la misma manera:

Das ist ein Foto.	**Das sind Fotos.**
Es una foto.	*Son (unas) fotos.*

- Las palabras que terminan en ~**o** forman su plural en ~**s**:

    das Büro → **die Büros**   **das Foto** → **die Fotos**

- Conjugación de un verbo en singular:

machen	**terminaciones**
ich mache	ich ~e
er/es/sie macht	er/es/sie ~t
du machst	du ~st

A 4   TRADUCCIÓN

1. Yo soy mecánico.
2. Reparo autos.
3. Tengo mucho trabajo.
4. ¿Eres fotógrafo? ¿Haces fotos?
5. Sí, soy fotógrafo y hago fotos.
6. Él es estudiante.
7. Estudia en Bonn.
8. Estudia matemáticas en Bonn.
9. Ella es secretaria.
10. Hace café.
11. El teléfono es caro. Cuesta mucho.

B 1 PRESENTACIÓN

> **wir** [viːr] *nosotros*

■ **wir** es el pronombre personal de la 1ª persona del plural.

Las formas verbales de la 1ª y 3ª persona del plural son idénticas y no se distinguen más que por el pronombre:

> **wir machen** → *nosotros hacemos*
> **sie/Sie machen** → *ellos/ellas hacen, usted(es) hace(n)*

die Angst, ~e	[aŋst]	*el miedo*
der Fuß, die Füße	[fuːs] [füːsə]	*el pie, los pies*
der Ball, ~e	[bal]	*la pelota, el balón*
der Fußball, ∅		*el futbol*
die Musik, ∅	[muziːk]	*la música*
spielen	[sᶜʰpiːlən]	*jugar*
arbeiten	[arbaitən]	*trabajar*
denn (2)	[dɛn]	*porque, pues*

B 2 APLICACIÓN

1. Peter ist Student.
2. Und ich bin auch Student.
3. Wir studieren zusammen.
4. Wir studieren Mathematik.
5. Heute machen wir ein Examen.
6. Wir sind sehr nervös,
7. denn wir haben Angst.
8. Aber morgen arbeiten wir nicht.
9. Morgen spielen wir Fußball.
10. Oder vielleicht machen wir Musik.

B 3 OBSERVACIONES

■ Pronunciación

• Las letras ~ng~ representan un sonido único: **die Angst** = [aŋst] (ver 7 B3).

• El verbo **arbeiten** se acentúa en la 1ª sílaba.

• La vocal de **der Fuß** es larga: [fu:s]; se escribe **Füße** en plural para marcar la vocal larga (una sola consonante después de la vocal larga).

• En las palabras compuestas, la sílaba acentuada de la primera componente tiene un acento más fuerte que la de la segunda componente (ver 11 B3): debe acentuarse con más fuerza **Fuß**~ que ~**ball** en la palabra **Fußball** [fu:sbal].

■ Gramática

• Conjugación del verbo **machen** y terminaciones de los verbos en presente:

singular	plural
ich mache	wir machen
er/es/sie macht	Sie/sie machen
du machst	?

singular	plural
ich ~e	wir ~en
er/es/sie ~t	Sie/sie ~en
du ~st	?

B 4 TRADUCCIÓN

1. Pedro es estudiante.
2. Y yo también soy estudiante.
3. Estudiamos juntos.
4. Estudiamos matemáticas.
5. Hoy pasamos un examen.
6. Estamos muy nerviosos,
7. porque tenemos miedo.
8. Pero mañana no trabajamos.
9. Mañana jugamos al futbol.
10. O quizás también toquemos música.

C 1   EJERCICIOS

A. Traducir
1. El teléfono es caro. (Él) cuesta mucho.
2. Hoy pasamos un examen.
3. Somos estudiantes. Estudiamos juntos.
4. Estamos muy nerviosos, porque tenemos miedo.
5. Mañana jugamos al futbol.

B. ●● Usar en ambas preguntas el pronombre indicado:
• *Er ist Fotograf und macht Fotos. (sie)*
1. Ich bin Direktor und arbeite viel. (Sie)
2. Sie ist Studentin und studiert Mathematik. (er)
3. Wir sind in Ferien und spielen Fußball. (du)
4. Er ist Mechaniker und repariert Autos. (Sie)
5. Sie ist Architektin und fotografiert das Haus. (er)

C. Completar   • *Ich .... Student und .... ein Examen.*
1. Du ..... in Ferien und ..... Fußball.
2. Er ..... Fotograf und ..... das Auto.
3. Sie ..... Sekretärin und ..... viel.
4. Wir ..... Studenten und ..... Mathematik.
5. Sie ..... Mechaniker und ..... Autos.

D. Usar la palabra interrogativa indicada:
• *Ich mache morgen eine Reise. (was?)*
1. Er hat ein Haus in Bogota. (wo?)
2. Sie arbeitet heute sehr gut. (wie?)
3. Wir arbeiten fünf Tage. (wieviel?)
4. Du spielst morgen Fußball. (wann?)
5. Herr Weiß fotografiert das Auto. (wer?)

C 2   GRAMÁTICA

Conjugación	**reparieren**	**spielen**	**arbeiten**
	reparar	*jugar*	*trabajar*
ich	repariere	spiele	arbeite
du	reparierst	spielst	arbeitest
er/es/sie	repariert	spielt	arbeitet
wir/sie/Sie	reparieren	spielen	arbeiten
ihr	repariert	spielt	arbeitet

C 3   RESPUESTAS

A.
1. Das Telefon ist teuer. Es kostet viel.
2. Heute machen wir ein Examen.
3. Wir sind Studenten. Wir studieren zusammen.
4. Wir sind sehr nervös, denn wir haben Angst.
5. Morgen spielen wir Fußball.

B. ●●
→ *Ist sie auch Fotografin? Macht sie auch Fotos?*
1. Sind Sie auch Direktor? Arbeiten Sie auch viel?
2. Ist er auch Student? Studiert er auch Mathematik?
3. Bist du auch in Ferien? Spielst du auch Fußball?
4. Sind Sie auch Mechaniker? Reparieren Sie auch Autos?
5. Ist er auch Architekt? Fotografiert er auch das Haus?

C.
→ *Ich bin Student und mache ein Examen.*
1. Du **bist** in Ferien und **spielst** Fußball.
2. Er **ist** Fotograf und **fotografiert** das Auto.
3. Sie **ist** Sekretärin und **arbeitet** viel.
4. Wir **sind** Studenten und **studieren** Mathematik.
5. Sie **sind** Mechaniker und **reparieren** Autos.

D.
→ *Was machen Sie morgen?*
1. Wo hat er ein Haus?
2. Wie arbeitet sie heute?
3. Wieviel Tage arbeiten Sie?
4. Wann spielst du Fußball?
5. Wer fotografiert das Auto?

C 4   OBSERVACIONES

> Se añade una ~e de enlace para la segunda y tercera persona del singular cuando la raíz del verbo se termina en ~t: **arbeit~** → du **arbeitest, er arbeitet.**

• **Was machst du, Peter? Was machst du, Anna?**
→ *¿Qué haces?*
Was macht ihr (Peter und Anna)? → *¿Qué hacen ustedes?*
El pronombre de la segunda persona del plural es **ihr**, *ustedes, vosotros* (dos personas o más a quienes se habla de tú), la terminación verbal es ~t:
du machst → *tú haces*   **ihr macht** → *ustedes hacen*

A 1   PRESENTACIÓN

gern	[gɛrn]	*con gusto, gustoso*
ich möchte (gern)	[icʰ möcʰtə]	*yo quiero, quisiera*
ich trinke gern	[icʰ triŋkə]	*me gusta beber*
Möchten Sie ...?		*¿Quiere usted ...?*
Trinken Sie gern ...?		*¿Le gusta beber ...?*

trinken	[triŋkən]	*beber, tomar*
fragen	[fra:gən]	*preguntar*
kommen	[komən]	*venir*
der Tee, ~s	[te:]	*el té*
das Bier, ~e	[bi:r]	*la cerveza*
die Zitrone, ~n	[tsitro:nə]	*el limón*
die Tasse, ~n	[tasə]	*la taza*
das Glas, ¨er	[gla:s] [glɛ:zər]	*el vaso*
die Flasche, ~n	[flasʰə]	*la botella*
der Ober, ~	[o:bər]	*el mesero, camarero*

A 2   APLICACIÓN

Der Ober (O)   Frl. Braun (B)   Frau Weiß (W)   Herr Schmitt (S)

1. S — Herr Ober, bitte!
2.   (Der Ober kommt und fragt:)
3. O — Was möchten Sie trinken?
4. B — Ich möchte eine Tasse Kaffee.
5. O — Möchten Sie auch eine Tasse Kaffee?
6. W — Nein, danke. Ich trinke nicht gern Kaffee.
7. O — Möchten Sie vielleicht Tee?
8. W — Ja, gern. Ein Glas Tee mit Zitrone.
9. O — Und Sie, was trinken Sie?
10. S — Ich möchte ein Bier.
11. O — Ein Glas oder eine Flasche?
12. S — Ein Glas Bier, bitte.

A 3 OBSERVACIONES

■ Vocabulario

> Por lo general, el adverbio **gern** se traduce usando el verbo *gustar*, sin especificar necesariamente que se bebe, se come, etc.
> **Ich trinke gern Kaffee.**
> *"Bebo café con gusto"* → *Me gusta el café.*

ein Glas Tee, *un vaso de té*
En Alemania, en los restaurantes y cafés, el té se toma generalmente en un vaso.

■ Gramática

- En español, una palabra puede añadirse al determinado con (*Plaza de la Constitución*) o sin (*Plaza Juárez*) conjunción; en alemán la aposición se efectúa sin conjunción:

eine Tasse Kaffee	→	*una taza de café*
ein Glas Bier	→	*un vaso de cerveza*

A 4 TRADUCCIÓN

El mesero (M)　　Srta. Braun (B)　　Sra. Weiss (W)　　Sr. Schmitt (S)

1. S — ¡Mesero, por favor!
2. 　　　(El mesero viene y pregunta:)
3. M — ¿Qué desea tomar?
4. B — Quisiera una taza de café.
5. M — ¿Usted también quiere una taza de café?
6. W — No, gracias. No me gusta el café.
7. M — ¿Quizás quiera un té?
8. W — Sí, con gusto. Un (vaso de) té con limón.
9. M — Y usted, ¿qué desea tomar?
10. S — Yo quiero una cerveza.
11. M — ¿Un vaso o una botella?
12. S — Un vaso de cerveza, por favor.

B 1   PRESENTACIÓN

lieber	[li:bər]	*mejor, más bien* (comparativo que denota preferencia)
Ich esse lieber ...		*Yo prefiero comer ...*
Essen Sie lieber ...?		*¿Prefiere usted comer ...?*
essen	[ɛsən]	*comer*
das Essen	[ɛsən]	*la comida*
der Mittag	[mita:k]	*el mediodía*
das Mittagessen		*la comida, el almuerzo* (lit.: *la comida de mediodía*)
die Speise, ~n	[sᶜʰpaizə]	*plato*
die Speisekarte	[sᶜʰpaizəkartə]	*menú* (lit.: *la carta de los platos*)
der Fisch, ~e	[fisᶜʰ]	*el pescado*
das Fleisch, ∅	[flaisᶜʰ]	*la carne*
das Kot(e)lett, ~	[kot(ə)lɛt]	*la chuleta, la costilla*
das Schnitzel, ~	[sᶜʰnitsəl]	*el filete de ternera*
das Wiener Schnitzel		*el filete de ternera "estilo vienés": empanado*
der Braten, ~	[bra:tən]	*el asado*
das Schwein, ~e	[sᶜʰvain]	*el puerco, el cerdo*
der Schweinebraten		*el asado de puerco*
einmal, zweimal	[~ma:l]	*una vez, dos veces*
also	[alzo:]	*así que, por consiguiente*

B 2   APLICACIÓN

Das Mittagessen

1. **Der Ober (O) fragt Herrn Schmitt (H) und Frau Schmitt (F):**
2. O — Was möchten Sie essen?
3. H — Haben Sie eine Speisekarte?
4. O — Natürlich. Hier ist sie!
5. F — Ich esse sehr gern Fisch. Haben Sie Fisch?
6. O — Ja, heute haben wir Fisch.
7. F — Also, gut, einmal Fisch.
8. O — Essen Sie auch Fisch?
9. H — Nein, ich esse lieber Fleisch.
10. O — Möchten Sie ein Kotlett?
11.   Oder vielleicht ein Wiener Schnitzel?
12. H — Nein danke, einmal Schweinebraten, bitte.

B 3 OBSERVACIONES

■ Gramática

● **Ich esse lieber Fleisch.** → *Prefiero carne.* Ver la traducción de **ich trinke gern** (16 A3) → *Bebo con gusto* → *me gusta beber.*

● **einmal, zweimal** → *una vez, dos veces*: se añade el sufijo ~**mal** [~ma:l] al número: **diez veces** se dice **zehnmal**, *doce veces* **zwölfmal**, etc.

■ Pronunciación

● [″]: No hay enlace entre la ~**g** = [k] final de **Mittag** y la ~**e**~ = [ɛ] de ~**essen**: **das Mittagessen** = [mitak″ɛsən].

B 4 TRADUCCIÓN

El desayuno

1. El mesero (M) le pregunta al Sr. Schmitt (C) y a la Sra. Schmitt (D):
2. M — ¿Qué desean comer?
3. C — ¿Tienen un menú?
4. M — Por supuesto. ¡Aquí está!
5. D — Me gusta mucho el pescado. ¿Tienen pescado?
6. M — Sí, hoy tenemos pescado.
7. D — Bueno, una porción de pescado (lit.: pescado, una vez).
8. M — ¿Usted también va a comer pescado?
9. C — No, yo prefiero carne.
10. M — ¿Desea una chuleta?
11. ¿O quizás un filete de ternera empanado?
12. C — No gracias, un asado de puerco, por favor.

C 1 EJERCICIOS

A. Traducir

1. ¡No, gracias! No me gusta el café.
2. Me gusta mucho el pescado. ¿Tienen pescado?
3. ¿Usted también va a comer pescado? — Prefiero carne.
4. El mesero viene y le pregunta al Sr. Schmitt:
5. ¿Qué desea tomar? — Quiero una taza de café.

B. ●● Usar *lieber* en la pregunta:

• *Möchten Sie auch eine Tasse Kaffee? (Glas Tee)*

1. Möchten Sie auch ein Glas Bier? (Flasche Bier)
2. Möchten Sie auch ein Wiener Schnitzel? (Kotlett)
3. Möchten Sie auch Fisch essen? (Fleisch)
4. Möchten Sie auch ein Kotlett? (Schweinebraten)
5. Möchten Sie auch ein Glas Whisky? (Cognac)

C. Usar *natürlich viel lieber* en la respuesta:

• *Essen Sie lieber ein Kotlett oder ein Schnitzel?*

1. Trinken Sie lieber Whisky oder Cognac?
2. Kommen Sie lieber heute oder morgen?
3. Fragen Sie lieber Frau Müller oder Fräulein Braun?
4. Arbeiten Sie lieber fünf Tage oder nur drei Tage?
5. Spielen Sie lieber Karten oder Fußball?

C 2 VOCABULARIO

Memorice el artículo y el plural

der Wind, ~e	die Zitrone, ~n	das Ei, ~er
der Fisch, ~e	die Flasche, ~n	das Glas, ~̈er
der Apparat, ~e	die Tasse, ~n	das Land, ~̈er
der Fuß, ~̈e	die Speise, ~n	das Schwein, ~e
der Ball, ~̈e	die Speisekarte, ~n	das Telegramm, ~e
der Kunde, ~n	die Reise, ~n	das Foto, ~s
der Direktor, ~en	die Familie, ~n	das Hotel, ~s
der Fotograf, ~en	die Temperatur, ~en	das Examen, ~
der Ober, ~	die Fabrik, ~en	das Essen, ~
der Verkäufer, ~	die Kundin, ~nen	das Schnitzel, ~
der Regen, ∅	die Verkäuferin, ~nen	das Fräulein, ~
der Braten, ~̈	die Tochter, ~̈	

C 3   RESPUESTAS

A.

1. Nein, danke! Ich trinke nicht gern Kaffee.
2. Ich esse sehr gern Fisch. Haben Sie Fisch?
3. Essen Sie auch Fisch? - Ich esse lieber Fleisch.
4. Der Ober kommt und fragt Herrn Schmitt:
5. Was möchten Sie? - Ich möchte eine Tasse Kaffee.

B. ●●

→ *Oder möchten Sie lieber ein Glas Tee?*
1. Oder möchten Sie lieber eine Flasche Bier?
2. Oder möchten Sie lieber ein Kotlett?
3. Oder möchten Sie lieber Fleisch essen?
4. Oder möchten Sie lieber Schweinebraten?
5. Oder möchten Sie lieber ein Glas Cognac?

C.

→ *Ich esse natürlich viel lieber ein Schnitzel.*
1. Ich trinke natürlich viel lieber Cognac.
2. Ich komme natürlich viel lieber morgen.
3. Ich frage natürlich viel lieber Fräulein Braun.
4. Ich arbeite natürlich viel lieber nur drei Tage.
5. Ich spiele natürlich viel lieber Fußball.

C 4   OBSERVACIONES

- Traducción de la primera oración del ejercicio C:
  Ich esse natürlich viel lieber ein Schnitzel.
  → *Desde luego prefiero un filete de ternera.*

- Memorice el género y el plural de las palabras tapando el artículo
  y la marca del plural. Lea en voz alta, p.ej.: **der Fuß** → **die Füße**,
  der Kunde → **die Kunden**, etc.

A 1 PRESENTACIÓN

einen [**ai**nən]   *un* (artículo indefinido masculino en acusativo)

■ El *nominativo* es el caso del sujeto.

■ El *acusativo* es el caso del complemento u objeto *directo*.

> **ein** es el nominativo
> **einen** es el acusativo } del artículo definido

Ej.: **Ein Plan kostet 3 Mark**. → *Un mapa cuesta 3 marcos.*
      Ich möchte einen Plan. → *Quiero un mapa.*

die Stadt, ~e	[s^{ch}**t**at] [s^{ch}**t**etə]	*la ciudad*
der Plan, ~e	[pla:n] [plɛ:nə]	*el mapa*
der Stadtplan		*el mapa de la ciudad*
der Moment, ~e	[momɛnt]	*el momento*
von	[fon]	*de*

A 2 APLICACIÓN

Der Stadtplan von München
Der Kunde (K) und die Verkäuferin (V):

1. K — Haben Sie einen Plan?
2. V — Einen Stadtplan?
3. K — Ja, einen Stadtplan, bitte!
4. V — Einen Stadtplan von München?
5. K — Natürlich! Ich bin hier in München.
6.   Ich möchte einen Stadtplan von München!
7. V — Einen Moment, bitte!
8.   Hier ist ein Stadtplan von München.
9. K — Wieviel kostet der Stadtplan?
10. V — Acht Mark fünfundsechzig.
11. K — Das ist teuer! Hier sind zehn Mark.
12. V — Und eine Mark fünfunddreißig zurück, danke!

A 3 OBSERVACIONES

> El alemán tiene una declinación: una palabra o un artículo puede revestir una forma particular según su función en la oración, según si es sujeto o complemento directo (ver p. 260).

■ Sólo el masculino distingue el nominativo del acusativo, añadiendo ~en al artículo indefinido. El neutro y el femenino son idénticos en ambos casos.

caso	masculino	neutro	femenino
nominativo acusativo	ein	ein	eine
	einen		

ein Wagen: Haben Sie einen Wagen? → *¿Tiene usted un auto?*
ein Haus: Haben Sie ein Haus? → *¿Tiene usted una casa?*
eine Tochter: Haben Sie eine Tochter? → *¿Tiene usted una hija?*

A 4 TRADUCCIÓN

El mapa de la ciudad de Munich
El cliente (C) y la vendedora (V):

1. C — ¿Tiene usted un mapa?
2. V — ¿Un mapa de la ciudad?
3. C — Sí, ¡un mapa de la ciudad, por favor!
4. V — ¿Un mapa (de la ciudad) de Munich?
5. C — ¡Por supuesto! Estoy aquí en Munich.
6.   ¡Quisiera un mapa de Munich!
7. V — ¡Un momento, por favor!
8.   Aquí tiene (usted) un mapa de Munich.
9. C — ¿Cuánto cuesta el mapa?
10. V — Ocho marcos sesenta y cinco.
11. C — ¡Es caro! Aquí tiene diez marcos.
12. V — Y le doy un marco treinta y cinco de cambio, ¡gracias!

B 1   PRESENTACIÓN

keinen   [kaɪnən]   *ninguno* (acusativo del artículo indefinido en la forma negativa)

> Ya vimos que la negación de **ein** es **kein**. La negación del acusativo **einen** es, de la misma manera, **keinen**:
> **Er trinkt einen Schnaps.**   **Er trinkt keinen Schnaps.**
> → *Él bebe un licor.*   → *Él no bebe un licor.*
>   → *Él no bebe licor.*

der Durst, ∅	[dʊrst]	*la sed*
der Hunger, ∅	[huŋər]	*el hambre*
der Appetit, ∅	[apetiːt]	*el apetito*
der Schnaps, ~e	[sᶜʰnaps]	*el licor, el aguardiente*
das Steak, ~s	[steːk]	*el biftec*
gar nicht/kein	[gaːr]	*para nada, nada de*
Ich bin in Form.	[form]	*Estoy en buena condición (física).*
wieder	[viːdər]	*otra vez*

B 2   APLICACIÓN

Fräulein Braun hat keinen Appetit
Herr Weiß (W) und Frl. Braun (B):

1. W — Ist das Steak schlecht?
2. B — Nein, das Steak ist nicht schlecht.
3. W — Aber Sie essen es nicht!
4. B — Ich habe keinen Hunger.
5. W — Trinken Sie einen Schnaps!
6. B — Ich habe gar keinen Appetit.
7.   Ich habe keinen Hunger
8.   und auch keinen Durst.
9. W — Da ist nichts zu machen.
10.   Dann essen Sie heute lieber nichts.
11.   Morgen sind Sie sicher wieder in Form
12.   und haben auch wieder Hunger.

B 3 OBSERVACIONES

■ **Ich habe Durst.** → **Ich habe keinen Durst.**
  → *Tengo sed.* → *No tengo sed.*

El artículo, ausente en la forma positiva (ver 9 A1), reaparece en la forma negativa, en singular como en plural:

caso	singular			plural
	masculino	neutro	femenino	
nominativo	kein	kein	keine	keine
acusativo	keinen			

B 4 TRADUCCIÓN

La Señorita Braun no tiene apetito
Sr. Weiss (W) y Srta. Braun (B):

1. W — ¿El biftec está malo?
2. B — No, el biftec no está malo.
3. W — ¡Pero no lo está comiendo!
4. B — No tengo hambre.
5. W — ¡Beba un licor!
6. B — No tengo nada de apetito.
7.   No tengo hambre
8.   ni tengo sed.
9. W — En ese caso no hay nada que hacer.
10.   Entonces mejor hoy no coma nada.
11.   Mañana seguramente estará en forma otra vez
12.   y tendrá hambre de nuevo.

C 1   EJERCICIOS

A. Traducir

1. ¿Tiene un mapa de la ciudad de Munich?
2. No, no tengo (ningún) mapa de la ciudad de Munich.
3. Quiero un café y un té, por favor.
4. Aquí está un café y aquí está un té.
5. No tengo hambre ni tampoco tengo sed.

B. Usar la negación *kein/keine/keinen* en la respuesta:

• *Haben Sie vielleicht eine Briefmarke?*

1. Haben Sie vielleicht einen Stadtplan?
2. Haben Sie vielleicht ein Auto?
3. Haben Sie vielleicht einen Moment Zeit?
4. Haben Sie vielleicht eine Zigarette?
5. Haben Sie vielleicht etwas Geld?

C. ●● Usar la negación *kein ...* en la respuesta:

• *Möchten Sie jetzt ein Glas Bier? (Durst)*

1. Möchten Sie jetzt ein Schnitzel? (Hunger)
2. Möchten Sie jetzt eine Zigarre? (Zeit)
3. Möchten Sie jetzt Champagner? (Geld)
4. Möchten Sie jetzt einen Braten? (Appetit)
5. Möchten Sie jetzt einen Schnaps? (Durst)

C 2   GRAMÁTICA

No tengo ... Ich habe ...	*¿Tiene usted un(a)?*	*Yo tampoco tengo (uno/a).*
keinen Stadtplan.	Haben Sie einen?	Ich habe auch keinen.
keine Briefmarke.	Haben Sie eine?	Ich habe auch keine.
kein Telefonbuch.	Haben Sie eins?	Ich habe auch keins.
keinen Fußball.	Haben Sie einen?	Ich habe auch keinen.
keine Zigarette.	Haben Sie eine?	Ich habe auch keine.
kein Auto.	Haben Sie eins?	Ich habe auch keins.
keinen Brief.	Haben Sie einen?	Ich habe auch keinen.
keine Karte.	Haben Sie eine?	Ich habe auch keine.
kein Telegramm.	Haben Sie eins?	Ich habe auch keins.

C 3 RESPUESTAS

A.

1. Haben Sie einen Stadtplan von München?
2. Nein, ich habe keinen Stadtplan von München.
3. Ich möchte einen Kaffee und einen Tee, bitte.
4. Hier ist ein Kaffee und hier ist ein Tee!
5. Ich habe keinen Hunger und auch keinen Durst.

B.

→ *Nein, ich habe leider auch keine Briefmarke.*

1. Nein, ich habe leider auch keinen Stadtplan.
2. Nein, ich habe leider auch kein Auto.
3. Nein, ich habe leider auch keinen Moment Zeit.
4. Nein, ich habe leider auch keine Zigarette.
5. Nein, ich habe leider auch kein Geld.

C. ●●

→ *Danke, ich habe jetzt keinen Durst.*

1. Danke, ich habe jetzt keinen Hunger.
2. Danke, ich habe jetzt keine Zeit.
3. Danke, ich habe jetzt kein Geld.
4. Danke, ich habe jetzt keinen Appetit.
5. Danke, ich habe jetzt keinen Durst.

C 4 OBSERVACIONES

El artículo indefinido y el pronombre indefinido son idénticos en el acusativo, salvo en el neutro, en el que encontramos la ~s final de das.

Er hat einen Wagen.   **Hast du auch einen?**
Él tiene un auto.   *¿Tú también tienes uno?*

Er hat eine Karte.   **Hast du auch eine?**
Él tiene una tarjeta.   *¿Tú también tienes una?*

Er hat ein Auto.   **Hast du auch eins?**
Él tiene un auto.   *¿Tú también tienes uno?*

113

A 1 PRESENTACIÓN

den   [de:n]   *el* (acusativo del artículo definido masculino)

> Al igual que el artículo indefinido (ver 17 A1), el artículo definido masculino tiene una forma diferente en nominativo que en acusativo:
>
>   **Da ist der Wagen.** → *Aquí está el auto.*
>   **Ich brauche den Wagen.** → *Necesito el auto.*

■ Encontramos la ~**n** final del acusativo en ambos artículos, definido e indefinido: **der** → d**en**, **ein** → ein**en**.

brauchen	[braojən]	*necesitar*
nehmen	[ne:mən]	*tomar, coger*
mein Wagen		*mi auto*
meine Frau		*mi esposa*
der Schlüssel, ~	[s^{ch}lüsəl]	*la llave*
die Tür, ~en	[tü:r]	*la puerta*
die Haustür		*la puerta de la casa*
der Autoschlüssel		*la llave del auto*
der Haustürschlüssel		*la llave de la puerta de la casa*
der Bus, ~se	[bus][busə]	*el autobús*
das Taxi, ~s	[taksi]	*el taxi*
langsam	[laŋza:m]	*lento*
ohne	[o:nə]	*sin*

A 2 APLICACIÓN

Braucht man einen Wagen?
Herr Weiß (W) und Herr Schmitt (S):

1. W — Ist das ein Autoschlüssel?
2. S — Nein, das ist mein Haustürschlüssel.
3.   Ich habe keinen Wagen.
4.   Haben Sie einen Wagen?
5. W — Natürlich habe ich einen Wagen!
6.   Ich brauche einen Wagen.
7.   Aber leider habe ich nur einen Wagen.
8.   Und heute hat meine Frau den Wagen.
9.   Sie braucht den Wagen oft.
10. S — Und was machen Sie ohne Wagen?
11. W — Ich nehme den Bus oder ein Taxi.
12.   Aber der Bus ist zu langsam und das Taxi zu teuer.

A 3 OBSERVACIONES

■ **brauchen**, *necesitar*, es un verbo **transitivo** (ver p. 278) que rige el acusativo:

> **Ich brauche den Wagen.** → *Necesito el auto.*

■ **Declinación del artículo definido**
Los artículos definidos neutro y femenino, al igual que el plural, son idénticos en nominativo y en acusativo:

caso	singular			plural
	masculino	neutro	femenino	
nominativo	der	das	die	die
acusativo	den			

■ **El pronombre posesivo: ich → mein**
El pronombre posesivo que corresponde a la 1ª persona del singular **ich** es **mein** (*mi*). El adjetivo posesivo se declina como el artículo indefinido **ein**:

> **Da ist ein Wagen.** → **Das ich mein Wagen.**
> *Aquí está un auto.* *Es mi auto.*
> **Hast du einen Wagen?** → **Ich brauche meinen Wagen.**
> *¿Tienes un auto?* *Yo necesito mi auto.*

A 4 TRADUCCIÓN

¿Se necesita un auto?
El Sr. Weiss (W) y el Sr. Schmitt (S):
1. W — ¿Es una llave de auto?
2. S — No, es la llave de mi casa.
3. No tengo auto.
4. ¿Usted tiene auto?
5. W — ¡Claro que tengo auto!
6. Necesito un auto.
7. Pero desgraciadamente tengo sólo un auto.
8. Y hoy mi esposa tiene el auto.
9. Ella necesita el auto con frecuencia.
10. S — ¿Y qué hace usted sin auto?
11. W — Tomo el autobús o un taxi.
12. Pero el autobús es demasiado lento, y el taxi demasiado caro.

B 1   PRESENTACIÓN

sehen	[ze:ən]	*ver*	→	**er sieht**	[zi:t]	*él ve*
lesen	[le:zən]	*leer*	→	**er liest**	[li:st]	*él lee*
geben	[ge:bən]	*dar*	→	**er gibt**	[gipt]	*él da*

Los verbos fuertes

Algunos verbos irregulares, llamados fuertes, presentan en la 2ª y 3ª persona del singular del presente una vocal diferente de la del infinitivo: **e** → **ie**, por ejemplo, para **sehen** → **du siehst** → **er sieht**.

---

es gibt (+ acus.) ...		*hay* ...
hören	[hö:rən]	*oír, escuchar*
Er hört Musik.	[muzi:k]	*Él escucha música.*
Er sieht ... fern.		*Él ve la televisión ...*
das Fernsehen,	[fɛrnze:n]	*la televisión*
der Fernsehapparat, ~e		*el televisor*
das Programm, ~e	[program]	*el programa, el canal*
das Fernsehprogramm		*el programa (o el canal) de televisión*
der Film, ~e	[film]	*la película*
spannend	[sᶜʰpanənt]	*cautivante, emocionante (de suspenso)*
uninteressant	[un″interesant]	*no interesante*
der Roman, ~e	[roma:n]	*la novela*

B 2   APLICACIÓN

Peter sieht heute abend fern.

1. Peter hat einen Fernsehapparat.
2. Es gibt drei Fernsehprogramme.
3. Leider sind die Programme oft uninteressant.
4. Peter sieht nicht oft fern.
5. Er liest lieber einen Roman.
6. Oder er hört Musik.
7. Aber heute gibt es einen Film.
8. Es gibt einen Film von Hitchcock.
9. Hitchcock-Filme sind immer spannend.
10. Peter sieht heute abend den Film.

B 3 OBSERVACIONES

■ La conjunción de coordinación **oder** no cuenta como primer elemento de la oración; se dice que está fuera de construcción.

■ Conjugación del verbo "fuerte" **sehen**:

singular	plural
ich sehe **er sieht**	**wir sehen** **sie sehen**
du siehst	**ihr seht**

■ El verbo **fernsehen**, que escribiremos **fern=sehen** para indicar las componentes (*"ver de lejos"* = *ver la televisión*) es un verbo compuesto. La primera componente **fern** (*lejos*) se coloca al final de la oración:
Peter sieht oft fern. → *Pedro ve televisión con frecuencia.*

■ *Hay*... se dice **es gibt** ... en alemán, y le sigue un acusativo.
Da gibt es einen Plan. → *Ahí hay un plan/proyecto.*

■ **un~** es un prefijo que se coloca delante de ciertos adjetivos para significar lo contrario (puede corresponder al español *in~*, p.ej. *inadecuado*):
interessant *interesante* → **uninteressant** *no interesante*

B 4 TRADUCCIÓN

Pedro ve la televisión hoy en la noche.

1. Pedro tiene un televisor.
2. Hay tres canales de televisión.
3. Desgraciadamente, los programas muchas veces no suelen ser
4. Pedro no ve televisión con frecuencia.   [interesantes.
5. Prefiere leer una novela.
6. O (si no) escucha música.
7. Pero hoy hay una película.
8. Hay una película de Hitchcock.
9. Las películas de Hitchcock siempre son cautivantes.
10. Pedro verá la película hoy en la noche.

C 1 EJERCICIOS

A. Traducir

1. Mi esposa necesita el auto con frecuencia.
2. Desgraciadamente sólo tengo un auto.
3. En Alemania hay tres canales de televisión.
4. No vemos la televisión con frecuencia.
5. Él prefiere leer la carta ahora.

B. Contestar afirmativamente: *Natürlich ...*
  • *Brauchen Sie den Wagen jetzt oft?*

1. Brauchen Sie den Autoschlüssel immer?
2. Brauchen Sie den Stadtplan von München?
3. Brauchen Sie den Haustürschlüssel?
4. Brauchen Sie den Cognac heute abend?
5. Brauchen Sie den Fernsehapparat morgen?

C. ●● Transformar usando el pronombre indicado:
  • *Ich nehme den Bus nicht sehr oft. (er)*

1. Ich lese den Roman heute abend. (sie)
2. Ich sehe den Film natürlich sehr gern. (du)
3. Ich esse Fisch nicht sehr gern. (sie)
4. Ich lese den Brief morgen. (er)
5. Ich sehe leider zu oft fern. (du)

D. Completar
  • *Ich brauche .... Wagen; er .... Wagen auch.*

1. Er liest .... Brief; ich .... Brief auch.
2. Du nimmst .... Schlüssel; wir .... Schlüssel auch.
3. Sie ißt .... Braten; du .... Braten auch.
4. Wir sehen .... Film; Sie .... Film auch.
5. Sie geben .... Plan; er .... Plan auch.

C 2 GRAMÁTICA-CONJUGACIÓN

	essen *comer*	sehen *ver*	lesen *leer*	geben *dar*	nehmen *tomar*
ich	esse	sehe	lese	gebe	nehme
du	ißt	siehst	liest	gibst	nimmst
er/es/sie	ißt	sieht	liest	gibt	nimmt
wir/sie/Sie	essen	sehen	lesen	geben	nehmen
ihr	eßt	seht	lest	gebt	nehmt

C 3 RESPUESTAS

A.

1. Meine Frau braucht den Wagen oft.
2. Leider habe ich nur ein Auto/einen Wagen.
3. In Deutschland gibt es drei Fernsehprogramme.
4. Wir sehen nicht sehr oft fern.
5. Er liest den Brief lieber jetzt.

B.

→ *Natürlich brauche ich den Wagen jetzt oft.*
1. Natürlich brauche ich den Autoschlüssel immer.
2. Natürlich brauche ich den Stadtplan von München.
3. Natürlich brauche ich den Haustürschlüssel.
4. Natürlich brauche ich den Cognac heute abend.
5. Natürlich brauche ich den Fernsehapparat morgen.

C. ●●

→ *Er nimmt den Bus auch nicht sehr oft.*
1. Sie liest den Roman auch heute abend.
2. Du siehst den Film natürlich auch sehr gern.
3. Sie ißt Fisch auch nicht sehr gern.
4. Er liest den Brief auch morgen.
5. Du siehst leider auch zu oft fern.

D.

→ *Ich brauche **den** Wagen; er **braucht den** Wagen auch.*
1. Er liest den Brief; ich lese den Brief auch.
2. Du nimmst den Schlüssel; wir nehmen den Schlüssel auch.
3. Sie ißt den Braten; du ißt den Braten auch.
4. Wir sehen den Film; Sie sehen den Film auch.
5. Sie geben den Plan; er gibt den Plan auch.

C 4 OBSERVACIONES

- La segunda persona del plural se forma reemplazando la terminación ~en del infinitivo por ~t: **sehen** → **ihr seht.**
- La mayoría de los verbos fuertes presentan, en la segunda y tercera persona del singular, una vocal diferente de la del infinitivo:
  geben: du gibst, er gibt (ver C2)
- ~ss~ delante de una consonante se escribe ~ß~ :
  essen: ich esse → **du/er ißt, ihr eßt.**
  (La segunda y tercera persona del singular son idénticas para este verbo.)

A 1 PRESENTACIÓN

tippen	[tipən]	*escribir a máquina*
korrigieren	[korigi:rən]	*corregir*
kontrollieren	[kontroli:rən]	*controlar, checar*
fotokopieren	[fotokopi:rən]	*fotocopiar*
schreiben	[sch**raib**ən]	*escribir*
unterschreiben	[unters^{ch}**raib**ən]	*firmar*
der Fehler, ~	[fe:lər]	*el error, la falta*
der Name, ~n	[na:mə]	*el nombre*
die Adresse, ~n	[adrɛsə]	*la dirección*
der Scheck, ~s	[schɛk]	*el cheque*
richtig	[rich^htich^h]	*correcto, exacto*
dann	[dan]	*entonces*
alles	[aləs]	*todo*
sofort	[zofort]	*inmediatamente*
noch einmal	[noj''**ain**ma:l]	*otra vez*
noch einmal tippen		*escribir (a máquina) otra vez*

A 2 APLICACIÓN

Der Chef (C) und die Sekretärin (S):

1. C — Hier ist ein Fehler, Fräulein Braun!
2. S — Oh, ich tippe den Brief sofort noch einmal!
3. C — Nein, nein. Korrigieren Sie den Fehler.
4.   Der Name ist nicht richtig.
5.   Kontrollieren Sie bitte noch die Adresse.
6.   Fotokopieren Sie den Brief
7.   und schreiben Sie auch den Scheck.
8.   Ich unterschreibe dann den Brief
9.   und auch den Scheck.
10. S — Ist das alles, Herr Schmitt?
11. C — Ja, danke! Das ist alles.

A 3 OBSERVACIONES

■ Los adverbios **da** y **dort** pueden usarse para mostrar, señalar con el dedo:

Der Brief da. → *"La carta ahí."* Esa carta.

La oración imperativa

El verbo se coloca al inicio de la oración, seguido del sujeto, en la forma de cortesía, como en una oración interrogativa (ver 4 B1). La interrogación se distingue de una orden nada más por la entonación:

Tippen Sie den Brief? → *¿Va a mecanografiar la carta?/*
¿Está mecanografiando la carta?
Tippen Sie den Brief! → *¡Escriba (mecanografíe) la carta!*

A 4 TRADUCCIÓN

El jefe (J) y la secretaria (S):

1. J — ¡Aquí hay una falta, Señorita Braun!
2. S — ¡Oh! ¡En seguida vuelvo a escribir la carta!
3. J — No, no. Corrija la falta.
4.   El nombre no es correcto.
5.   Controle la dirección otra vez, por favor.
6.   Fotocopie la carta
7.   y complete también el cheque.
8.   Después firmaré la carta
9.   y también el cheque.
10. S — ¿Es todo, Señor Schmitt?
11. J — ¡Sí, gracias! Es todo.

B 1 PRESENTACIÓN

er → ihn [iːn] *él → lo* (acus. del pronombre personal masc. sing.)
er → ich kenne ihn *él → yo lo conozco*
es → ich kenne es *él → yo lo conozco* (neutro, impersonal)
sie → ich kenne sie *ella → yo la conozco*

kennen	[kɛnən]	*conocer*
heißen	[haisən]	*llamarse*
Süddeutschland	[zütdoits^{ch}lant]	*Alemania del Sur*
auf deutsch	[doits^{ch}]	*en alemán*
auf spanisch	[s^{ch}paːnis^{ch}]	*en español*
ein wenig	[ain veːnic^h]	*un poco*
der Wald, ⁓er	[valt] [vɛldər]	*el bosque*
schwarz	[s^{ch}varts]	*negro*
der Schwarzwald		*la Selva Negra*
der See, ⁓n	[zeː]	*el lago*
der Bodensee	[boːdənzeː]	*el lago de Constanza*
Konstanz	[Kons^{ch}tants]	*(la ciudad de) Constanza*
bei	[bai]	*junto a, cerca de*

> Como en español, la mayoría de los nombres de países y todos los nombres de ciudades no llevan artículo: **Deutschland** → *Alemania*
> El género neutro aparece naturalmente con el pronombre **es**:
> **Deutschland? Ich kenne es.** → *Yo la conozco.*
> **Berlin? Ich kenne es nicht.** → *Yo no lo conozco.*

B 2 APLICACIÓN

Herr Schmitt (S) und Herr Durán (D)

1. S — Kennen Sie Süddeutschland, Herr Durán?
2. D — Ich kenne es ein wenig.
3.   Der Schwarzwald ist sehr schön. Kennen Sie ihn?
4. S — Natürlich kenne ich ihn. Ja, er ist sehr schön.
5.   Kennen Sie auch den Bodensee?
6. D — Wo ist der Bodensee?
7. S — In Süddeutschland, bei Konstanz. Kennen Sie Konstanz?
8. D — Die Stadt Konstanz? Ja, ich kenne sie.
9.   Und der See dort ist der Bodensee?
10. S — Ja, der See bei Konstanz heißt der Bodensee.
11. D — Ich kenne den Namen, aber nur auf spanisch
12.   und nicht auf deutsch.

B 3   OBSERVACIONES

■ Algunos sustantivos masculinos terminan en ~**n** en acusativo, se
llaman *débiles*. Por ejemplo, **der Name**:
>**Der Name ist nicht richtig.** → *El nombre no es correcto.*
>**Kennen Sie den Namen?** → *¿Conoce usted el nombre?*

■ El pronombre **ihn** es el acusativo del pronombre masculino **er**:
>**Er ist da.** → *Él está ahí.*
>**Ich sehe ihn.** → *Yo lo veo.*

	masculino	neutro	femenino	plural
nominativo	er	es	sie	sie
acusativo	ihn			

der Direktor	*Er ist da.*	Siehst du *ihn?*
el director	*Él está ahí.*	*¿Lo ves?*
die Sekretärin	*Sie ist da.*	Siehst du *sie?*
la secretaria	*Ella está ahí.*	*¿La ves?*
das Auto	*Es ist da.*	Siehst du *es?*
el auto	*Él está ahí.*	*¿Lo ves?*
die Autos	*Sie sind da.*	Siehst du *sie?*
los autos	*Ellos están ahí.*	*¿Los ves?*

B 4   TRADUCCIÓN

El Sr. Schmitt (S) y el Sr. Durán (D):
1. S — ¿Conoce usted Alemania del Sur, Sr. Durán?
2. D — La conozco un poco.
3.   La Selva Negra es muy bella. ¿La conoce?
4. S — Claro que la conozco. Sí, es muy bella.
5.   ¿También conoce el Bodensee?
6. D — ¿Dónde se encuentra el Bodensee?
7. S — En Alemania del Sur, junto a Constanza. ¿Conoce usted
        Constanza?
8. D — ¿La ciudad de Constanza? Sí, la conozco.
9.   ¿Y el lago que está allá es el Bodensee?
10. S — Sí, el lago que está junto a Constanza se llama Bodensee.
11. D — Conozco el nombre, pero sólo en español
12.   y no en alemán.

C 1   EJERCICIOS

A. Traducir

1. Firme la carta.
2. Vamos a escribir la carta inmediatamente.
3. ¿Conoce usted Alemania del Sur?
4. Conozco el lago. Es muy bello.
5. ¿Conoce usted el lago de Constanza?

B. ●● Use el pronombre en la respuesta:

• *Unterschreiben Sie den Brief jetzt?*

1. Ißt sie den Fisch gern?
2. Macht er das Foto sofort?
3. Brauchen Sie den Wagen morgen?
4. Kennt sie die Stadt sehr gut?
5. Siehst du den Film heute abend?

C. Use el pronombre y *lieber morgen* en la respuesta:

• *Schreiben Sie den Brief jetzt?*

1. Reparieren Sie den Apparat heute?
2. Unterschreiben Sie den Scheck sofort?
3. Fotokopieren Sie den Plan heute?
4. Korrigieren Sie den Fehler sofort?
5. Lesen Sie den Brief jetzt?

C 2   GRAMÁTICA

Contestar remplazando el nombre con el pronombre:
   ¿Repara usted el auto?   *Sí, lo reparo.*

Reparieren Sie **den** Wagen?	Ja, ich repariere **ihn**.
Schreibst du **die** Karte?	Ja, ich schreibe **sie**.
Macht sie **das** Foto?	Ja, sie macht **es**.
Möchten Sie **die** Zigaretten?	Ja, ich möchte **sie**.
Nehmen wir **den** Scheck?	Ja, wir nehmen **ihn**.
Schreibt er **die** Adresse?	Ja, er schreibt **sie**.
Korrigiert sie **den** Fehler?	Ja, sie korrigiert **ihn**.
Sehen wir **den** Film?	Ja, wir sehen **ihn**.
Liest du **den** Roman?	Ja, ich lese **ihn**.

C 3 RESPUESTAS

A.

1. Unterschreiben Sie den Brief.
2. Wir schreiben den Brief sofort.
3. Kennen Sie Süddeutschland?
4. Ich kenne den See. Er ist sehr schön.
5. Kennen Sie den Bodensee?

B. ⚫⚫

→ *Natürlich unterschreibe ich ihn jetzt.*

1. Natürlich ißt sie ihn gern.
2. Natürlich macht er es sofort.
3. Natürlich brauche ich ihn morgen.
4. Natürlich kennt sie sie sehr gut.
5. Natürlich sehe ich ihn heute abend.

C.

→ *Ich schreibe ihn lieber morgen.*

1. Ich repariere ihn lieber morgen.
2. Ich unterschreibe ihn lieber morgen.
3. Ich fotokopiere ihn lieber morgen.
4. Ich korrigiere ihn lieber morgen.
5. Ich lese ihn lieber morgen.

C 4 OBSERVACIONES

Al igual que el artículo, sólo el pronombre masculino tiene dos formas diferentes en nominativo y en acusativo: **er → ihn**. Son idénticas para el femenino y el neutro singular, y para el plural.

A 1   PRESENTACIÓN

nach	[naːj]	*en dirección de* (ver 20 A3), *a, hacia*
von	[fon]	*procedente de; de*
fahren	[faːrən]	*ir (en auto, tren, etc.)*
fliegen	[fliːgən]	*volar, ir en avión*
Deutschland		*Alemania*
Spanien	[schpaːnyən]	*España*
Amerika	[ameːrika]	*América*
Europa	[oiroːpa]	*Europa*
Afrika	[aːfrika]	*África*
das Schiff, ~e	[schif]	*el barco*
das Flugzeug, ~e	[fluktsoik]	*el avión*
der Flug, ~e	[fluk]	*el vuelo*
der Charterflug	[tschartərfluk]	*el vuelo charter*
die Reise, ~n	[raizə]	*el viaje*
Frankfurt	[fraŋkfurt]	*Francfort*
dann	[dan]	*entonces, en ese caso*
Gute Reise!		*¡Buen viaje!*

A 2   APLICACIÓN

Eine Reise nach Amerika

1. — Wir fahren nach Amerika!
2. — Fliegen Sie?
3. — Natürlich fliegen wir!
4.   Das Schiff ist zu langsam und zu teuer.
5. — Fliegen Sie nach Mexiko?
6. — Wir fliegen nicht direkt nach Mexiko.
7.   Wir haben einen Charterflug.
8.   Das Flugzeug fliegt von Frankfurt nach Houston.
9.   Von Houston fahren wir dann nach Mexiko.
10. — Dann, gute Reise!

A 3 OBSERVACIONES

■ La preposición **nach** expresa el desplazamiento hacia el lugar al que uno se dirige = *a, hacia, para* en español:
Ich fahre nach Haus. → *"Voy hacia la casa"*
Regreso a (mi) casa.
Sie fahren nach Argentinien. → *Ellos van a Argentina.*

■ **fahren** es un verbo fuerte: la vocal a [a:] se convierte en ä [ɛ:] con **Umlaut** (diéresis) en la 2ª y 3ª persona del singular. A esto se le llama **inflexión.**

ich fahre → **du fährst** → **er fährt** [fɛːr(s)t]

■ Traducción de *ir*: en alemán se usan tres verbos distintos, según si el desplazamiento se efectúa 1) a pie (ver 20 B), 2) en coche, tren, etc., o 3) en avión.

> *Yo regreso a casa* se traduce, según el caso:
> **Ich gehe nach Haus.** → *Regreso a casa (a pie).*
> **Ich fahre nach Haus.** → *Regreso a casa en coche/tren.*
> **Ich fliege nach Haus.** → *Regreso a casa en avión.*

A 4 TRADUCCIÓN

Un viaje a América

1. — ¡Vamos a América!
2. — ¿En avión?
3. — ¡Claro que en avión!
4.   El barco es demasiado lento y demasiado caro.
5. — ¿Van a México?
6. — No vamos directamente a México.
7.   Tenemos un vuelo charter.
8.   El avión va de Francfort a Houston.
9.   Luego, de Houston vamos a México.
10. — Entonces, ¡buen viaje!

127

B 1   PRESENTACIÓN

ins → in das ⎤
in den   ⎬ *al, a la* (dirección) (ver 20 B3)
in die   ⎦

gehen	[ge:ən]	*ir (a pie)* (ver 20 A3)
treffen	[trefən]	*reunirse con*
das Café, ~s	[kafe:]	*el café (local)*
der Park, ~s	[park]	*el parque*
der Garten, ¨	[gartən]	*el jardín*
botanisch	[bota:nis^ch]	*botánico*
das Kino, ~s	[ki:no]	*el cine*
das Restaurant, ~s	[restorã:]	*el restaurante*
das Rendezvous, ~	[rãdevu:]	*la cita*
der Spaß, ¨e	[s^chpa:s]	
	[s^chpɛ:sə]	*diversión, placer*
Viel Spaß!		*¡Que te diviertas!*
Karin	[ka:rin]	*nombre femenino*
mit	[mit]	*con*
Hallo!	[halo]	*¡Hola!*
zuerst	[tsuɛrst]	*primero*

B 2   APLICACIÓN

Peter hat ein Rendezvous mit Karin
Peter (P) und Hans (H):

1. H — Hallo! Was machst du heute?
2. P — Heute fahre ich in die Stadt.
3.   Zuerst gehe ich ins Café.
4.   Da treffe ich Karin.
5.   Dann gehen wir in den Park
6.   oder in den Botanischen Garten
7.   oder vielleicht auch ins Kino.
8.   Am Abend gehe ich mit Karin ins Restaurant.
9. H — Na, dann viel Spaß!
10. P — Danke schön!

B 3 OBSERVACIONES

> **El direccional**: el desplazamiento, la dirección hacia el lugar al que uno **va**, se expresa por:
>
> — **nach** delante de un complemento sin artículo:
>> **Er fährt nach Deutschland.** → *Él va a Alemania.*
>> **Er geht nach Haus.** → *Él va a su casa.*
>
> — **in**, con un acusativo, delante de un complemento **con** artículo:
>> **Er geht in den Park/in die Stadt/ins Kino.**
>> *Él va al parque/a la ciudad/al cine.*

- La preposición **in** seguida del artículo neutro **das** se contrae casi siempre: **ins**.

■ **Na!** es una **interjección** muy común en la lengua hablada que se traduce, según el caso, por *¡vaya!*, *¡bueno!*, etc.

■ **das Restaurant** y **das Rendezvous**, préstamos del francés, se pronuncian como en francés con la **a** nasal, transcrita [ã]. La ~**t** final de **Restaurant** no se pronuncia en alemán.

B 4 TRADUCCIÓN

Pedro tiene cita con Karin
Pedro (P) y Juan (J):

1. J — ¡Hola! ¿Qué vas a hacer hoy?
2. P — Hoy voy a la ciudad.
3.   Primero voy al café.
4.   Ahí me reúno con Karin.
5.   Después vamos al parque
6.   o al Jardín Botánico
7.   o quizás también al cine.
8.   En la noche, voy al restaurante con Karin.
9. J — ¡Bueno, entonces, que te diviertas!
10. P — ¡Muchas gracias!

C 1 EJERCICIOS

A. Traducir
1. El barco es demasiado lento y demasiado caro.
2. No vamos directo a Francfort.
3. El avión va de Francfort a Nueva York.
4. Hoy voy a la ciudad.
5. En la noche voy al restaurante con Karin.

B. Usar el verbo indicado para completar:
• *Das Flugzeug ..... nach Südamerika. (fliegen)*

1. Er ..... heute abend ins Kino. (gehen)
2. Sie ..... oft in die Stadt. (fahren)
3. Wir ..... jetzt gern in den Garten. (gehen)

C. ●● Completar
• *Er fährt ..... Bremen.*

1. Wir fliegen ..... Amerika.
2. Du bist oft ..... Bonn.
3. Sie fährt ..... Rom.

D. ●● Completar
• *Wir gehen jetzt ..... Café.*

1. Er fährt .... Stadt.
2. Sie geht oft ..... Kino.
3. Du gehst .... Garten.

C 2 GRAMÁTICA

Algunos ejemplos del uso de **nach** y de **in**:

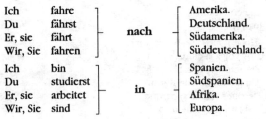

Ich	fahre		Amerika.
Du	fährst	**nach**	Deutschland.
Er, sie	fährt		Südamerika.
Wir, Sie	fahren		Süddeutschland.
Ich	bin		Spanien.
Du	studierst	**in**	Südspanien.
Er, sie	arbeitet		Afrika.
Wir, Sie	sind		Europa.

C 3   RESPUESTAS

A.

1. Das Schiff ist zu langsam und zu teuer.
2. Wir fliegen (fahren) nicht direkt nach Frankfurt.
3. Das Flugzeug fliegt von Frankfurt nach New York.
4. Heute fahre (gehe) ich in die Stadt.
5. Am Abend gehe ich mit Karin ins Restaurant.

B.

→ *Das Flugzeug fliegt nach Südamerika.*

1. Er geht heute abend ins Kino.
2. Sie fahren oft in die Stadt.
3. Wir gehen jetzt gern in den Garten.

C. ●●

→ *Er fährt nach Bremen.*

1. Wir fliegen nach Amerika.
2. Du bist oft in Bonn.
3. Sie fährt nach Rom.

D. ●●

→ *Wir gehen jetzt ins Café.*

1. Er fährt in die Stadt.
2. Sie geht oft ins Kino.
3. Du gehst in den Garten.

C 4   OBSERVACIONES

La oposición entre el lugar en que uno se encuentra y el lugar al que uno va se indica con el uso del dativo* o del acusativo delante de un artículo. Cuando no hay artículo, esta oposición se indica con el uso de **in** o de **nach**.

- Lugar en que uno se encuentra ("locativo"):
  - artículo + dativo: **Er ist in der Stadt.** → *Él está en la ciudad.*
  - **in** + nombre sin artículo: **Er ist in Bonn.** → *Él está en Bonn.*

- Lugar al que uno se dirige ("direccional"):
  - artículo + acusativo: **Er fährt in die Stadt.** → *Él va a la ciudad.*
  - **nach** + nombre sin artículo: **Er fährt nach Bonn.**
  - → *Él va a Bonn.*

---

*Este es otro caso del complemento. Seguiremos estudiándolo a partir de la lección 22 A3.

A 1   PRESENTACIÓN

ich	→	mich	[mɪcʰ]	yo	→	me, mí
du	→	dich	[dɪcʰ]	tú	→	te, ti
wir	→	uns	[uns]	nosotros	→	nos, nosotros
wer	→	wen	[veːn]	quién	→	quién (acus.)

interessieren + acus.	[interɛsiːrən]	*interesar*
sprechen	[sᶜʰprɔcʰən]	*hablar*
spielen	[sᶜʰpiːlən]	*jugar*
gegen + acus.	[geːgən]	*contra*
Wer spielt gegen wen?		*¿Quién juega contra quién?*
die Eintrittskarte, ~ n		*el boleto*
das Fußballspiel, ~ e		*el partido de futbol*
der Fußballclub	[~klup]	*el club de futbol*
der FC	[ɛftseː]	*abrev. para Futbol Club*
sicher	[zicʰər]	*seguro, seguramente*
besonders	[bəzondərs]	*particularmente*
Köln	[köln]	*Colonia*
Nürnberg	[nürnbɛrk]	*Nuremberg*

> A la preposición **gegen** siempre le sigue un acusativo: se dice
> que **gegen** "rige" el acusativo:
>   **Er spielt gegen mich.** → *Él juega contra mí.*
>   **Sie spielt gegen ihn.** → *Ella juega contra él.*

A 2   APLICACIÓN

Peter (P) spricht mit Anna (A):

1. P —   Ich habe hier zwei Eintrittskarten.
2.   Interessiert dich das?
3. A —   Fußball? Nein, danke! Das interessiert mich nicht besonders.
4. P —   Vielleicht interessiert das Karin?
5. A —   Das interessiert sie sicher nicht.
6.   Fußball interessiert uns nicht.
7.   Aber das interessiert vielleicht Karl.
8.   Fußball interessiert ihn sehr.
9.   Wer spielt denn morgen?
10. P —   Morgen spielt der Fußballclub Köln.
11. A —   Und gegen wen spielt Köln?
12. P —   Der FC Köln spielt gegen den FC Nürnberg.

A 3 OBSERVACIONES

■ Los pronombres personales sujeto **ich, du, wir** son nominativos.
Los pronombres complemento correspondientes, llamados acusativos, son **mich, dich, uns**.
Ya conocemos los "nominativos" y "acusativos" de los pronombres de la tercera persona del singular y del plural.

nominativo	ich	du	er			wir	sie/Sie
acusativo	mich	dich	ihn			uns	

La oración **Peter spielt gegen ...** con los diferentes pronombres sería:

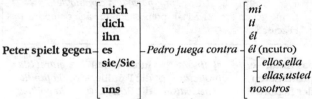

| Peter spielt gegen | mich
dich
ihn
es
sie/Sie
uns | – Pedro juega contra | mí
ti
él
él (neutro)
ellos,ella
ellas,usted
nosotros |

■ Tenga cuidado en pronunciar bien la [cʰ] (ver 6 A3) de los pronombres **mich, dich**.

> **sprechen** es un verbo fuerte, la vocal **e** del infinitivo se convierte en **i** en la 2ª y 3ª persona del singular:
> **ich spreche → du sprichst → er spricht**

A 4 TRADUCCIÓN

Pedro (P) habla con Ana (A):

1. P — Tengo dos boletos.
2. ¿Te interesa?
3. A — ¿Futbol? ¡No gracias! Eso no me interesa particularmente.
4. P — ¿A la mejor interesa a Karin?
5. A — No le interesa con seguridad.
6. El futbol no nos interesa.
7. Pero a la mejor interesa a Carlos.
8. El futbol le interesa mucho.
9. ¿Quién juega mañana?
10. P — Mañana juega el FC de Colonia.
11. A — ¿Y contra quién juega Colonia?
12. P — El FC Colonia juega contra el FC Nuremberg.

B 1 PRESENTACIÓN

sich interessieren für ...	*interesarse en, por ...*
er/sie interessiert sich ...	*él/ella se interesa ...*
sie interessieren sich ...	*ellos/ellas se interesan ...*
Sie interessieren sich ...	*usted/ustedes se interesan ...*

■ **Sie interessieren sich ...**: la forma de respeto es igual a la 3ª persona del plural, y por lo tanto el pronombre reflexivo es **sich**.

> **für** + acusativo   *por, para, a, a cambio de*
> Como **gegen** (ver 21 A1), la preposición **für** rige siempre el acusativo.

das Kind, ~er	*el niño/a*	**interviewen**	*entrevistar*
protestieren	*protestar*	**die Familie, ~n**	*la familia*
der Reporter, ~	*el periodista*	**die Politik, ∅**	*la política*
der Preis, ~e	*el precio*	**das Beispiel, ~e**	*el ejemplo*
die Schule, ~n	*la escuela*	**nichts**	*nada*
doch	*sí* (ver 21 B3)		

B 2 APLICACIÓN

Ein Reporter (R) interviewt die Familie Schmitt.
Herr (H) und Frau (F) Schmitt:

1. R — **Interessieren Sie sich für Politik, Herr Schmitt?**
2. H — **Ich interessiere mich für nichts.**
   Frau Schmitt korrigiert:
3. F — **Doch, du interessierst dich für die Arbeit!**
4. H — **Natürlich interessiere ich mich für die Arbeit!**
5. F — **Auch für die Kinder, das Haus, für den Wagen.**
6. R — **Frau Schmitt, interessieren Sie sich für Politik?**
7. F — **Natürlich, für die Preise zum Beispiel.**
8.   **Ich interessiere mich auch für die Schule.**
9.   **Und das ist Politik.**
10. R — **Interessieren sich die Kinder auch für die Schule?**
    Die Kinder protestieren:
11.   **Wir interessieren uns nur für Fußball.**

B 3 OBSERVACIONES

■ **die Familie** se acentúa en la 2ª sílaba: [famí:lyə].
die Politik se acentúa en la última sílaba.

■ **doch** → *sí* es la respuesta afirmativa a una pregunta negativa:
Kommst du? → **Ja, ich komme.** *¿Vienes?* → *Sí, vengo.*
    Kommst du nicht? → **Doch, ich komme.**
        ¿No vienes? → *Sí, sí vengo.*

■ En la tercera persona del singular y del plural hay un solo pronombre reflexivo, **sich**:

Der Mann interessiert		
Das Kind interessiert	**sich**	nicht für Politik.
Die Frau interessiert		
Die Kinder interessieren		

→ *El hombre/El niño/La mujer/Los niños no se interesan por la política.*
En las demás personas, el pronombre personal —reflexivo o no— es el mismo:
Ich interessiere *mich* **für Politik.** *Me intereso por la política.*
Die Politik interessiert *mich.* *La política me interesa.*

B 4 TRADUCCIÓN

Un periodista (P) entrevista a la familia Schmitt.
El Sr. y la Sra. Schmitt:
1. P. — ¿Le interesa la política, Sr. Schmitt?
2. Sr. — ¡Nada me interesa!
    La Sra. Schmitt corrige:
3. Sra. — ¡Sí, te interesa el trabajo!
4. Sr. — ¡Claro que me interesa el trabajo!
5. Sra. — También los niños, la casa, el auto.
6. P. — Sra. Schmitt, ¿a usted le interesa la política?
7. Sra. — Claro, (me interesan) los precios, por ejemplo.
8. Me interesa también la escuela.
9. Y eso es política.
10. P. — ¿A los niños también les interesa la escuela?
    Los niños protestan:
11. A nosotros sólo nos interesa el futbol.

C 1 EJERCICIOS

A. Übersetzen

1. El partido de futbol le interesa seguramente.
2. Mañana juega el FC Colonia contra el FC Nuremberg.
3. ¿Quién juega contra quién?
4. A nosotros sólo nos interesa el trabajo.
5. ¿Te interesa (esto)?
6. Tengo dos boletos para el concierto.

B. ●● Antworten: Der/Das/Die ... interessiert mich nicht sehr.

* *Möchten Sie den Film sehen?*

1. Möchtest du das Buch lesen?
2. Möchte er den Scheck haben?
3. Möchten Sie Architektur studieren?
4. Möchtest du die Antwort hören?

C. ●● Fragen: Interessieren Sie sich auch für ...

* *Sie interessieren sich für Literatur. (Musik)*

1. Du interessierst dich für Philosophie. (Mathematik)
2. Er interessiert sich für Sport. (Politik)
3. Sie interessiert sich für die Arbeit. (die Familie)
4. Er interessiert sich für Fußball. (das Examen)

C 2 VOCABULARIO

Sich erkundigen. Einige Beispiele:

1. Kennen Sie ein gutes Restaurant?
2. Wieviel kostet das?
3. Wo ist hier ein Café?
4. Wo ist das Hotel Excelsior?
5. Wie komme ich dorthin?
6. Ich möchte Geld wechseln. Wo ist die nächste Bank?
7. Ich möchte parken. Ist hier eine Tiefgarage?
8. Wie komme ich zum Bahnhof?
9. Wie fährt man zum Flughafen?
10. Ist das weit?
11. Welchen Bus muß ich nehmen?
12. Wo ist die U-Bahn-Station?
13. Wo kann man hier tanken?
14. Wo ist die Tankstelle?

C 3 RESPUESTAS

A. Traducir

1. Das Fußballspiel interessiert ihn sicher.
2. Morgen spielt der FC Köln gegen den FC Nürnberg.
3. Wer spielt gegen wen?
4. Wir interessieren uns nur für die Arbeit.
5. Interessiert dich das?
6. Ich habe zwei Eintrittskarten für das Konzert.

B. ●● Contestar

→ *Der Film interessiert mich sehr.*

1. Das Buch interessiert mich nicht sehr.
2. Der Scheck interessiert ihn nicht sehr.
3. Architektur interessiert mich nicht sehr.
4. Die Antwort interessiert mich nicht sehr.

C. ●● Preguntar

→ *Interessieren Sie sich auch für Musik?*

1. Interessierst du dich auch für Mathematik?
2. Interessiert er sich auch für Politik?
3. Interessiert sie sich auch für die Familie?
4. Interessiert er sich auch für das Examen?

C 4 TRADUCCIÓN

Pedir información. Algunos ejemplos:

1. ¿Conoce usted un buen restaurante?
2. ¿Cuánto cuesta esto?
3. ¿Dónde hay un café por aquí?
4. ¿Dónde está el Hotel Excélsior?
5. ¿Cómo llego allí?
6. Quiero cambiar dinero. ¿Dónde está el banco más cercano?
7. Quiero estacionarme. ¿Hay un estacionamiento subterráneo aquí?
8. ¿Cómo llego a la estación (de trenes)?
9. ¿Cómo se llega al aeropuerto?
10. ¿Queda lejos?
11. ¿Cuál autobús tengo que tomar?
12. ¿Dónde está la estación de metro?
13. ¿Dónde se puede cargar gasolina aquí?
14. ¿Dónde está la gasolinera?

A 1 PRESENTACIÓN

ich → mir		*yo* → *me, a mí*	
Sie → Ihnen		*usted(es)* → *le(s), a usted(es)*	

die Verabredung	[fer"**a**prøduŋ]	*la cita*
mitkommen (mit=kommen)		*acompañar*
anrufen (an=rufen)		*llamar (por teléfono)*
geben		*dar*
in Ordnung!	*"¡En orden!"* =	*¡Muy bien! ¡De acuerdo!*
Bis morgen!		*¡Hasta mañana!*
also		*entonces*

Los verbos con prefijo separable
mit=kommen es un verbo compuesto de **kommen** → *venir*, y la preposición **mit** → *con*, llamada **prefijo separable**, porque se coloca al final de la oración independiente.
El verbo compuesto tiene significado propio:
mitkommen → *venir con alguien* → *acompañar*.
    Kommst du mit? → *¿(Nos) acompañas?*
Para que pueda identificar con claridad el prefijo separable, encontrará el símbolo = entre el prefijo y el verbo:
    mitkommen → **mit=kommen**
    anrufen → **an=rufen**.

A 2 APLICACIÓN

Eine Verabredung

1. — Wir gehen morgen ins Kino.
2.   Kommen Sie mit?
3. — Vielleicht. Ich rufe Sie an.
4.   Geben Sie mir die Nummer.
5. — Ich habe kein Telefon.
6.   Haben Sie Telefon?
7. — Ja, einen Moment.
8.   Ich gebe Ihnen die Nummer.
9.   Rufen Sie mich um zehn Uhr an.
10. — In Ordnung, ich rufe Sie an.
11. — Bis morgen also!

A 3 OBSERVACIONES

■ **El dativo**

En la oración *Yo me lavo*, *me* es en español el complemento directo (C.D.) del pronombre personal.

En *Él me da un libro*, el C.D. es *un libro*, y en cambio *me* es un complemento de atribución.

En español, en este caso, las dos formas son iguales. En alemán se distingue entre el acusativo y el complemento de atribución, llamado **dativo**.

Er sieht mich./Er gibt mir. → *Él me ve./Él me da.*

> El dativo es el caso del complemento de atribución.

■ No confunda:

das Rendezvous → *la cita amorosa*
die Verabredung → *la cita (de negocios, por ejemplo)*

A 4 TRADUCCIÓN

Una cita

1. — Vamos al cine mañana.
2.   ¿Viene con nosotros?
3. — Quizás. Yo lo (la) llamo.
4.   Déme el número.
5. — No tengo teléfono.
6.   ¿Usted tiene teléfono?
7. — Sí, un momento.
8.   Le doy el número.
9.   Llámeme a las diez.
10. — De acuerdo, lo (la) llamo.
11. — ¡Hasta mañana, entonces!

B 1 PRESENTACIÓN

er/es → ihm	dativo de los	*a él*
sie → ihr	pronombres personales	*a ella*

der Briefträger, ~	*el cartero*
die Post, ∅	*el correo*
das Paket, ~e [pakeːt]	*el paquete*
alles	*todo*
bringen	*traer*
danken	*dar las gracias, agradecer*
zu Haus (sein)	*(estar) en casa* (locativo)

■ La mayoría de los verbos alemanes se construyen con el acusativo: *rigen* o *gobiernan* el acusativo:

Er bringt den Brief. → *Él trae la carta.*

Otros verbos, como danken → *dar las gracias*, se construyen con el dativo: *rigen* o *gobiernan* el dativo:

Ich danke Ihnen. → *Se lo agradezco.*

B 2 APLICACIÓN

Der Briefträger bringt die Post.

1. — Ist Herr Braun da?
2. — Nein, er ist heute nicht da.
3. — Und Frau Braun?
4. — Sie ist auch nicht zu Haus.
5. — Ich habe hier etwas für Herrn Braun.
6.   Geben Sie ihm bitte das Paket.
7. — Gern, ich gebe ihm das Paket.
8. — Ich habe auch einen Brief für Frau Braun.
9. — Geben Sie mir alles!
10.   Ich gebe ihr dann den Brief.
11.   Und ihm gebe ich das Paket.
12. — Ich danke Ihnen! Auf Wiedersehen!

B 3 OBSERVACIONES

■ **El dativo de los pronombres personales de la tercera persona**
En alemán se distingue entre pronombres personales masculinos/neutros y pronombres personales femeninos:

>   Ich gebe Peter Geld. → Ich gebe ihm Geld.
>   Ich gebe Anna Geld. → Ich gebe ihr Geld.
>   *Le doy dinero a Pedro/Ana.* → *Le doy dinero.*

Note que en español no se distingue entre masculino y femenino, ni en singular ni en plural.

■ Declinación de los pronombres personales en los tres casos (nominativo, acusativo y dativo).

	Singular					Plural		
nom.	ich	du	er	es	sie	wir	ihr	sie/Sie
acus.	mich	dich	ihn			uns	euch	
dat.	mir	dir	ihm		ihr			ihnen/Ihnen

B 4 TRADUCCIÓN

El cartero trae el correo.

1. — ¿Está el Sr. Braun?
2. — No, hoy no está.
3. — ¿Y la Sra. Braun?
4. — Tampoco está en casa.
5. — Aquí tengo algo para el Sr. Braun.
6. — ¡Déle el paquete por favor!
7. — Con gusto, yo le doy el paquete.
8. — También tengo una carta para la Sra. Braun.
9. — ¡Démelo todo!
10. — Le daré la carta (a ella).
11. — Y a él le daré el paquete.
12. — ¡Se lo agradezco! ¡Hasta luego!

C 1   EJERCICIOS

A. Übersetzen

1. Déle el cheque, por favor.
2. El cartero trae el correo.
3. Vamos al café. ¿Viene con nosotros?
4. Déme el número, por favor.
5. Llámeme a las doce (horas).
6. Tengo algo aquí para el Sr. Braun.

B. 🔘🔘 **Umformen: Der/Die ... gibt mir (dir, uns, ihr, ihm, ...) ...**

• *Die Sekretärin hat einen Brief für mich.*

1. Der Chef hat einen Scheck für Sie.
2. Der Architekt hat einen Plan für Herrn Braun.
3. Der Briefträger hat ein Paket für uns.
4. Frau Weiß hat ein Buch für Karin.
5. Ich habe eine Zigarette für dich.
6. Wir haben ein Telegramm für Herrn und Frau Schmitt.

C. Umformen: Dann bringt sie ihm/ihr (uns, Ihnen, ...) ...

• *Die Sekretärin macht Kaffee für den Chef.*

1. Der Chef unterschreibt einen Scheck für Herrn Braun.
2. Der Architekt macht einen Plan für uns.
3. Peter und Anna haben ein Buch für Karin.
4. Der Mechaniker repariert das Auto für Sie.
5. Der Briefträger hat ein Telegramm für Fräulein Braun.
6. Wir machen ein Foto für dich.

C 2   VOCABULARIO

Deutschland	der Deutsche	die Deutsche	deutsch
Österreich	der Österreicher	die Österreicherin	österreichisch
die Schweiz	der Schweizer	die Schweizerin	schweizer
Frankreich	der Franzose	die Französin	französisch
England	der Engländer	die Engländerin	englisch
Spanien	der Spanier	die Spanierin	spanisch
Mexiko	der Mexikaner	die Mexikanerin	mexikanisch

C 3   RESPUESTAS

A. Traducir

1. Geben Sie ihm bitte den Scheck.
2. Der Briefträger bringt die Post.
3. Wir gehen ins Café. Kommen Sie mit?
4. Geben Sie mir bitte die Nummer.
5. Rufen Sie mich um zwölf Uhr an.
6. Ich habe hier etwas für Herrn Braun.

B. ●● Transformar: Él/La ... me (te, nos, le, ...) da ...

→ *Die Sekretärin gibt mir den Brief.*

1. Der Chef gibt Ihnen den Scheck.
2. Der Architekt gibt ihm den Plan.
3. Der Briefträger gibt uns das Paket.
4. Frau Weiß gibt ihr das Buch.
5. Ich gebe dir die Zigarette.
6. Wir geben ihnen das Telegramm.

C. Transformar: Entonces él/ella le (nos, les,...) trae...

→ *Dann bringt sie ihm den Kaffee.*

1. Dann bringt er ihm den Scheck.
2. Dann bringt er uns den Plan.
3. Dann bringen sie ihr das Buch.
4. Dann bringt er Ihnen das Auto.
5. Dann bringt er ihr das Telegramm.
6. Dann bringen wir dir das Foto.

C 4   VOCABULARIO

Kolumbien	der Kolumbianer	die Kolumbianerin	kolumbianisch
Peru	der Peruaner	die Peruanerin	peruanisch
Argentinien	der Argentinier	die Argentinierin	argentinisch
Japan	der Japaner	die Japanerin	japanisch

Salvo en el caso de **der Deutsche** → **deutsch**, *el alemán* → *alemán*, por ejemplo, los nombres de los habitantes de un país y el adjetivo correspondiente son diferentes: **der Spanier spricht spanisch** → *el español habla español*.

143

A 1 PRESENTACIÓN

ich	→	mein(e)	yo	→	mi(s)
wir	→	unser(e)	nosotros	→	nuestro/a(s)
sie	→	ihr(e)	ellos, ellas	→	su(s)
Sie	→	Ihr(e)	usted, ustedes	→	su(s)

das Jahr, ~e		el año
Tirol	[tiro:l]	Tirol
der Garten, ~		el jardín
Wie alt ist ...?		¿Cuántos años tiene ...?
Wie alt sind ...?		¿Cuántos años tienen ...?
Er geht zur Schule.		Él va a la escuela.
Er geht in die vierte Klasse.		Él está en cuarto año.

■ A der Herr se le añade una ~n final tanto en dativo como en acusativo:

> **Ich sehe/ich danke/ich spreche mit Herrn Braun.**
> *Veo a/doy las gracias a/hablo con el Sr. Braun.*

A 2 APLICACIÓN

Herr Schmitt (S) spricht mit Herrn Müller (M):

1. S — Was machen Sie, Herr Müller?
2. M — Ich arbeite Tag und Nacht.
3.   Ich arbeite zu viel.
4. S — Und was machen Ihre Frau und Ihre Kinder?
5. M — Meine Frau macht Ferien,
6.   unsere Kinder machen auch Ferien.
7.   Sie sind alle zusammen in Tirol.
8. S — Wie alt sind Ihre Kinder jetzt?
9.   Gehen sie schon zur Schule?
10. M — Unser Sohn ist zehn Jahre alt.
11.   Er geht jetzt in die vierte Klasse.
12.   Unsere Tochter ist vier.
13.   Sie geht noch nicht zur Schule.
14.   Sie geht aber in den Kindergarten.

A 3   OBSERVACIONES

■ El pronombre posesivo concuerda en género y en número (y se declina) como el artículo indefinido **ein**:

ein Sohn, *un hijo*:
mein Sohn   **unser Sohn**   **ihr Sohn**
eine Tochter, *una hija*:
meine Tochter   **unsere Tochter**   **ihre Tochter**

■ La marca del plural es idéntica a la del femenino:
meine Tochter → *mi hija*   **meine Kinder** → *mis hijos*

■ Los números ordinales se forman añadiéndole la terminación ~ **te** al número; se escribe un punto después del número:
der 2., der zweite: *el 2º*   **der 4., der vierte**: *el 4º*
Excepciones: **eins, der 1., der erste**: *el primero*
                drei, der 3., der dritte: *el tercero*
                sieben, der 7., der siebte: *el séptimo*

■ **La edad**
Wie alt ist er? *"¿Qué viejo es él?* → *¿Cuántos años tiene?*
Er ist 20 Jahre alt. *"Es 20 años viejo."* → *Tiene 20 años.*
Puede decirse sencillamente: **Er ist 20.**

A 4   TRADUCCIÓN

El Sr. Schmitt (S) habla con el Sr. Müller (M):

1. S — ¿Qué está haciendo, Sr. Müller?
2. M — Trabajo día y noche.
3.   Trabajo demasiado.
4. S — ¿Y qué están haciendo su esposa y sus hijos?
5. M — Mi esposa está de vacaciones,
6.   mis hijos también están de vacaciones.
7.   Están todos juntos en Tirol.
8. S — ¿Cuántos años tienen sus hijos ahora?
9.   ¿Ya van a la escuela?
10. M — Nuestro hijo tiene diez años.
11.   Está en cuarto año (de primaria).
12.   Nuestra hija tiene cuatro años.
13.   Todavía no va a la escuela.
14.   Pero va al jardín de niños.

B 1   PRESENTACIÓN

dein(e)	*tu*
sein(e)	*su (de él)*
ihr(e)	*su (de ella)*

der Vater, ~	*el padre*
der Großvater, ~	*el abuelo*
die Mutter, ~	*la madre*
die Großmutter, ~	*la abuela*
wohnen	*habitar, residir, vivir*
leben	*vivir*
können	*poder*

B 2   APLICACIÓN

Herr und Frau Müller können heute nicht kommen.

1. — Kommen deine Freunde heute?
2. — Nein, sie können heute nicht kommen.
3.   Sie sind in Köln.
4.   Der Großvater ist krank.
5. — Ihr Großvater?
6. — Nein, sein Großvater.
7.   Er wohnt in Köln.
8.   Ihr Großvater wohnt in Hamburg.
9. — Ich kenne seinen Großvater nicht.
10.   Und ihren Großvater kenne ich auch nicht.
11.   Wie alt sind die Großmütter?
12. — Seine Großmutter ist 75 Jahre alt,
13.   und ihre ist jetzt 68.

B 3 OBSERVACIONES

■ **El pronombre posesivo de la 3ª persona del singular**
En la tercera persona del singular se usa un adjetivo posesivo
diferente según si el poseedor es masculino (o neutro) o femenino:

Herr Müller hat einen Sohn. → *El Sr. Müller tiene un hijo.*
Sein Sohn ist Doktor. → *Su hijo es doctor.*
Frau Müller hat einen Sohn. → *La Sra. Müller tiene un hijo.*
Ihr Sohn ist Doktor. → *Su hijo es doctor.*

El pronombre posesivo tanto del masculino como del neutro es
sein. **Sein** e **ihr** concuerdan y se declinan como los demás
pronombres posesivos, según el modelo de **ein**.

■ **El lugar del infinitivo en la oración:**

Sie können heute nicht kommen.
→ *Ellos no pueden venir hoy.*

El verbo en infinitivo, cuando es introducido por un verbo como
können, *poder*, se coloca al final de la oración.

B 4 TRADUCCIÓN

El Sr. y la Sra. Müller no pueden venir hoy.

1. — ¿Tus amigos vienen hoy?
2. — No, hoy no pueden venir.
3.   Están en Colonia.
4.   El abuelo está enfermo.
5. — ¿Su abuelo (de ella)?
6. — No, su abuelo (de él).
7.   Él vive en Colonia.
8.   Su abuelo (de ella) vive en Hamburgo.
9. — No conozco a su abuelo (de él).
10.   Y a su abuelo (de ella) tampoco lo conozco.
11.   ¿Cuántos años tienen las abuelas?
12. — Su abuela (de él) tiene 75 años,
13.   y la suya (de ella) tiene 68.

C 1 EJERCICIOS

A. Übersetzen

1. ¿Vienen tus amigos?
2. ¿Todavía viven sus abuelas (de ella)?
3. El Sr. Schmitt habla con el Sr. Müller.
4. ¿Cuántos años tienen sus hijos ahora?
5. Nuestra hija todavía no va a la escuela.
6. No conozco a su padre (de ella).

B. Ergänzen: Unser/Sein/Ihr/Mein ... ist ... in ...

• *Wir haben einen Sohn. (Student, München)*

1. Er hat einen Bruder. (Architekt, Bonn)
2. Sie hat eine Tochter. (Studentin, Heidelberg)
3. Ich habe einen Onkel. (Mechaniker, Berlin)
4. Du hast eine Tante. (Sekretärin, Wien)
5. Sie hat eine Kusine. (Architektin, Bremen)
6. Er hat einen Bruder. (Briefträger, Essen)

C. ●● Ergänzen: Du möchtest dein/deine/deinen ...

• *Du hast ein Haus. (fotografieren)*

1. Ich habe einen Wagen. (reparieren)
2. Sie hat eine Zeitung. (lesen)
3. Er hat ein Auto. (reparieren)
4. Wir haben einen Plan. (fotokopieren)
5. Sie haben einen Scheck. (unterschreiben)
6. Sie hat eine Tochter. (fotografieren)

C 2 VOCABULARIO

• der Großvater, die Großmutter, der Vater, die Mutter, der Sohn,
die Tochter, der Enkel, die Enkelin, die Enkelkinder.
der Bruder, die Schwester, der Onkel, die Tante.

• die Eltern, die Großeltern, die Schwiegereltern.

     Gustav Schmitt (65) + Therese (61)

  Karin Weiß (36) + Hans (40)   Eva (38) + Karl Meier (41)

    Peter (15)   Anna (13)   Stefan (16)   Susanne (17)

• **Sprechen Sie über die Familie Schmitt:**
Gustav Schmitt, der Großvater, ist 65 Jahre alt.
Seine Frau Therese ist 61 Jahre alt.
Sie haben zwei Kinder, Hans und Eva; ihr Sohn Hans ...
Machen Sie weiter!

C 3 RESPUESTAS

A. Traducir

1. Kommen deine Freunde?
2. Leben ihre Großmütter noch?
3. Herr Schmitt spricht mit Herrn Müller.
4. Wie alt sind Ihre Kinder jetzt?
5. Unsere Tochter geht noch nicht zur Schule.
6. Ich kenne ihren Vater nicht.

B. Completar: Nuestro(a)/Su (de él, de ella)/Mi ... es ... en ...

→ *Unser Sohn ist Student in München.*

1. Sein Bruder ist Architekt in Bonn.
2. Ihre Tochter ist Studentin in Heidelberg.
3. Mein Onkel ist Mechaniker in Berlin.
4. Deine Tante ist Sekretärin in Wien.
5. Ihre Kusine ist Architektin in Bremen.
6. Sein Bruder ist Briefträger in Essen.

C. ●● Completar: Quieres ... tu ...

→ *Du möchtest dein Haus fotografieren.*

1. Ich möchte meinen Wagen reparieren.
2. Sie möchte ihre Zeitung lesen.
3. Er möchte sein Auto reparieren.
4. Wir möchten unseren Plan fotokopieren.
5. Sie möchten Ihren Scheck unterschreiben.
6. Sie möchte ihre Tochter fotografieren.

C 4 TRADUCCIÓN

- el abuelo, la abuela, el padre, la madre, el hijo,
  la hija, el nieto, la nieta, los nietos.
  el hermano, la hermana, el tío, la tía.
- los padres, los abuelos, los suegros.

      Gustavo Schmitt (65)   +   Teresa (61)

Karin Weiss (36) + Juan (40)   Eva (38) + Carlos Meier (41)

   Pedro (15)   Ana (13)   Esteban (16)   Susana (17)

- **Hable de la familia Schmitt:**
  Gustavo Schmitt, el abuelo, tiene 65 años.
  Su esposa Teresa tiene 61 años.
  Tienen dos hijos, Juan y Eva; su hijo Juan ...
  ¡Continúe!

A 1 PRESENTACIÓN

Wie geht's?	*¿Qué tal?*
Wie geht es Ihnen?	*¿Cómo está usted?*
Es geht mir gut.	*Estoy bien.*
ganz gut	*bastante bien*
Das tut mir leid!	*¡Lo siento! ¡Qué pena!*
wünschen + dativo de la persona	*desear*
Ich wünsche Ihnen ...	*Le deseo ...*
besser	*mejor*
etwas besser	*algo mejor*
die Besserung, ~en	*la mejoría, el restablecimiento*
Gute Besserung!	*¡Que se mejore (pronto)!*
bis	*hasta*
bald	*pronto*
Bis bald!	*¡Hasta pronto! ¡Hasta luego!*
weniger gut	*menos bien*
das Krankenhaus	*el hospital*

A 2 APLICACIÓN

Herr Müller (M) und Herr Schmitt (S):

1. M — Guten Abend! Wie geht's?
2. S — Es geht mir gut, danke! Und Ihnen?
3. M — Mir geht's ganz gut, danke!
4. S — Wie geht's Ihrer Frau und Ihrem Sohn?
5. M — Meiner Frau geht es gut,
6.   aber meinem Sohn geht es weniger gut.
7.   Er ist krank.
8. S — Das tut mir leid!
9.   Ich wünsche ihm gute Besserung!
10. M — Danke! Er ist noch im Krankenhaus,
11.   aber es geht ihm schon etwas besser.
12. S — Auf Wiedersehen! Bis bald!

A 3 OBSERVACIONES

■ **Wie geht's?**

- Al verbo impersonal **Es geht** ... (seguido de un dativo) le corresponde en español la expresión personal *Estoy/Está ... (bien/mal).*

    Es geht mir gut. → *Estoy bien.*
    Wie geht's ...? es la contracción de **Wie geht es ...?**

- A **wünschen**, *desear*, le sigue el dativo de la persona y el acusativo de la cosa:

    Ich wünsche ihm gute Besserung.
    Le deseo (a él) que se mejore.

A 4 TRADUCCIÓN

El Sr. Müller (M) y el Sr. Schmitt (S):

1. M — ¡Buenas noches! ¿Qué tal?
2. S — ¡Estoy bien, gracias! ¿Y usted?
3. M — ¡Estoy bastante bien, gracias!
4. S — ¿Cómo están su esposa y su hijo?
5. M — Mi esposa está bien,
6. pero mi hijo no está tan bien.
7. Está enfermo.
8. S — ¡Lo siento!
9. Le deseo que se mejore pronto.
10. M — ¡Gracias! Todavía está en el hospital,
11. pero ya está un poco mejor.
12. S — ¡Adiós! ¡Hasta luego!

151

B 1 PRESENTACIÓN

passen + dativo de la persona		*convenir, parecer*
recht		*bien, conveniente*
Es paßt mir.		*(Eso) me conviene.*
Es ist mir recht.		*(Eso) me parece bien.*
Das ist mir egal.		*(Eso) me da igual.*
Wieviel Uhr ist es?		*¿Qué hora es?*
(der) Montag	[mo:nta:k]	*(el) lunes*
(der) Dienstag	[di:nsta:k]	*(el) martes*
(der) Mittwoch	[mitvoj]	*(el) miércoles*
(der) Donnerstag		*(el) jueves*
(der) Freitag		*(el) viernes*
(der) Samstag/Sonnabend		*(el) sábado*
(der) Sonntag		*(el) domingo*
Heute haben wir Montag.		*Hoy es ("tenemos") lunes.*
Bis Montag!		*¡Hasta el lunes!*
übermorgen		*pasado mañana*
um		*a (las) (+ hora)*
um 8		*a las 8*
(um) halb acht		*(a) las siete y media*

B 2 APLICACIÓN

Herr Müller (M) und Herr Schmitt (S):

1. S — Wann können wir uns sehen?
2. M — Sehen wir uns morgen?
3. S — Moment. Morgen haben wir Montag.
4.   Nein, Montag paßt mir nicht.
5. M — Paßt Ihnen Dienstag oder Mittwoch besser?
6. S — Dienstag oder Mittwoch? Das ist mir egal.
7. M — Mir paßt Dienstag sehr gut.
8.   Wieviel Uhr ist Ihnen recht? Fünf Uhr?
9. S — Fünf Uhr ist mir etwas spät.
10.   Vielleicht halb fünf?
11. M — In Ordnung. Bis Dienstag, also!
12. S — Bis übermorgen, um halb fünf!

B 3   OBSERVACIONES

■ Las expresiones siguientes rigen el dativo:

Es tut mir leid.	→	*Me da pena.*
Es ist ihm egal.	→	*(Eso) le es igual.*
Es paßt ihr nicht.	→	*(Eso) no le conviene. (¡a ella!)*
Es ist uns recht.	→	*(Eso) nos conviene, estamos de acuerdo.*

■ **Es tut mir / dir / ihm / ihr leid.**
   → *(Eso) me / te / le (él) / le (ella) da pena.*
   Es ist uns / euch / ihnen / Ihnen egal.
   → *(Eso) nos / les /   les   / le(s) da igual.*
                                    (FORMA DE RESPETO)

Se usa la preposición **um** para indicar la hora:
       um 5, *a las cinco*
       um halb fünf, *a las cuatro y media*
       halb, *media,* significa *"media hora antes"*
       um halb 7 → *a las 6:30,* **um halb 12** → *a las 11:30*

B 4   TRADUCCIÓN

El Sr. Müller (M) y el Sr. Schmitt (S):

1. S — ¿Cuándo podemos vernos?
2. M — ¿Nos vemos mañana?
3. S — Un momento. Mañana es lunes.
4.   No, el lunes no me conviene.
5. M — ¿Le conviene más martes o miércoles?
6. S — ¿Martes o miércoles? Eso me da igual.
7. M — A mí el martes me parece muy bien.
8.   ¿Qué hora le parece bien? ¿Las cinco?
9. S — Las cinco me parece un poco tarde.
10.   ¿Quizás cuatro y media?
11. M — De acuerdo. ¡Hasta el martes, entonces!
12. S — ¡Hasta pasado mañana, a las cuatro y media!

C 1   EJERCICIOS

A. Übersetzen
1. ¿Lo siente? Yo también lo siento.
2. Le deseo (a él) que se mejore.
3. ¿Qué hora le conviene? Eso me da igual.

B. ●● **Antworten: Es geht ihm/ihr ... gut/schlecht.**
- *Sie haben viel Arbeit. Wie geht es Ihnen?*
1. Ihre Frau ist krank. Wie geht es ihr?
2. Ihr Vater arbeitet heute nicht. Wie geht es ihm?
3. Ihre Kinder haben ein Examen. Wie geht es ihnen?

C. ●● **Fragen: Wie geht es Ihrer/Ihrem/Ihren ...?**
- *Meiner Frau geht es gut, danke.*
1. Meinem Vater geht es auch gut, danke.
2. Meinem Sohn geht es leider nicht sehr gut.
3. Meinen Kindern geht es sehr gut.

D. Sätze bilden: Dann wünsche ich ... viel Spaß.
- *Mein Vater spielt im Lotto. (viel Glück) (Lotto = lotería)*
1. Meine Frau macht morgen eine Reise. (eine gute Reise)
2. Mein Sohn ist im Krankenhaus. (gute Besserung)
3. Meine Kinder machen morgen ein Examen. (viel Glück)

C 2   VOCABULARIO

Der erste, zweite, dritte, vierte, fünfte, sechste, siebte, achte, neunte, zehnte, elfte, zwölfte, dreizehnte, vierzehnte, fünfzehnte, sechzehnte, siebzehnte, achtzehnte, neunzehnte.
Der zwanzigste, einundzwanzigste, dreißigste, vierzigste.

| Januar | Februar | März | April | Mai | Juni | Juli |
| August | September | Oktober | November | Dezember | | |

a   —   Der wievielte ist heute? Den wievielten haben wir?
b   —   Heute ist der dritte Mai. Wir haben den dritten Mai.
c   —   Am wievielten kommen Sie? Am ersten Februar.
d   —   Wann machen Sie Urlaub? (3.8.) Am dritten August.
Machen Sie weiter!
Wann haben Sie Geburtstag? (1.4.) Wann ist Weihnachten?
Wann beginnt das Jahr? (1.1.) Wann endet das Jahr? (31.12.)

C 3 RESPUESTAS

A. Traducir
1. Das tut Ihnen leid? Das tut mir auch leid.
2. Ich wünsche ihm gute Besserung.
3. Wieviel Uhr ist Ihnen recht/paßt Ihnen? Das ist mir egal.

B. ●● Contestar: Le (a él/a ella ...) va mal.
→ *Es geht mir schlecht.*
1. Es geht ihr schlecht.
2. Es geht ihm gut.
3. Es geht ihnen schlecht.

C. ●● Preguntar: ¿Cómo está/están su/sus ...?
→ *Wie geht es Ihrer Frau?*
1. Wie geht es Ihrem Vater?
2. Wie geht es Ihrem Sohn?
3. Wie geht es Ihren Kindern?

D. Construir oraciones: Entonces ... deseo que se divierta.
→ *Dann wünsche ich ihm viel Glück.*
1. Dann wünsche ich ihr eine gute Reise.
2. Dann wünsche ich ihm gute Besserung.
3. Dann wünsche ich ihnen viel Glück.

C 4 TRADUCCIÓN

El primero, segundo, tercero, cuarto, quinto, sexto, séptimo, octavo, noveno, décimo, décimo primero, décimo segundo, décimo tercero, décimo cuarto, décimo quinto, décimo sexto, décimo séptimo, décimo octavo, décimo noveno.
El vigésimo, el vigésimo primero, el trigésimo, el cuadragésimo.

| enero | febrero | marzo | abril | mayo | junio | julio |
| agosto | septiembre | octubre | noviembre | diciembre | | |

a — ¿A qué (día) estamos hoy?
b — Hoy es el 3 de mayo. Hoy estamos a 3 de mayo.
c — ¿Qué día llega usted? El primero de febrero.
d — ¿Cuándo toma sus vacaciones? El 3 de agosto.
¡Continúe!
¿Cuándo es su cumpleaños? ¿Cuándo es Navidad?
¿Cuándo empieza el año? ¿Cuándo termina el año?

A 1 PRESENTACIÓN

der/das	→	dem	artículo masculino/neutro en dativo
die	→	der	artículo femenino en dativo

■ En general, el complemento en dativo se coloca antes del complemento en acusativo, es decir, al revés del español:

Die Sekretärin bringt dem Direktor die Post.
La secretaria le trae el correo al director.

bringen	*traer*
zeigen	*mostrar*
hereinkommen (herein=kommen)	*entrar*
Herein!	*¡Entre! ¡Pase!*
das Telegramm, ~e	*el telegrama*
das Fernschreiben, ~	*el telex*
der Rest, ~	*el resto*
sofort	*ahora mismo, inmediatamente*
der Morgen, ~	*la mañana*
Guten Morgen!	*¡Buenos días!*

A 2 APLICACIÓN

Elke Weiß (W) bringt Herrn Braun (B) die Post.

1. **B** — Ja? Wer ist da, bitte?
2. **W** — Elke Weiß. Ich bringe Ihnen die Post.
3. **B** — Kommen Sie herein!
4. **W** — Guten Morgen, Herr Braun!
5.   Hier ist die Post.
6. **B** — Zeigen Sie mal! Danke!
7.   Geben Sie mir das Telegramm.
8.   Das ist für mich.
9.   Das Fernschreiben geben Sie bitte dem Direktor.
10.   Den Rest geben Sie der Sekretärin.
11.   Und bringen Sie mir noch einen Kaffee, bitte.
12. **W** — Ich mache alles sofort.

A 3   OBSERVACIONES

■ En el dativo, el masculino y el neutro son idénticos: **dem.**
El artículo femenino en dativo es **der**:

	masculino	neutro	femenino
nominativo	der	das	die
acusativo	den		
dativo	dem		der

■ **hereinkommen** → **herein=kommen** es un verbo con prefijo separable (ver 22 A1); el prefijo se coloca al final de la oración: **Kommen Sie herein!** → *¡Pase usted!*

■ Para saludar a alguien en la mañana, se dice más bien **Guten Morgen!** → *"¡Buena mañana!"* → *¡Buenos días!* que **Guten Tag!**
No confunda **morgen**, *mañana* (con una minúscula) y **der Morgen**, *la mañana* (con una mayúscula).

A 4   TRADUCCIÓN

Elke Weiss (W) le trae el correo al Sr. Braun (B).

1. B — ¿Sí? ¿Quién es? (¿quién está allí, por favor?)
2. W — Elke Weiss. Le traigo el correo.
3. B — ¡Pase usted!
4. W — ¡Buenos días, Señor Braun!
5. Aquí está el correo.
6. B — ¡Déjeme ver! ¡Gracias!
7. Déme el telegrama.
8. Es para mí.
9. El telex déselo al director, por favor.
10. El resto déselo a la secretaria.
11. ¡Y tráigame otro café, por favor!
12. W — En seguida (Lo hago todo en seguida).

157

B 1 PRESENTACIÓN

Geben Sie mir den Zettel!	*¡Déme el papel!*
→ **Geben Sie ihn mir!**	*¡Démelo!*
Geben Sie dem Chef die Karte!	*¡Déle la tarjeta al jefe!*
→ **Geben Sie sie ihm!**	*¡Désela!*
Geben Sie Ihrer Frau das Buch!	*¡Déle el libro a su esposa!*
→ **Geben Sie es ihr!**	*¡Déselo!*

der Name, ~n		*el nombre*
die Telefonzentrale, ~n		*el conmutador telefónico*
die Bescheinigung, ~en		*el certificado, la atestación*
der Zettel, ~		*el (pedazo de) papel, papelito*
das Personal, ∅	[perzonaːl]	*el personal*
der Chef, ~s	[s^{ch}ɛf]	*el jefe*
der Personalchef		*el jefe de personal*
vergessen		*olvidar*
sagen		*decir*

B 2 APLICACIÓN

Karl Weiß (W) spricht mit dem Direktor (D):

1. D — Wie ist Ihr Name?
2.   Ich vergesse ihn immer.
3.   Sagen Sie ihn mir, bitte.
4. W — Karl Weiß aus der Telefonzentrale.
5.   Ich habe hier eine Bescheinigung.
6. D — Geben Sie sie mir!
7.   Oh, Ihre Frau ist krank!
8.   Das tut mir leid!
9. W — Geben Sie mir zwei Tage frei?
10. D — Natürlich! Hier ist ein Zettel.
11.   Geben Sie ihn dem Personalchef.
12.   Ich wünsche Ihrer Frau gute Besserung.
13.   Und —Moment bitte— hier ist ein Buch.
14.   Geben Sie es ihr!
15. W — Vielen Dank! Auf Wiedersehen!

B 3   OBSERVACIONES

■ Orden de los complementos en dativo y acusativo.

> **Geben Sie dem Chef das Telegramm.**
> *Déle el telegrama al jefe.*
> **Geben Sie es   ihm.**
>
> *Déselo.*

Ya vimos que el complemento en dativo le precede al complemento en acusativo (ver 25 A1); para los pronombres es al revés: *el acusativo precede al dativo.*

---

vergessen, *olvidar,* es un verbo fuerte; la vocal **e** se convierte en **i** en la 2ª y 3ª persona del singular:
vergessen → ich vergesse → du vergißt → er vergißt

B 4   TRADUCCIÓN

Carlos Weiss (W) habla con el director (D):

1. D — ¿Cómo se llama usted?
2.   Siempre lo olvido.
3.   Dígame (su nombre), por favor.
4. W — Carlos Weiss, del conmutador telefónico.
5.   Aquí tengo un certificado.
6. D — ¡Démelo!
7.   ¡Oh, su esposa está enferma!
8.   ¡Lo siento!
9. W — ¿Me autoriza dos días de licencia?
10. D — ¡Por supuesto! Aquí está un papel.
11.   Déselo al jefe de personal.
12.   Le deseo a su esposa que se mejore.
13.   Y —un momento, por favor— aquí está un libro.
14.   ¡Déselo!
15. W — ¡Muchas gracias! ¡Hasta luego!

159

C 1 EJERCICIOS

A. Übersetzen

1. Pase usted y déme el correo.
2. Aquí está un telex. Déselo al jefe.
3. Dígame su nombre, por favor.
4. Tráigale el telegrama al director.
5. Enseñe el certificado a la secretaria.
6. Déles las fotos a los niños.

B. Fragen: Geben Sie ...?

● *Hier ist ein Telegramm für den Direktor.*

1. Hier ist ein Zettel für die Sekretärin.
2. Hier ist Geld für den Briefträger.
3. Hier ist ein Fußball für die Kinder.

C. ●● Antworten: Ich zeige/gebe sie/es/ihn ihm/ihr/ihnen ...

● *Geben Sie dem Briefträger das Geld, bitte!*

1. Zeigen Sie dem Fotograf das Foto, bitte!
2. Sagen Sie mir Ihren Namen, bitte!
3. Geben Sie dem Personalchef die Bescheinigung, bitte!
4. Bringen Sie der Sekretärin das Buch, bitte!
5. Zeigen Sie den Kindern die Postkarten, bitte!

C 2 VOCABULARIO

Wie spät ist es? Wieviel Uhr ist es?

12:00	— Es ist zwölf (Uhr).
12:05	— Es ist fünf (Minuten) nach zwölf (Uhr).
12:10	— Es ist zehn (Minuten) nach zwölf (Uhr).
12:15	— Es ist Viertel nach zwölf (Uhr).
12:20	— Es ist zwanzig (Minuten) nach zwölf (Uhr).
12:30	— Es ist halb eins (halb ein Uhr).
12:40	— Es ist zwanzig (Minuten) vor eins (ein Uhr).
12:45	— Es ist Viertel vor eins (ein Uhr).
12:50	— Es ist zehn (Minuten) vor eins (ein Uhr).
12:55	— Es ist fünf (Minuten) vor eins (ein Uhr).
13:00	— Es ist eins (ein Uhr/dreizehn Uhr).

Wann kommt er? Um wieviel Uhr kommt er?

12:00	— **Er kommt um zwölf (Uhr).**

C 3 RESPUESTAS

A. Traducir

1. Kommen Sie herein und geben Sie mir die Post.
2. Hier ist ein Fernschreiben. Geben Sie es dem Chef.
3. Sagen Sie mir bitte Ihren Namen.
4. Bringen Sie dem Direktor das Telegramm.
5. Zeigen Sie der Sekretärin die Bescheinigung.
6. Geben Sie den Kindern die Fotos.

B. Preguntar: (Le/les) da usted ...?

→ *Geben Sie dem Direktor das Telegramm?*

1. Geben Sie der Sekretärin den Zettel?
2. Geben Sie dem Briefträger das Geld?
3. Geben Sie den Kindern den Fußball?

C. ●● Contestar: Yo se lo/la/los/las enseño/doy ...

→ *Ich gebe es ihm sofort.*

1. Ich zeige es ihm sofort.
2. Ich sage ihn Ihnen sofort.
3. Ich gebe sie ihm sofort.
4. Ich bringe es ihr sofort.
5. Ich zeige sie ihnen sofort.

C 4 TRADUCCIÓN

¿Qué hora es?

12:00	— Son las doce horas.
12:05	— Son las doce y cinco.
12:10	— Son las doce y diez.
12:15	— Son las doce y cuarto.
12:20	— Son las doce y veinte.
12:30	— Son las doce y media.
12:40	— Es la una menos veinte.
12:45	— Es la una menos cuarto.
12:50	— Es la una menos diez.
12:55	— Es la una menos cinco.
13:00	— Es la una.

¿Cuándo viene? ¿A qué hora viene?

12:00	— Viene a las doce (horas).

A 1   PRESENTACIÓN

mit + dativo	*con*
womit ...?	*¿con qué ...?*

> La preposición mit, *con*, rige siempre el dativo:
> Womit? Mit dem Wagen? → *¿Con qué? ¿Con el auto?*

das Taxi, ~s	*el taxi*
die U-Bahn	*el metro*
der Bus, die Busse	*el autobús*
der Mantel, ¨	*el abrigo*
kaufen	*comprar*
kaputt	*roto, descompuesto*
Das geht nicht.	*Eso no se puede.*
Du brauchst eine Stunde.	*Tardas ("necesitas") una hora.*

> El infinitivo complemento se coloca al final de la oración (ver
> 23 B3):   **Ich möchte einen Mantel kaufen.**
> *Quiero comprar un abrigo.*

A 2   APLICACIÓN

**Frau Müller fährt in die Stadt. Sie (F) spricht mit Herrn
Müller (H):**

1.	F —	Ich fahre in die Stadt.
2.		Ich möchte einen Mantel kaufen.
3.	H —	Wie fährst du in die Stadt?
4.	F —	Mit dem Wagen natürlich!
5.	H —	Womit? Mit dem Auto?
6.		Das geht nicht. Es ist kaputt.
7.	F —	Dann fahre ich mit dem Taxi.
8.	H —	Fahr doch mit der U-Bahn.
9.		Das Taxi ist zu teuer.
10.	F —	Ich fahre lieber mit dem Bus.
11.	H —	Aber mit dem Bus brauchst du eine Stunde.
12.		Hier sind zehn Mark. Fahr mit dem Taxi.

Prefiero irme en autobús

A 3 OBSERVACIONES

■ **Direccional y locativo**

En alemán hay una distinción fundamental entre el lugar al que uno se dirige y el lugar en que uno se encuentra. El direccional (ver 20 B3) expresa el desplazamiento (la dirección) hacia un lugar, y el locativo expresa el lugar en que uno se encuentra, con o sin desplazamiento al interior de este lugar (ver p. 265):

a dónde se va → **direccional** con el **acusativo**
donde se está → **locativo** con el **dativo**

Anna fährt in die Stadt. → *Ana va a la ciudad.*
Anna wohnt in der Stadt. → *Ana vive en la ciudad.*
Anna fährt nicht gern in der Stadt.
→ *A Ana no le gusta conducir en la ciudad.*

■ **Ich fahre mit dem Bus in die Stadt** puede traducirse por *Voy a la ciudad en autobús,* o *Tomo el autobús para ir a la ciudad:*
Ich fahre mit ... se traduce por lo general por *Voy a ... en ...* y se usa para un traslado "sobre ruedas", por oposición a **gehen,** *caminar.*

■ La traducción de **lieber,** ver 16 B1:
Ich fahre lieber mit dem Bus. → *Prefiero ir en autobús.*

A 4 TRADUCCIÓN

La Sra. Müller va a la ciudad. Ella (Sra.) habla con el Sr. Müller (Sr.):

1. Sra. — Voy a la ciudad.
2. Quiero comprar un abrigo.
3. Sr. — ¿Cómo vas a ir a la ciudad?
4. Sra. — ¡Con el auto, por supuesto!
5. Sr. — ¿Con qué? ¿Con el auto?
6. No se puede. Está descompuesto.
7. Sra. — Entonces me voy en taxi.
8. Sr. — Ve (mejor) en el metro.
9. El taxi es demasiado caro.
10. Sra. — Prefiero ir en autobús.
11. Sr. — Pero con el autobús tardas una hora.
12. Aquí tienes diez marcos. Vete en taxi.

B 1 PRESENTACIÓN

mit wem ...?   *¿con quién ...?*

■ A la pregunta **Mit wem ...?** *¿Con quién ...?* le corresponde una respuesta **mit** + una persona, cuando a la pregunta **Womit ...?** le corresponde una respuesta **mit** + una cosa (instrumento, vehículo, etc.):

Mit wem kommt er?	→	**Mit seinem Vater.**
¿Con quién viene?	→	*Con su padre.*
Womit kommt er?	→	**Mit dem Bus.**
¿En qué viene?	→	*En autobús.*

der Kollege, ~n	*el colega*	**die Kollegin, ~nen**	*la colega*
der Freund, ~e	*el amigo*	**die Freundin, ~nen**	*la amiga*
Argentinien	*Argentina*	**von**	*de*
allein	*solo/a*		

■ La preposición **von**, *de*, rige siempre el dativo:

$$\text{Er spricht von} \begin{bmatrix} \textbf{dem Direktor.} \\ \textbf{der Fabrik.} \end{bmatrix} \rightarrow \textit{Habla} \begin{bmatrix} \textit{del director.} \\ \textit{de la fábrica.} \end{bmatrix}$$

> El sustantivo en dativo plural siempre agrega una ~ n:
> **Ich spreche mit Freunden.** → *Hablo con unos amigos.*

B 2 APLICACIÓN

Herr Braun (B) spricht mit einem Kollegen (K):

1. B — Ich fahre morgen nach Köln.
2. K — Fahren Sie allein oder mit einem Kollegen?
3. B — Ich fahre mit einer Kollegin.
4. K — Mit Ihrer Sekretärin?
5. B — Nein, meine Sekretärin hat Urlaub.
6.   Sie ist in Argentinien
7.   mit einer Freundin und zwei Freunden.
8. K — Mit wem fahren Sie denn nach Köln?
9. B — Ich fahre mit Fräulein Schmitt.
10.   Mit der Sekretärin von Herrn Müller.
11. K — Dann wünsche ich Ihnen eine gute Reise!
12. B — Vielen Dank. Auf Wiedersehen!

B 3 OBSERVACIONES

■ **Declinación del artículo definido**
En dativo, las terminaciones ~**em** (del masculino y del neutro) y
~**er** (del femenino), que conocemos del artículo definido, también
son las del artículo indefinido:

	masculino	neutro	femenino
nominativo	ein	ein	eine
acusativo	einen		
dativo	einem		einer

Estas mismas terminaciones del artículo las encontramos también
en los pronombres posesivos:
mit einem Kind, *con un niño/hijo*
mit meinem Kind, *con mi hijo*
mit Ihrem Kind, *con su hijo*
mit unserem Kind, *con nuestro hijo*
mit seinem Kind/mit ihrem Kind, *con su hijo (de él/de ella)*

■ **der Kollege** [kol●:gə], como **der Herr** y **der Name**, termina en ~**n**
en acusativo y en dativo: son *masculinos débiles*:
Er fährt mit einem Kollegen. → *Él viaja con un colega.*
Er spricht mit Herrn Braun. → *Él habla con el Señor Braun.*

B 4 TRADUCCIÓN

El Señor Braun (B) habla con un colega (C):
1. B — Voy a Colonia mañana.
2. C — ¿Va solo o con un colega?
3. B — Me voy con una colega.
4. C — ¿Con su secretaria?
5. B — No, mi secretaria está de vacaciones.
6. Está en Argentina
7. con una amiga y dos amigos.
8. C — Pues, ¿con quién va usted a Colonia?
9. B — Me voy con la Srta. Schmitt.
10. Con la secretaria del Sr. Müller.
11. C — ¡Entonces le(s) deseo un buen viaje!
12. B — Muchas gracias. ¡Hasta luego!

C 1   EJERCICIOS

A. Übersetzen

1. Quiero comprar un abrigo.
2. Él va a la ciudad en auto.
3. Ella prefiere ir en autobús.
4. Él habla con una colega.
5. ¿Con quién se va usted a Colonia?
6. Le deseo un buen viaje.

B. Antworten: Er fährt/fliegt ...

- *Womit fährt sie in die Stadt? (Taxi)*

1. Womit fliegen Sie nach New York? (Flugzeug)
2. Womit fährt er nach Österreich? (Auto)
3. Womit fährst du nach Amerika? (Schiff)
4. Womit fährt sie nach Haus? (Bus)
5. Womit fahren Sie nach Berlin? (Wagen)

C. ⬤⬤ **Fragen: Mit wem spricht/kommt/fliegt ...?**

- *Sie spricht mit ihrem Chef über das Wetter.*

1. Er fährt mit seiner Freundin nach Österreich.
2. Sie kommt mit ihren drei Kindern ins Büro.
3. Er fliegt mit seinem Kollegen nach Berlin.
4. Sie geht mit ihrer Freundin ins Kino.
5. Er spielt mit seinen Freunden Fußball.

C 2   VOCABULARIO

- **Wie kommt man von hier zum Bahnhof?**

  Der Bahnhof: geradeaus; die Kirche; links; hundert Meter.
  – Gehen Sie hier geradeaus bis zur Kirche.
  Hinter der Kirche gehen Sie nach links.
  Und nach hundert Metern kommen Sie zum Bahnhof.

  Die Post: rechts; die Bank; links; zweihundert Meter.

  Die Universität: geradeaus; das Geschäft; rechts; 300 Meter.

  Die U-Bahn: links; der Zeitungskiosk; rechts; fünfzig Meter.

  Die Bank: rechts; die Kreuzung; geradeaus; 500 Meter.

C 3 RESPUESTAS

A. Traducir

1. Ich möchte einen Mantel kaufen.
2. Er fährt mit dem Auto in die Stadt.
3. Sie fährt lieber mit dem Bus.
4. Er spricht mit einer Kollegin.
5. Mit wem fahren Sie (denn) nach Köln?
6. Ich wünsche Ihnen eine gute Reise.

B. Contestar: Él va en auto/en avión ...

→ *Sie fährt mit dem Taxi in die Stadt.*

1. Ich fliege mit dem Flugzeug nach New York.
2. Er fährt mit dem Auto nach Österreich.
3. Ich fahre mit dem Schiff nach Amerika.
4. Sie fährt mit dem Bus nach Haus.
5. Ich fahre mit dem Wagen nach Berlin.

C. ●● **Preguntar: Con quién habla/viene/va ...?**

→ *Mit wem spricht sie über das Wetter?*

1. Mit wem fährt er nach Österreich?
2. Mit wem kommt sie ins Büro?
3. Mit wem fliegt er nach Berlin?
4. Mit wem geht sie ins Kino?
5. Mit wem spielt er Fußball?

C 4 TRADUCCIÓN

- **¿Cómo se llega de aquí a la estación?**

  La estación: de frente; la iglesia; izquierda; cien metros.
  — Siga de frente (por) aquí hasta la iglesia.
  Detrás de la iglesia doble a la izquierda.
  Y después de cien metros llegará a la estación.

  El correo: derecha; el banco; izquierda; doscientos metros.

  La universidad: de frente; la tienda; derecha; 300 metros.

  El metro: izquierda; el puesto de periódicos; derecha, 50 metros.

  El banco: derecha; el crucero; de frente; 500 metros.

A 1 PRESENTACIÓN

bei + dativo	1) *cerca de* 2) *en casa de*
seit + dativo	*desde (hace)*
weit von + dativo	*lejos de*
von + dativo ... **bis zu** + dativo	*de ... hasta ...*

■ Como **von** y **zu**, las preposiciones **bei** y **seit** rigen siempre el dativo:

> **bei** mein**em** Vater → *en casa de mi padre*
> **seit** zwei Jahre**n** → *desde hace dos años*

> En dativo plural siempre hay una ~**n**

die Möbel (pl.)	*los muebles*
die Büromöbelfabrik	*la fábrica de muebles de oficina*
die Autobahn, ~en	*la autopista*
das Geschäft, ~e	*la tienda, la empresa, el negocio*
der Hauptbahnhof	*la estación (de trenes) central/ principal*
zu Fuß	*a pie*
lange	*largo, mucho tiempo*
schon lange	*desde hace mucho tiempo*

A 2 APLICACIÓN

Herr Durán (D) und Herr Schmitt (S):

1. D — Wo arbeiten Sie? In Deutschland?
2. S — Ja, in Köln, bei Schwarz und Co.
3. D — Was ist das?
4. S — Das ist eine Büromöbelfabrik.
5.   Die Fabrik ist bei der Autobahn.
6.   Aber das Geschäft ist direkt beim Hauptbahnhof.
7. D — Sind Sie schon lange bei der Firma?
8. S — Schon seit zwei Jahren.
9. D — Ist das Geschäft weit von Ihrer Wohnung?
10. S — Mit der U-Bahn brauche ich 15 Minuten
11.   von meiner Wohnung bis zum Bahnhof.
12.   Dann gehe ich noch 5 Minuten zu Fuß.

A 3   OBSERVACIONES

■ Una preposición puede tener dos o más significados:
— en esp.: Los viajeros **para** México = *en dirección a ...*
Una cerveza **para** mí = *yo pido una cerveza*
— en alem.: **bei** significa *cerca de* (ver 19 B1) y *en casa de*, en el
sentido locativo; **bei** se opone a **zu**, *hacia*, en el sentido direccional.

direccional	locativo
Er geht zu seinem Vater.	→ **Er wohnt bei seinem Vater.**
Él va a casa de su padre.	→ *Él vive en casa de su padre.*

> Los nombres de las ciudades y de los países casi nunca llevan artículo.
> La ausencia de artículo prohíbe la indicación del direccional por la
> preposición **in** seguida del acusativo; por lo tanto, se usa la prepo-
> sición **nach** → *en dirección de*, que se opone a **in** → *al
> interior de*, que indica el locativo:
> direccional
> **Er fährt in die Stadt/nach Deutschland/nach Köln.**
> → *Él va (en auto) a la ciudad/a Alemania/a Colonia.*
> locativo
> **Er wohnt in der Stadt/Deutschland/Köln.**
> → *Él vive en la ciudad/en Alemania/en Colonia.*

A 4   TRADUCCIÓN

El Sr. Durán (D) y el Sr. Schmitt (S):

1. D — ¿Dónde trabaja usted? ¿En Alemania?
2. S — Sí, en Colonia, en (la empresa) Schwarz y Co.
3. D — ¿Qué es eso?
4. S — Es una fábrica de muebles de oficina.
5.   La fábrica está cerca de la autopista.
6.   Pero la empresa está justo al lado de la estación
        (de trenes) central.
7. D — ¿Ya hace mucho tiempo que usted está en la empresa?
8. S — (Ya) desde hace dos años.
9. D — ¿La empresa está cerca de su apartamento?
10. S — Con el metro tardo 15 minutos
11.   de mi apartamento hasta la estación.
12.   Luego camino 5 minutos más.

B 1   PRESENTACIÓN

nach (2) + dativo	*después de*
aus + dativo	*fuera de*
von + dativo	*procedente de* (ver 20 A1)
zu + dativo	*en dirección de, hacia*

■ Las preposiciones **nach, aus, von, zu** rigen siempre el dativo.

steigen	*subir, escalar*
aussteigen (aus=steigen)	*bajar de*
einsteigen (ein=steigen)	*subir a*
die Stelle, ~n	*el lugar*
halten	*parar*
die Bushaltestelle	*la parada del autobús*
der Zug, ~e	*el tren*
das Frühstück, ~e	*el desayuno*
pünktlich	*puntual*
um + hora	*a las + hora (ver 24 B)*
um zehn	*a las diez*
um zehn vor zehn	*a las diez menos diez*
um zehn nach zehn	*a las diez y diez*
um halb zehn	*a las nueve y media*

B 2   APLICACIÓN

Peter geht zur Schule.

1. Nach dem Frühstück geht Peter zur Schule.
2. Er geht um sieben Uhr aus dem Haus.
3. Er geht zu Fuß zur Bushaltestelle.
4. Der Bus kommt um zehn nach sieben.
5. Peter steigt in den Bus ein.
6. Der Bus fährt zum Bahnhof.
7. Dort steigt Peter aus und geht zum Zug.
8. Um halb acht fährt Peter mit dem Zug zur Stadt.
9. Er fährt bis zum Hauptbahnhof.
10. Da steigt er aus dem Zug aus
11. und geht zur Schule.
12. Pünktlich um acht Uhr ist er da!

B 3 OBSERVACIONES

■ **La hora**

1) Se usa la preposición **um**:
   um 8, *a las 8* **um 12**, *a las 12*
2) Para los minutos, se especifica el número "antes" **vor** o "después"
   nach de la hora:
   um 9, *a las nueve (horas)*
   um 10 vor 9, *"diez (minutos) antes de las 9"*
   a las nueve menos diez
   um 10 nach 9, *"diez (minutos) después de las 9"*
   a las nueve y diez
3) Para la media hora se dice **um halb neun**, *"a las ocho y media"*,
   es decir, que se sobreentiende *media hora antes* ...

> **um acht Uhr = um acht:** puede suprimirse **Uhr** para simplificar.

■ Los prefijos de los verbos con prefijo separable se colocan al final
   de la oración (ver 22 A1):
ein=steigen → **Er steigt in den Bus ein.** → *Él sube al autobús.*
aus=steigen → **Er steigt aus dem Bus aus.** → *Él baja del autobús.*

> **in** en este caso es seguido del acusativo, ya que hay movimiento
> hacia, mientras que **aus** es seguido del dativo porque **aus** rige el
> (siempre es seguido del) dativo.

B 4 TRADUCCIÓN

Pedro va a la escuela.
1. Después del desayuno, Pedro va a la escuela.
2. Sale de la casa a las siete.
3. Va caminando a la parada del autobús.
4. El autobús llega a las siete y diez.
5. Pedro sube al autobús.
6. El autobús va a la estación (de trenes).
7. Allí Pedro se baja y se dirige al tren.
8. A las siete y media Pedro sale hacia la ciudad en tren.
9. Va hasta la estación central.
10. Allí se baja del tren
11. y va a la escuela.
12. ¡Llega a las ocho en punto!

C 1 EJERCICIOS

A. Übersetzen

1. Ya trabajo desde hace dos años en la empresa.
2. La fábrica de muebles está cerca de la autopista.
3. La tienda de muebles está junto a la estación.
4. Tardo 15 minutos de mi apartamento hasta la oficina.
5. Pedro sale de la casa a las siete y media

B. Ergänzen: Er kommt nach dem/der ... aus dem/der ...

● *Ich komme .... Frühstück .... Hotel.*

1. Du kommst .... Arbeit .... Büro.
2. Er kommt .... Essen .... Restaurant.
3. Sie kommt .... Film .... Kino.

C. Ergänzen: Er geht um halb sieben zur/zum ...

● *Wir fahren ..... halb sieben ..... Fabrik.*

1. Sie gehen ..... halb zehn ..... Geschäft.
2. Er geht ...... halb eins ..... Essen.
3. Sie fährt ..... halb acht ..... Schule.

D. ●● Ergänzen: Er geht/fährt vom/von der ... zum/zur...

● *Ich gehe .... Wohnung ..... Bushaltestelle.*

1. Du fährst ..... Geschäft ..... Bahnhof.
2. Wir gehen .... Firma ..... U-Bahn.
3. Sie fahren ..... Büro ..... Fabrik.

C 2 VOCABULARIO

● **Wie kommt man zum Stadttheater?**

Das Theater: die Bushaltestelle; das Rathaus.
— Entschuldigen Sie, wie kommt man von hier zum Stadttheater?
— Das ist ganz einfach. Gehen Sie zur Bushaltestelle.
  Sie steigen in den Bus ein und fahren bis zum Rathaus.
  Am Rathaus steigen Sie aus dem Bus aus.
  Das Stadttheater ist direkt beim Rathaus.

Der Park: die U-Bahn; der Goetheplatz.
Das Kunstmuseum: die Straßenbahnhaltestelle; der Stadtpark.
Das Rathaus: der Bahnhof; der Hauptbahnhof.
Die Botschaft: die Bushaltestelle; die Michaelskirche.

C 3   RESPUESTAS

A. Traducir

1. Ich arbeite schon seit zwei Jahren bei der (in der) Firma.
2. Die Möbelfabrik ist bei der Autobahn.
3. Das Möbelgeschäft ist direkt am Bahnhof.
4. Ich brauche 15 Minuten von meiner Wohnung (bis) zum Büro.
5. Peter geht um halb acht aus dem Haus.

B. Completar: Después del/de la ... él sale del/de la ...

→ *Ich komme nach dem Frühstück aus dem Hotel.*

1. Du kommst nach der Arbeit aus dem Büro.
2. Er kommt nach dem Essen aus dem Restaurant.
3. Sie kommt nach dem Film aus dem Kino.

C. Completar: a las seis y media, él va al/a la ...

→ *Wir fahren um halb sieben zur Fabrik.*

1. Sie gehen um halb zehn ins Geschäft.
2. Er geht um halb eins zum Essen.
3. Sie fährt um halb acht zur Schule.

D. ●● Completar: Él va del/de la ... al/a la ...

→ *Ich gehe von der Wohnung zur Bushaltestelle.*

1. Du fährst vom Geschäft zum Bahnhof.
2. Wir gehen von der Firma zur U-Bahn.
3. Sie fahren vom Büro zur Fabrik.

C 4   TRADUCCIÓN

- **¿Cómo se llega al Teatro de la Ciudad?**

El teatro: la parada del autobús; el palacio municipal.
— Discúlpeme, ¿cómo se llega de aquí al Teatro de la Ciudad?
— Es muy fácil. Vaya a la parada del autobús. Suba al autobús y vaya hasta el palacio municipal. En el palacio municipal baje del autobús. El Teatro de la Ciudad está directamente al lado del palacio municipal.

El parque: el metro; la plaza Goethe.
El museo de arte: la parada del tranvía; el parque de la ciudad.
El palacio municipal: la estación; la estación central.
La embajada: la parada del autobús; la iglesia de San Miguel.

A 1 PRESENTACIÓN

in	*en*	an	*cerca de/en*	auf	*sobre*

■ Las preposiciones **in**, **an**, **auf** son "*mixtas*", porque no rigen exclusivamente ni el acusativo ni el dativo, sino a uno u otro según la oposición direccional-locativo (ver 26 A3).

> **in** y **an** seguidos del artículo (masculino o neutro) **dem** se contractan casi siempre convirtiéndose en **im** y **am**:
> in dem → im   an dem → am

das Meer, ~e	*el mar*	das Land, ¨er	*1) el país*
die See, ~n	*el mar*		*2) el campo*
die Ostsee	*el Báltico*	das Hotel, ~s	*el hotel*
(der) August	*agosto*	der Campingplatz, ¨e	*el terreno*
(der) Juli	*julio*		*de camping*
die Woche, ~n	*la semana*	der Strand, ¨e	*la playa*
die Leute (pl.)	*la gente*	der Berg, ¨e	*la montaña*
der Sommer	*el verano*	besonders	*particularmente*
verbringen	*pasar (el tiempo)*	bleiben	*quedarse*

A 2 APLICACIÓN

Herr Müller (M) fragt seine Sekretärin (S):

1. M — Wo machen Sie Urlaub?
2. S — Ich mache Urlaub am Meer.
3.   An der Ostsee.
4. M — Im August?
5. S — Ich habe im August Urlaub. Sie auch?
6. M — Ich habe eine Woche im Juli.
7.   Und drei Wochen im August.
8. S — Wo verbringen Sie Ihren Urlaub?
9. M — Ich verbringe meinen Urlaub nicht am Meer,
10.   sondern auf dem Land, im Schwarzwald.
11.   Am Meer sind im Sommer zu viele Leute.
12.   In den Hotels, auf den Campingplätzen,
13.   und besonders am Strand.
14.   Ich bleibe im Sommer lieber auf dem Land.
15.   Oder in den Bergen.

A 3 OBSERVACIONES

> El uso de una preposición está determinado, en general, por su significado. Sin embargo, su uso puede ser propio de ciertos complementos circunstanciales (ver los ej. de 21 B1, 28 A1):
> **in dem Land**   **auf dem Land**
> *en el país*   *en el campo*

■ **das Meer** y **die See** son sinónimos. Se dice **die Nordsee,** *el mar del Norte,* **die Ostsee**, "*el mar del Este*" = *el (mar) Báltico,* pero **das Mittelmeer,** *el mar Mediterráneo.*

■ Pronunciación

– **das Meer** = [meːr]
– **Juli** = [yuli], **August** = [aogust], **Hotel** = [hoːtɛl]
– **Camping** = [kɛmpiŋ]: pronunciado como en inglés

Nota: No confunda **der See,** *el lago,* y **die See,** *el mar.*

A 4 TRADUCCIÓN

El Sr. Müller (M) pregunta a su secretaria (S):

1. M – ¿Dónde pasa usted sus vacaciones?
2. S – Yo me voy de vacaciones a la orilla del mar.
3.   Al mar Báltico.
4. M – ¿En agosto?
5. S – Yo tengo vacaciones en agosto. ¿Usted también?
6. M – Yo tengo una semana en julio.
7.   Y tres semanas en agosto.
8. S – ¿Dónde pasa usted sus vacaciones?
9. M – Yo no me voy de vacaciones a la orilla del mar,
10.   sino al campo, a la Selva Negra.
11.   En la orilla del mar en verano hay demasiada gente.
12.   En los hoteles, en los terrenos de camping,
13.   y sobre todo en la playa.
14.   Prefiero quedarme en el campo en verano.
15.   O en la montaña (lit.: las montañas).

175

B 1 PRESENTACIÓN

wohin?   *a dónde, hacia dónde (direccional)*

Wir fahren	ans Meer.	Vamos	al mar.
	auf eine Insel.		a una isla.
	in die Karibik.		al Caribe.

der Plan, ~e	*el plan, el proyecto*
die Ferienpläne	*los proyectos de vacaciones*
der Jahresurlaub	*las vacaciones anuales*
die Schulferien	*las vacaciones escolares*
die Insel, ~n	*la isla*
nachkommen (nach=kommen)	*llegar después, seguir*
die Karibik	*el Caribe*
der Pazifik	*el Pacífico*
Große Klasse!	*¡Estupendo! ¡Sensacional!*

B 2 APLICACIÓN

Karin (K) und ihr Vater (V) machen Ferienpläne.

1. Die Eltern haben vier Wochen Jahresurlaub.
2. Die Kinder haben sechs Wochen Schulferien.
3. K — Wohin fahren wir?
4. V — Zuerst fährst du mit Peter ans Meer.
5. K — Schon wieder an die Karibik?
6. V — Ja, aber auf eine Insel.
7. K — Große Klasse! Und dann?
8. V — Zwei Wochen später kommen wir nach
9.   und fahren alle zusammen nach Mexiko.
10. K — Nach Mexiko-Stadt?
11. V — Nein, nicht nach Mexiko-Stadt.
12. K — Oder an den Pazifik?
13. V — Auch nicht an den Pazifik.
14. K — Wohin denn?
15. V — Wir fahren im Sommer nach Puebla.

B 3   OBSERVACIONES

El adverbio interrogativo **wo** es *locativo*: pregunta sobre *el lugar donde uno se encuentra.* **Wo ...?,** *¿Dónde ...?,* se opone a **Wohin ...?,** *¿A dónde?,* que es *direccional* y pregunta sobre *el lugar al que uno va* (ver 26 A3).

direccional	locativo
Wohin gehst du? → *¿A dónde vas?*	**Wo bist du?** → *¿Dónde estás?*
in/an/auf + acusativo	**in/an/auf** + dativo
nach + país/ciudad	**in** + país/ciudad
zu + dativo	**bei** + dativo

Verbos como **sein** o **bleiben** expresan el lugar donde uno se encuentra; son *esencialmente* locativos y exigen el dativo. Verbos como **fahren** o **gehen** son *direccionales* o *locativos* y rigen el acusativo o el dativo según si uno se desplaza o si se encuentra en un lugar (ver 26 A3).

- **Ich habe vier Wochen Urlaub.**
  → *Tengo cuatro semanas de vacaciones.*
  Urlaub se coloca directamente después de **Wochen**, sin preposición.

B 4   TRADUCCIÓN

Karin (K) y su padre (P) hacen proyectos para las vacaciones:

1. Los padres tienen cuatro semanas de vacaciones anuales.
2. Los niños tienen seis semanas de vacaciones escolares.
3. K — ¿A dónde vamos?
4. P — Primero vas al mar con Pedro.
5. K — ¿Otra vez al Caribe?
6. P — Sí, pero a una isla.
7. K — ¡Estupendo! ¿Y después?
8. P — Dos semanas después nosotros los alcanzamos
9.   y vamos todos juntos a México.
10. K — ¿A la ciudad de México?
11. P — No, no a la ciudad de México.
12. K — ¿O al Pacífico?
13. P — Tampoco al Pacífico.
14. K — ¿Entonces a dónde?
15. P — Vamos a Puebla (en) este verano.

C 1 EJERCICIOS

A. Übersetzen
1. No paso mis vacaciones en la orilla del mar.
2. En verano hay demasiada gente en la orilla del mar.
3. Prefiero quedarme en el campo en verano.
4. Tengo una semana de vacaciones en julio.
5. ¿Dónde pasa usted sus vacaciones de verano?
6. ¿A dónde va usted este verano?

B. Antworten: Ich fahre um/am/im ...
- *Wann fahren Sie aufs Land? (Wochenende)*
1. Wann fliegen Sie ans Mittelmeer? (Sommer)
2. Wann kommen Sie ins Büro? (neun Uhr)
3. Wann gehen Sie ins Kino? (Abend)

C. Antworten: ... in den Schwarzwald/an den Bodensee.
- *Wohin fährt Peter im Sommer? (Schwarzwald)*
1. Wo verbringt Hans die Ferien? (Bodensee)
2. Wohin fahren Sie am Wochenende? (Land)
3. Wo sind Sie im Juli? (Berge)

D. ●● Fragen: Wo sind Sie ...?/Wohin fahren Sie ...?
- *Ich verbringe meinen Urlaub am Meer.*
1. Er fliegt im September nach Amerika.
2. Sie bleibt in den Ferien in Deutschland.
3. Ich gehe heute abend ins Kino.
4. Er ist am Wochenende auf dem Land.
5. Wir fahren im Februar in die Berge.

C 2 VOCABULARIO

Wohin reisen Sie? Wir fahren/fliegen ...	Wo sind Sie? Wir verbringen den Urlaub ...
ins Ausland.	im Ausland.
ans Schwarze Meer.	am Schwarzen Meer.
aufs Land.	auf dem Land.
in den Libanon.	in Libanon.
an den Genfer See.	am Genfer See.
in die Schweiz.	in der Schweiz.
an die Nordsee.	an der Nordsee.
an die Karibik.	an der Karibik.
an den Pazifik.	am Pazifik.

C 3   RESPUESTAS

A. Traducir
1. Ich verbringe meine Ferien nicht am Meer.
2. Im Sommer sind am Meer zu viele Leute.
3. Ich bleibe im Sommer lieber auf dem Land.
4. Ich habe eine Woche Ferien im Juli.
5. Wo verbringen Sie Ihre Sommerferien?
6. Wohin fahren Sie im Sommer (diesen Sommer)?

B. Contestar: Voy a ...
→ *Ich fahre am Wochenende aufs Land.*
1. Ich fliege im Sommer ans Mittelmeer.
2. Ich komme um neun Uhr ins Büro.
3. Ich gehe am Abend ins Kino.

C. Contestar: ... a la Selva Negra/al lago de Constanza
→ *Im Sommer fährt Peter in den Schwarzwald.*
1. Die Ferien verbringt Hans am Bodensee.
2. Am Wochenende fahre ich aufs Land.
3. Im Juli bin ich in den Bergen.

D. ●● Preguntar: ¿Dónde está usted ...?/¿A dónde va usted ...?
→ *Wo verbringen Sie Ihren Urlaub?*
1. Wohin fliegt er im September?
2. Wo bleibt sie in den Ferien?
3. Wohin gehen Sie heute abend?
4. Wo ist er am Wochenende?
5. Wohin fahren wir im Februar?

C 4   TRADUCCIÓN

¿A dónde viajan ustedes? Vamos ...	¿Dónde están ustedes? Pasamos nuestras vacaciones ...
al extranjero.	en el extranjero.
al mar Negro.	en el mar Negro.
al campo.	en el campo.
al Líbano.	en el Líbano.
al lago de Ginebra.	en el lago de Ginebra.
a Suiza.	en Suiza.
al mar del Norte.	en el mar del Norte.
al Caribe.	en el Caribe.
al Pacífico.	en el Pacífico.

A 1 PRESENTACIÓN

aus + dativo	*(fuera) de*	**hängen**	*colgar*
legen	*poner (plano)*	**(sich) setzen**	*sentar(se)*
stellen	*poner (vertical, parado)*	**werfen**	*lanzar*
stecken	*meter, poner (adentro)*		

der Tisch, ~e	*la mesa*
der Schreibtisch	*el escritorio*
der Schal, ~s	*la bufanda, el pañuelo (cuello)*
die Tasche, ~n	*la bolsa, el bolsillo, la cartera*
die Manteltasche	*el bolsillo del abrigo*
der Schrank, ˝e	*el armario*
die Zeitung, ~en	*el periódico*
der Papierkorb, ˝e	*la cesta de papeles*

■ La preposición **aus** siempre rige el dativo, e indica la procedencia del lugar al interior del que uno se encontraba. Se traduce casi siempre por *salir, sacar*, etc.:

> **Er geht aus dem Zimmer.** → *Él sale del cuarto.*
> **Er nimmt den Mantel aus dem Schrank.**
> → *Él saca el abrigo del armario.*

■ **werfen** es un verbo fuerte: la **e** se convierte en **i** en la 2ª y 3ª persona del singular:

> **werfen: ich werfe** → **du wirfst** → **er wirft.**

A 2 APLICACIÓN

Herr Braun kommt ins Büro.

1. **Er nimmt die Zeitung aus der Tasche**
2. **und legt sie auf den Schreibtisch.**
3. **Dann steckt er seinen Schal in die Manteltasche**
4. **und hängt den Mantel in den Schrank.**
5. **Er setzt sich an seinen Schreibtisch.**
6. **Fräulein Weiß kommt und bringt Kaffee.**
7. **— Das ist nett von Ihnen, danke!**
8. **Stellen Sie den Kaffee nicht auf die Briefe!**
9. **Stellen Sie ihn bitte auf den Tisch.**
10. **Da unter die Lampe. Danke.**
11. **Fräulein Weiß geht aus dem Büro.**
12. **Herr Braun nimmt die Zeitung, liest sie,**
13. **und wirft sie dann in den Papierkorb.**

A 3   OBSERVACIONES

> Los verbos **legen, stellen, hängen** y **setzen** son esencialmente
> direccionales: el complemento de lugar está en acusativo. Corres-
> ponden en español a *poner*, pero en alemán se especifica: *plano,*
> *levantado,* etc.

legen: **Er legt das Buch auf den Tisch.**
"poner plano"   → *Él pone el libro sobre la mesa.*

stellen: **Er stellt die Flasche auf den Tisch.**
"poner levantado" → *Él pone la botella sobre la mesa.*

hängen: **Er hängt den Mantel in den Schrank.**
"poner colgado" → *Él cuelga el abrigo en el armario.*

setzen: **Er setzt sich an den Tisch.**
"poner sentado" → *Él se sienta en la mesa.*

stecken: **Er steckt den Schlüssel in die Tasche.**
"poner adentro" → *Él pone la llave en el bolsillo.*

A 4   TRADUCCIÓN

El Señor Braun llega a la oficina.

1. Saca el periódico de la cartera
2. y lo pone en el escritorio.
3. Luego pone su bufanda en el bolsillo de su abrigo
4. y cuelga el abrigo en el armario.
5. Se sienta en su escritorio.
6. La Srta. Weiss llega y trae café.
7. — ¡Muy amable, gracias!
8. ¡No ponga el café encima de las cartas!
9. Póngalo en la mesa, por favor.
10. Ahí debajo de la lámpara. Gracias.
11. La Srta. Weiss sale de la oficina.
12. El Sr. Braun toma el periódico, lo lee,
13. y luego lo tira a la cesta de papeles.

B 1 PRESENTACIÓN

neben *al lado de* **hinter** *detrás de* **vor** *delante de*

Estas preposiciones son seguidas del acusativo o del dativo según si el verbo es locativo o direccional.

liegen	*estar acostado/plano*	**hängen**	*estar colgado*
stehen	*estar de pie*	**sitzen**	*estar sentado*
stecken	*estar metido/puesto*		
die Wand, ∼e	*la pared*	**die Küche, ∼n**	*la cocina*
die Toilette, ∼n	*el excusado*	**das Bild, ∼er**	*el cuadro*
das Licht, ∼er	*la luz*		

das Zimmer, ∼	*el cuarto/recámara*
das Wohnzimmer	*el salón, la sala de estar*
schlafen (du schläfst, er schläft)	*dormir*
das Schlafzimmer	*la recámara*
der Hörer, ∼	*el auricular*
die Notiz, ∼en [noːˈtiːts]	*la nota*
das Notizbuch	*la agenda*
waschen (du wäschst, er wäscht)	*lavar*
die Waschmaschine	*la lavadora*
der Korridor, ∼e [ˈkɔridor]	*el pasillo*
klingeln	*sonar (el timbre, la campana)*
abnehmen (ab=nehmen)	*quitar, levantar*

B 2 APLICACIÓN

Frau Braun sitzt im Wohnzimmer.

1. Sie sitzt im Wohnzimmer und hört Radio.
2. An der Wand hinter ihr hängt ein Bild.
3. Vor ihr steht ein Tisch,
4. und auf dem Tisch steht das Telefon.
5. Es klingelt. Sie nimmt den Hörer ab.
6. — Braun! Hallo? Bist du's? Was ist los?
7. Du brauchst die Adresse von Müller?
8. Ist dein Notizbuch nicht in deiner Tasche?
9. Wo liegt es? Richtig, es liegt hier vor mir.
10. Direkt neben dem Telefon. Die Adresse steht hier.
11. Er wohnt in der Goethestraße, Nummer 33.
12. Bitte! Moment! Ich habe Probleme!
13. Die Waschmaschine geht nicht!
14. In der Toilette und auf dem Korridor ist kein Licht.
15. Und im Schlafzimmer ... Hallo? Hallo! Hallo!

B 3 OBSERVACIONES

> Los cuatro verbos **liegen**, **stehen**, **hängen** y **sitzen** son esencial-
> mente locativos: el complemento de lugar está en dativo. Corres-
> ponden a los cuatro verbos direccionales:

legen →	**Er legt das Buch auf den Tisch.**	
	Dann liegt das Buch auf dem Tisch.	← **liegen**
	El libro está (acostado) en la mesa.	
stellen →	**Er stellt die Flasche auf den Tisch.**	
	Dann steht die Flasche auf dem Tisch.	← **stehen**
	La botella está (parada) en la mesa.	
hängen →	**Er hängt den Mantel in den Schrank.**	
	Dann hängt der Mantel in dem Schrank.	← **hängen**
	El abrigo está (colgado) en el armario.	
setzen →	**Er setzt sich an den Tisch.**	
	Dann sitzt er an dem Schreibtisch.	← **sitzen**
	Él está sentado en su escritorio.	
stecken →	**Er steckt die Zeitung in die Tasche.**	
	Die Zeitung steckt in der Tasche.	← **stecken**
	El periódico está (puesto) en la cartera.	

Los dos verbos **hängen** y **stecken** no tienen formas diferentes para
el direccional y el locativo; sólo pueden distinguirse por el contexto.

B 4 TRADUCCIÓN

La Sra. Braun está sentada en el salón.
1. Está sentada en el salón y escucha música.
2. En la pared detrás de ella hay (está colgado) un cuadro.
3. Delante de ella hay (está) una mesa,
4. y en la mesa está el teléfono.
5. Suena. Ella levanta el auricular.
6. — ¡Braun! ¿Bueno? ¿Eres tú? ¿Qué pasa?
7. ¿Necesitas la dirección de Müller?
8. ¿No está tu agenda en tu bolsillo?
9. ¿Dónde está? Efectivamente, está aquí delante de mí.
10. Justo al lado del teléfono. La dirección está aquí.
11. Vive en la calle Goethe, número 33.
12. ¡Por favor! ¡Un momento! ¡Tengo problemas!
13. ¡La lavadora en la cocina no funciona!
14. En el baño y en el pasillo no hay luz.
15. Y en la recámara ... ¿Hola? ¡Hola! ¡Hola!

C 1 EJERCICIOS

A. Übersetzen

1. Él pone su bufanda en el bolsillo del abrigo.
2. Él cuelga su abrigo en el armario.
3. Ella se sienta en su escritorio.
4. Ella pone el café en el escritorio.
5. Ella está sentada en el salón.
6. La lavadora en la cocina no funciona.

B. ●● Antworten: Er legt/stellt ... die/das/den ... in/an/auf ...

• *Wohin hängt er das Bild? (Schlafzimmerwand)*

1. Wohin steckt sie den Brief? (Manteltasche)
2. Wohin setzen Sie sich? (Schreibtisch)
3. Wohin stellen wir die Lampe? (Wohnzimmertisch)
4. Wohin legt sie das Buch? (Bücherschrank)
5. Wohin wirft er das Papier? (Papierkorb)

C. Antworten: Der/die/das ... liegt/steht ... in/an/auf ...

• *Wo steht die Lampe? (Schlafzimmer)*

1. Wo steckt das Notizbuch? (Tasche)
2. Wo sitzt der Direktor? (Schreibtisch)
3. Wo liegt der Brief? (Zeitung)
4. Wo hängen die Bilder? (Wand)
5. Wo steht die Waschmaschine? (Küche)
6. Wo stehen die Bücher? (Bücherschrank)

C 2 VOCABULARIO

■ Rellenar los espacios en blanco: **Im Restaurant**

1. Herr Schmitt geht mit seiner Frau ..... Restaurant.
2. ..... Restaurant sind alle Tische besetzt.
3. Aber ..... Garten sind noch zwei Plätze frei.
4. Herr und Frau Schmitt gehen .... Garten.
5. Sie setzen sich .... Tisch.
6. .... Tisch liegt eine Tischdecke.
7. Eine Vase mit Blumen steht .... Tischdecke.
8. Der Ober stellt Teller und Gläser .... Tisch.
9. Er bringt ... Besteck (... Messer, ... Gabel, ... Löffel).
10. Er legt es .... Tisch und bringt dann die Speisekarte.

1. ins	2. im	3. im	4. in den	5. an den	6. auf dem
7. auf der	8. auf den	9. das (das, die, den)		10. auf den	

C 3 RESPUESTAS

A. Traducir

1. Er steckt seinen Schal in die Manteltasche.
2. Er hängt seinen Mantel in den Schrank.
3. Sie setzt sich an ihren Schreibtisch.
4. Sie stellt den Kaffee auf den Schreibtisch.
5. Sie sitzt im Wohnzimmer.
6. Die Waschmaschine in der Küche funktioniert nicht.

B. ●● Contestar: Él pone ... el/la ... en...

→ *Er hängt das Bild an die Schlafzimmerwand.*

1. Sie steckt den Brief in die Manteltasche.
2. Ich setze mich an den Schreibtisch.
3. Wir stellen die Lampe auf den Wohnzimmertisch.
4. Sie legt das Buch in den Bücherschrank.
5. Er wirft das Papier in den Papierkorb.

C. Contestar: Él/la ... está ... en ...

→ *Die Lampe steht im (in dem) Schlafzimmer.*

1. Das Notizbuch steckt in der Tasche.
2. Der Direktor sitzt hinter dem (am = an dem) Schreibtisch.
3. Der Brief liegt auf der Zeitung.
4. Die Bilder hängen an der Wand.
5. Die Waschmaschine steht in der Küche.
6. Die Bücher stehen im (in dem) Bücherschrank.

C 4 TRADUCCIÓN

En el restaurante

1. El Sr. Schmitt va al restaurante con su esposa.
2. En el restaurante, todas las mesas están ocupadas.
3. Pero en el jardín todavía hay dos lugares libres.
4. El Sr. y la Sra. Schmitt van al jardín.
5. Se sientan en la mesa.
6. Hay un mantel en la mesa.
7. Hay un florero con flores[1] encima del mantel.
8. El mesero pone los platos[2] y los vasos en la mesa.
9. Trae los cubiertos[3] (el cuchillo[4], el tenedor[5], la cuchara[6]).
10. Los pone en la mesa y después trae el menú.

1. **die Blume**, ~n	3. **das Besteck**, ~e	5. **die Gabel**, ~n
2. **der Teller**, ~	4. **das Messer**, ~	6. **der Löffel**, ~

185

A 1 PRESENTACIÓN

woher?	¿de dónde?	ich war	*yo fui, estuve*
das Fest, ~ e			*la fiesta*
das Oktoberfest			*la Fiesta de la Cerveza en Munich*
Wie war's?			*¿Cómo estuvo?*
die Stimmung			*el ambiente*
nie	noch nie		*nunca, nunca antes*
komisch	[ko:misᶜʰ]		*chistoso, raro*
Prima!	[pri:ma]		*¡Sensacional!*

■ Vimos (ver 26 A3) que en alemán se distingue entre el **direccional** (lugar al que uno va) y el **locativo** (lugar en el que uno se encuentra); se distingue (como en español) el lugar del que uno viene con las preposiciones **aus** o **von** (que rigen el dativo). Por lo tanto, en alemán se distinguen, según el punto de vista, tres preguntas:

	origen	locativo	direccional
alemán	woher?	wo?	wohin?
español	¿de dónde?	¿dónde?	¿a dónde?

A 2 APLICACIÓN

Herr Braun (B) kommt vom Oktoberfest.
Er spricht mit seinem Kollegen (K):

1. K — Woher kommen Sie, Herr Braun?
2. B — Ich komme direkt aus München.
3.   Ich war auf dem Oktoberfest.
4. K — Sie waren auf dem Oktoberfest?
5.   Komisch! Jetzt im September?
6. B — Das Oktoberfest ist immer im September!
7.   Es ist vom 20. September bis zum 4. Oktober.
8. K — Und wie war's?
9. B — Das Oktoberfest war prima!
10.   Es waren viele Leute da!
11.   Und die Stimmung war große Klasse!
12.   Aber das Bier war sehr teuer.
13.   Waren Sie schon mal auf dem Oktoberfest?
14. K — Nein, ich war noch nie in München.

A 3 OBSERVACIONES

■ El pretérito es el tiempo del pasado; puede corresponder en español al *pretérito indefinido*, al *pretérito imperfecto* o al *pretérito perfecto* (ver la traducción de las oraciones de 30 A2). En el siguiente cuadro encontrará la conjugación del verbo **sein** en pretérito.

singular	plural
ich er **war**	wir Sie/sie **waren**
du warst	ihr wart

■ **vom 20. September bis zum 4. Oktober**
léase: **vom zwanzigsten ... bis zum vierten ...**

A 4 TRADUCCIÓN

El Sr. Braun (B) acaba de regresar de la Fiesta de Octubre.
Habla con su colega (C):

1. C — ¿De dónde viene, Sr. Braun?
2. B — Vengo directamente de Munich.
3.   Estuve en la Fiesta de Octubre.
4. C — ¿Estuvo en la Fiesta de Octubre?
5.   ¡Qué raro! ¿Ahora en septiembre?
6. B — ¡La Fiesta de Octubre siempre es en septiembre!
7.   Es del 20 de septiembre al 4 de octubre.
8. C — ¿Y cómo estuvo?
9. B — ¡Estuvo sensacional!
10.   ¡Había mucha gente!
11.   ¡Y el ambiente estuvo estupendo!
12.   Pero la cerveza estaba muy cara.
13.   ¿Usted ya estuvo en la Fiesta de Octubre?
14. C — No, nunca he estado en Munich.

B 1   PRESENTACIÓN

ich hatte	*yo tenía*
die Autopanne, ~n	*la avería del auto*
deshalb	*por eso*
die Vertretung, ~en	*la sustitución, el/la reemplazante*
die Entschuldigung, ~en	*la disculpa*
Ich bitte Sie um Entschuldigung.	*Le pido disculpas. Discúlpeme.*
die Nase, ~n	*la nariz*
Ich habe die Nase voll!	*¡Estoy hasta las narices!*
nichts Besonderes	*nada especial*
der Ärger, ∅	*el disgusto*
Ich habe Ärger.	*Tuve un disgusto.*
die Verspätung, ∅	*el retraso, la tardanza*
Ich habe Verspätung.	*Estoy retrasado/a. Llego tarde.*
die Laune, ~n	*el humor*
Ich habe schlechte Laune.	*Estoy de mal humor.*
gute Laune	*buen humor*
die Ahnung, ~en	*idea, noción, presentimiento*
Ich habe keine Ahnung.	*No tengo (ni) idea.*
gleich	*ahora (mismo)*
Ich komme gleich.	*Vengo/llego ahora mismo.*

B 2   APLICACIÓN

Herr Schmitt (S) hatte heute viel Ärger.
Er spricht mit Herrn Braun (B):

1. B — Was ist mit Ihnen los?
2. S — Nichts Besonderes.
3.   Ich hatte heute nur viel Ärger.
4.   Zuerst hatte ich heute morgen eine Autopanne.
5.   Deshalb hatte ich 20 Minuten Verspätung.
6.   Mein Chef hatte schlechte Laune.
7. B — Aber Sie hatten eine Entschuldigung!
8. S — Ja, aber meine Sekretärin hatte Urlaub,
9.   und die Vertretung hatte keine Ahnung.
10.   Ich hatte viele Probleme!
11.   Um fünf hatte ich die Nase wirklich voll!
12.   Jetzt fahre ich nach Haus
13.   und lege mich gleich ins Bett!
14.   Vielleicht hat der Chef morgen gute Laune!

B 3 OBSERVACIONES

■ Conjugación del verbo **haben**, *tener*, *haber*, en pretérito.

singular	plural
ich er hatte	wir Sie/sie hatten
du hattest	ihr hattet

■ nichts ⎫
etwas ⎬ Besonderes → nada ⎫
algo ⎬ especial

El adjetivo que se coloca detrás de **nichts** (*nada*) y de **etwas** (*algo*) se escribe con una mayúscula, y termina (en nominativo y en acusativo) en ~**es**:

    Nichts Neues? → *¿Nada nuevo? ¿Ninguna novedad?*
    Etwas Neues? → *¿Algo nuevo? ¿Alguna novedad?*

B 4 TRADUCCIÓN

El Sr. Schmitt (S) tuvo muchos disgustos hoy.
Habla con el Sr. Braun (B):

1. B — ¿Qué le pasa?
2. S — Nada en especial.
3.   Nada más tuve muchos disgustos hoy.
4.   Primero tuve una descompostura de auto, esta mañana.
5.   Por eso llegué 20 minutos tarde.
6.   Mi jefe estaba de mal humor.
7. B — ¡Pero usted tenía una disculpa!
8. S — Sí, pero mi secretaria estaba de vacaciones,
9.   y la reemplazante no tenía ni idea.
10.   ¡Tuve muchos problemas!
11.   ¡A las cinco estaba realmente hasta las narices!
12.   ¡Ahora me voy a casa
13.   y me acuesto inmediatamente!
14.   ¡Quizá mañana el jefe esté de buen humor!

C 1 EJERCICIOS

A. Übersetzen

1. Tuve muchos disgustos hoy.
2. Mi jefe estaba de muy mal humor.
3. Tuve 20 minutos de retraso.

B. ●● Umformen: Gestern war/hatte ... ich/er ... nicht ...

• *Heute bin ich bis sieben Uhr im Büro.*

1. Heute haben wir sehr viel Arbeit.
2. Heute ist die Stimmung prima.
3. Heute hast du sehr viel Zeit.
4. Heute sind wir auf dem Land.

C. Umformen: Aber heute bin/habe ich ...

• *Gestern hatten wir keine Konferenz.*

1. Gestern waren wir nicht am Meer.
2. Gestern hatte meine Sekretärin keinen Urlaub.
3. Gestern war das Wetter nicht sehr schön.

D. Fragen: Wohin ...? Wo ...? Woher ...?

• *Herr Braun kommt direkt aus München.*

1. Ich war gestern im Restaurant.
2. Wir fahren morgen in die Schweiz.
3. Herr Müller nimmt die Zigaretten aus der Tasche.

C 2 VOCABULARIO

• **Einige Ausdrücke mit *haben* und *sein*:**

Ich habe Glück.	Er ist 20 (Jahre alt).
Er hat es eilig.	Ich bin's.
Ich habe nichts dagegen.	Dir ist nicht zu helfen.
Sie hat recht/unrecht.	Er ist hinter mir her.
Ich habe keine Wahl.	Das ist nichts für Sie.
Wir haben Sommer.	Es ist lange her.
Wir haben den dreizehnten.	Es ist kalt/warm.
Das hat keine Eile.	Es ist schönes Wetter.
Er hat mich zum besten.	Was ist mit Ihnen los?
Welche Schuhgröße haben Sie?	Einmal ist keinmal.

Setzen Sie die Ausdrücke ins Präteritum!

Ich hatte Glück. Er war 20 (Jahre alt).

Und so weiter (usw).

C 3 RESPUESTAS

A. Traducir

1. Ich hatte heute viel Ärger.
2. Mein Chef hatte sehr schlechte Laune.
3. Ich hatte zwanzig Minuten Verspätung.

B. ●● Transformar: Ayer no estuve/fui/tuve ...

→ *Gestern war ich nicht bis sieben Uhr im Büro.*
1. Gestern hatten wir nicht sehr viel Arbeit.
2. Gestern war die Stimmung nicht prima.
3. Gestern hattest du nicht sehr viel Zeit.
4. Gestern waren wir nicht auf dem Land.

C. Transformar: Pero hoy soy/estoy/tengo ...

→ *Aber heute haben wir eine Konferenz.*
1. Aber heute sind wir am Meer.
2. Aber heute hat meine Sekretärin Urlaub.
3. Aber heute ist das Wetter sehr schön.

D. Preguntar: ¿A dónde ...? ¿Dónde ...? ¿De dónde ...?

→ *Woher kommt Herr Braun?*
1. Wo waren Sie gestern?
2. Wohin fahren Sie morgen?
3. Woher nimmt Herr Müller die Zigaretten?

C 4 TRADUCCIÓN

• **Algunas expresiones con *tener* y *ser/estar*:**

Tengo suerte.	Él tiene veinte años.
Él tiene prisa.	Soy yo.
No tengo nada en contra.	No tienes remedio.
Ella tiene/no tiene razón.	Me persigue.
No tengo opción.	Eso no es nada para usted.
Estamos en verano.	Hace mucho tiempo.
Estamos a trece.	Hace frío/calor.
(Eso) no tiene prisa.	Hace buen tiempo.
Él se burla de mí.	¿Qué le pasa?
¿Qué número calza usted?	Una no es ninguna.

¡Ponga las expresiones en pretérito!

Tuve suerte.	Él tenía veinte años.

Etcétera (etc.).

A 1   PRESENTACIÓN

wie	*como*
so ... wie ...	*tan ... como ...*
so gut wie gestern	*tan bien como ayer*
nicht so schön wie heute	*no tan bonito como hoy*
so viel Zeit wie ...	*tanto tiempo como ...*
wie immer	*como siempre*
der Nachbar, ~n	*el vecino*
das Ende, ~n	*el fin*
das Wochenende	*el fin de semana*
am Wochenende	*en el fin de semana*
darum	*por eso*
bleiben	*quedarse*
frei	*libre*
die Freizeit, ∅	*el tiempo libre*
Ich habe frei.	*Estoy libre./ No trabajo.*
Was ist los?	*¿Qué pasa?*

A 2   APLICACIÓN

Herr Müller (M) spricht mit einem Nachbarn (N):

1. M — Hallo! Wie geht's?
2. N — Danke. Nicht so gut wie gestern.
3. M — Was war gestern los?
4. N — Nichts Besonderes. Aber gestern war Sonntag.
5.   Ich war auf dem Land.
6. M — Wie war das Wetter? So schön wie heute?
7. N — Am Samstag war es so schön wie heute.
8.   Aber am Sonntag war es nicht so schön.
9.   Wo waren Sie am Wochenende?
10. M — Ich war zu Haus, wie immer.
11.   Ich arbeite auch am Samstag. Leider!
12.   Darum habe ich nicht so viel Freizeit wie Sie.
13.   Ich habe nur am Sonntag frei.
14.   Und darum bleibe ich lieber zu Haus.

A 3 OBSERVACIONES

■ El mismo adverbio **wie** puede ser:
      1) interrogativo: **Wie geht's dir?** → *¿Cómo estás?*
      2) comparativo: **wie immer** → *como siempre.*

■ La comparación
— el comparativo de igualdad se expresa con:
      so ... wie ... → *tan ... como ...*
      Er ist so groß wie ich. → *Él es tan grande como yo.*
— la desigualdad se expresa con:
      nicht so ... wie ... → *no tan ... como ...*
      Heute ist es nicht so schön wie gestern.
      → *Hoy no hace tan buen tiempo como ayer.*

■ Los días de la semana usados como complemento de tiempo (ver p. 267, 3 Nota 3) son precedidos por la preposición **am** (**an** + **dem** delante de un sustantivo masculino o neutro).
      Am Samstag geht Herr Braun nicht ins Büro.
      → *El sábado el Sr. Braun no va a la oficina.*

■ **der Nachbar,** *el vecino,* lleva una **~n** en acusativo y en dativo (**mit dem Nachbarn**), como **der Herr**: estas dos palabras son masculinos débiles.

A 4 TRADUCCIÓN

El Sr. Müller (M) habla con un vecino (V):

1. M — ¡Hola! ¿Cómo está?
2. V — Gracias. No tan bien como ayer.
3. M — ¿Qué pasó ayer?
4. V — Nada en especial. Pero ayer fue domingo.
5.   Estuve en el campo.
6. M — ¿Cómo estuvo el tiempo? ¿Tan bonito como hoy?
7. V — El sábado fue tan bonito como hoy.
8.   Pero el domingo no hizo tan buen tiempo.
9.   ¿Dónde estuvo usted el fin de semana?
10. M — Estuve en la casa, como siempre.
11.   También trabajo los sábados. ¡Desgraciadamente!
12.   Por eso no tengo tanto tiempo libre como usted.
13.   Sólo estoy libre los domingos.
14.   Y por eso prefiero quedarme en casa.

B 1   PRESENTACIÓN

viel → mehr als ...	*mucho* → *más que ...*
gut → besser als ...	*bien* → *mejor que ...*
gern → lieber als ...	*con gusto* → *con más gusto que ...*
spät → später als ...	*tarde* → *más tarde que ...*
der/die Bekannte	*el/la conocido/a, el/la amigo/a*
der Verkehr, ∅	*el tráfico*
der Stadtverkehr	*el tráfico de la ciudad*
die Landstraße, ~n	*la carretera (en el campo)*
gewöhnlich	*de costumbre*
vernünftig	*razonable*
ziemlich (gut/schön)	*bastante (bueno/bonito)*
billig	*barato*
das Benzin, ∅	*la gasolina*
ungefähr	*más o menos*
entschuldigen	*disculpar*
Entschuldigen Sie, bitte!	*¡Disculpe, por favor!*
treffen	*encontrar (~se con)*
brauchen	*necesitar*
der Regen, ∅, bei Regen	*la lluvia, cuando llueve*

B 2   APLICACIÓN

Herr Schmitt (S) trifft einen Bekannten (B):

1. S — Ich komme zu spät! Entschuldigen Sie, bitte!
2. B — Besser zu spät als gar nicht!
3. War viel Verkehr?
4. S — Nicht mehr als gewöhnlich.
5. Aber bei Regen fahre ich lieber langsamer.
6. B — Ich fahre gar nicht gern langsam.
7. Aber es ist sicher vernünftiger.
8. S — Ja, es ist vernünftiger und auch billiger.
9. Man braucht weniger Benzin.
10. B — Wieviel braucht denn Ihr Wagen auf 100 Kilometer?
11. S — Ziemlich viel. 12 Liter auf der Landstraße.
12. Auf der Autobahn fahre ich etwas schneller.
13. Da braucht der Wagen natürlich auch mehr.
14. Und im Stadtverkehr natürlich noch viel mehr.
15. Wieviel braucht denn Ihr Wagen?
16. B — Ungefähr so viel wie Ihr Wagen.

B 3 OBSERVACIONES

El comparativo de superioridad se forma añadiéndole **-er** al adjetivo:
schnell *rápido, rápidamente* → **schneller** *más rápido*
klein *pequeño* → **kleiner** *más pequeño*
wenig *poco* → **weniger** *menos*
El segundo término de la comparación es introducido por **als**,
que ...: **Er ist kleiner als ich.** → *Él es más pequeño que yo.*

- El adjetivo **gut** y los adverbios **viel** y **mehr** tienen un comparativo irregular: **gut** → **besser, viel** → **mehr, gern** → **lieber** (ver en esp. el comparativo irregular *mejor* para *bueno*).

- Para algunos adjetivos (ver lista p. 262) como **alt** y **groß**, la terminación **~er** del comparativo se acompaña de la inflexión de la vocal: **alt** → **älter** [ɛaltər], **groß** → **größer** [grösər].

■ **treffen** es un verbo fuerte: la **e** se convierte en **i** en la 2ª y 3ª persona del singular: **ich treffe** → **du triffst** → **er trifft**

■ **gewöhnlich**, como la mayoría de los adjetivos, puede usarse como adverbio.

B 4 TRADUCCIÓN

El Señor Schmitt (S) se encuentra con un conocido (C):

1. S — ¡Llegué tarde! ¡Disculpe, por favor!
2. C — ¡Más vale tarde que nunca!
3. ¿Había mucho tráfico?
4. S — No más que de costumbre.
5. Pero cuando llueve prefiero manejar más despacio.
6. C — A mí no me gusta para nada manejar despacio.
7. Pero seguramente es más razonable.
8. S — Sí, es más razonable y también más barato.
9. Se necesita menos gasolina.
10. C — ¿Cuánto gasta su auto en cien kilómetros?
11. S — Bastante. Doce litros en carretera.
12. En la autopista manejo un poco más rápido.
13. Así el auto naturalmente también gasta más.
14. Y en el tráfico de la ciudad, más todavía.
15. ¿Cuánto gasta su auto?
16. C — Más o menos tanto como su auto.

C 1 EJERCICIOS

A. Übersetzen

1. No tengo tanto tiempo libre como usted.
2. Ayer el tiempo estaba tan bonito como hoy.
3. Llueve. Por eso mejor me quedo en casa.
4. Cuando llueve prefiero manejar más despacio.
5. ¿Cuánto gasta en cien kilómetros?
6. ¡Más vale tarde que nunca!

B. Antworten: Ja, er/sie/es ist/arbeitet so ... wie ...

• *Ist das Wetter heute so schlecht wie gestern?*

1. Fährt Ihr Auto so schnell wie mein Auto?
2. Arbeitet er so viel wie Sie?
3. Kommt sie so spät wie ich?
4. Ist Ihre Wohnung so klein wie meine Wohnung?
5. Ist der Kaffee so teuer wie der Tee?
6. Ist der Film so interessant wie das Buch?

C. ●● Antworten: Nein, er/sie/es ist besser/mehr als ...

• *Ist das Wetter so angenehm wie im Sommer?*

1. Spricht er so schlecht Deutsch wie Sie?
2. Arbeitet er so schnell wie ich?
3. Essen die Kinder so spät wie die Eltern?
4. Braucht Ihr Wagen so viel wie mein Wagen?
5. Ist die Stadt Bonn so groß wie Berlin?

C 2 GRAMÁTICA

• **gut, besser, am besten:** Er spricht gut Deutsch.
  → Er spricht besser Deutsch. → Er spricht am besten Deutsch.

viel, mehr, am meisten:	Er arbeitet viel ...
gern, lieber, am liebsten:	Er trinkt gern Wein ...
alt, älter, am ältesten:	Er ist alt ...
kalt, kälter, am kältesten:	Es ist kalt ...
warm, wärmer, am wärmsten:	Es ist warm ...
lang, länger, am längsten:	Die Fahrt ist lang ...
lange, länger, am längsten:	Das dauert lange ...
teuer, teurer, am teuersten:	Das ist teuer ...
hoch, höher, am höchsten:	Das ist hoch ...
nah, näher, am nächsten:	Das ist nah ...

C 3 RESPUESTAS

A. Traducir

1. Ich habe nicht so viel Freizeit wie Sie.
2. Gestern war das Wetter so schön wie heute.
3. Es regnet. Darum bleibe ich lieber zu Haus.
4. Bei Regen fahre ich lieber langsamer.
5. Wieviel brauchen Sie auf hundert Kilometer?
6. Besser zu spät als gar nicht!

B. Contestar: Sí, él/ella es/trabaja tan/tanto ... como ...

→ *Ja, es ist heute so schlecht wie gestern.*

1. Ja, es fährt so schnell wie Ihr Auto.
2. Ja, er arbeitet so viel wie ich.
3. Ja, sie kommt so spät wie Sie.
4. Ja, sie ist so klein wie Ihre Wohnung.
5. Ja, er ist so teuer wie der Tee.
6. Ja, er ist so interessant wie das Buch.

C. ●● Contestar: No, él/ella es mejor/más que ...

→ *Nein, es ist unangenehmer als im Sommer.*

1. Nein, er spricht besser Deutsch als ich.
2. Nein, er arbeitet langsamer als Sie.
3. Nein, sie essen früher als die Eltern.
4. Nein, er braucht weniger als Ihr Wagen.
5. Nein, sie ist kleiner als Berlin.

C 4 TRADUCCIÓN

- **bueno, mejor, el mejor**: Él habla bien el alemán. → Él habla mejor el alemán. → Él es el que mejor habla el alemán.

mucho, más, el que más	Él trabaja mucho ...
(me) gusta, (me) gusta más, lo que más (me) gusta	Le gusta el vino ...
viejo, más viejo, el más viejo	Él es viejo ...
frío, más frío, el más frío	Hace frío ...
caliente, más caliente, el más caliente	Hace calor ...
largo, más largo, el más largo	El viaje es largo ...
largo (duración)	Eso tarda mucho ...
caro, más caro, el más caro	Eso es caro ...
alto, más alto, el más alto	Eso es alto ...
cerca, más cerca, el más cercano	Eso es cerca ...

197

A 1 PRESENTACIÓN

ich kann → Sie können	*yo puedo*	→	*usted puede*
ich will → Sie wollen	*yo quiero*	→	*usted quiere*
ich mag → Mögen Sie ...?	*yo quisiera*	→	*¿Quisiera usted ...?*

der Portier, ~ s *el portero*	der Gast, ~̈e	*él cliente, huésped*
der Koffer, ~ *la maleta*	das Bad, ~̈er	*el baño*
	die Küche, ~n	*la cocina*
das Rathaus, ~̈er	*la alcaldía, la presidencia*	
	municipal	
der Ratskeller	*la Cava de la Alcaldía*	
die französische Küche	*la cocina francesa*	
die deutsche Küche	*la cocina alemana*	
Darf ich ...	*¿Puedo ...?*	
bitten (um + acus.)	*pedir (algo)*	
empfangen	*recibir*	
lassen (+ infinitivo)	*mandar hacer (algo)*	
empfehlen	*recomendar*	
probieren	*probar*	
Wie heißen Sie?	*¿Cómo se llama usted?*	
Ich heiße ...	*Me llamo ...*	

A 2 APLICACIÓN

Der Portier (P) empfängt den Gast (G) im Hotel.

1. G — Ich möchte ein Zimmer mit Bad.
2. P — Ich kann Ihnen Nummer acht geben.
3. Wollen Sie das Zimmer sehen?
4. G — Nein, danke, ich kenne das Hotel.
5. P — Darf ich Sie um Ihren Namen bitten?
6. G — Ich heiße Braun, Hans Braun.
7. Können Sie meine Koffer ins Zimmer bringen?
8. Ich will gleich essen.
9. P — Ich lasse Ihre Koffer sofort ins Zimmer bringen.
10. Ich kann Ihnen ein Restaurant empfehlen.
11. Mögen Sie die französische Küche?
12. G — Ich mag die französische Küche sehr gern.
13. Aber hier will ich doch lieber deutsch essen.
14. P — Dann kann ich Ihnen den Ratskeller empfehlen.
15. G — Geben Sie mir die Adresse. Ich will's probieren.

A 3 OBSERVACIONES

■ Los verbos **wollen**, *querer* y **können**, *poder*.
La 1ª y la 3ª persona del singular (y del plural, como para los demás verbos) son idénticas: no hay ~t en la 3ª persona del singular:

wollen				können		
ich er	will	wir sie	wollen	ich er	kann	wir sie	Können
du willst		ihr wollt		du kannst		ihr könnt	

■ El infinitivo sin **zu**: los verbos **wollen** y **können**, al igual que los verbos **mögen** y **lassen**, preceden al infinitivo sin **zu**:
Ich lasse den Koffer bringen. → *Mando traer la maleta.*

■ El adjetivo epíteto se coloca siempre delante del sustantivo; se le añade una ~**e** final al nominativo femenino singular:

deutsch → **die deutsche Küche** → *la cocina alemana*

A 4 TRADUCCIÓN

El portero (P) recibe al cliente (C) en el hotel.

1. C — Quiero un cuarto con baño.
2. P — Puedo darle el número 8.
3.   ¿Desea ver el cuarto?
4. C — No, gracias, conozco el hotel.
5. P — ¿Puedo pedirle su nombre?
6. C — Me llamo Braun, Juan Braun.
7.   ¿Puede llevar mis maletas al cuarto?
8.   Quiero (ir a) comer ahora mismo.
9. P — Ahora mismo mando llevar sus maletas al cuarto.
10.   Puedo recomendarle un restaurante.
11.   ¿Le agrada la comida francesa?
12. C — Me gusta mucho la cocina francesa.
13.   Pero aquí prefiero comer (algo) alemán.
14. P — Entonces, puedo recomendarle la Cava de la Alcaldía.
15. C — Déme la dirección. Voy a probar.

B 1 PRESENTACIÓN

ich muß	→ Sie müssen	yo debo	→ usted debe
ich soll	→ Sie sollen		
ich darf	→ Sie dürfen	yo puedo	→ usted puede
		(tengo el permiso de)	
weit	→ weiter	lejos → más lejos	

weiterfahren (weiter=fahren)	seguir (en auto)
stehen lassen	dejar (parado)
parken	estacionar
halten (du hältst, er hält)	pararse
das Schild, ~er	el letrero, la señal
das Verbot, ~e	la prohibición
das Verbotsschild	la señal de prohibición
die Kreuzung, ~en	el crucero
die Zelle, ~n	la cabina
die Telefonzelle	la cabina telefónica
der Polizist, ~en	el policía
die Strafe, ~n	la multa
die Quittung, ~en	el recibo
Das ist verboten.	Eso está prohibido.
auf der Straße	en la calle

B 2 APLICACIÓN

Auf der Straße: Ein Polizist (P), Herr Weiß (W):

1. P — Sie müssen weiterfahren!
2. W — Was ist los? Kann ich hier nicht bleiben?
3. P — Sie können, aber Sie dürfen nicht! Sie müssen weiterfahren.
4. W — Ich soll weiterfahren? Ich sehe aber kein Schild.
5. P — Hier ist auch kein Schild.
6.   Sie stehen aber direkt an der Kreuzung.
7.   Und da dürfen Sie nicht parken. Das ist verboten.
8. W — Ich will ja nicht parken. Ich muß telefonieren.
9.   Da ist eine Telefonzelle.
10.   Kann ich den Wagen nicht drei Minuten hier stehen lassen?
11. P — Das können Sie machen, wie Sie wollen.
12.   Das kostet aber 20 Mark Strafe.
13.   Soll ich Ihnen die Quittung gleich geben?
14. W — Das ist teuer! Ich fahre lieber weiter.

B 3 OBSERVACIONES

■ Conjugación de los verbos **müssen** y **sollen**, *deber*, **dürfen**, *poder, tener el derecho de ...*

ich/er	muß soll darf	du	mußt sollst darfst	wir/sie	müssen sollen dürfen	ihr	müßt sollt dürft

■ **können** (ver 32 A3) y **müssen** dan a entender simultáneamente la posibilidad y la obligación "material", mientras que **dürfen** y **sollen** expresan las mismas nociones con un valor "moral":

Er kann nicht kommen.
→ *Él no puede venir* (porque, p.ej., no tiene tiempo).
Er darf nicht rauchen.
→ *Él no puede fumar* (porque, p.ej., el médico se lo prohíbe).
Er muß arbeiten.
→ *Él debe trabajar* (p.ej., para ganarse la vida).
Er soll telephonieren.
→ *Él debe hablar por teléfono* (por cortesía, p.ej., pero no es una obligación).

B 4 TRADUCCIÓN

En la calle: un policía (P), el Sr. Weiss (W):
1. P — ¡Tiene que irse inmediatamente!
2. W — ¿Qué pasa? ¿No puedo quedarme aquí?
3. P — Puede, ¡pero no debe! Tiene que irse.
4. W — ¿Tengo que irme? Pero no veo ninguna señal.
5. P — Aquí ("también") no hay señal.
6. Pero usted está parado directamente en el crucero.
7. Y aquí no puede estacionarse. Eso está prohibido.
8. W — Pero no quiero estacionarme. Necesito hablar por teléfono.
9. Ahí hay una cabina telefónica.
10. ¿No puedo dejar el auto aquí tres minutos?
11. P — (Puede hacerlo) como usted guste.
12. Pero eso cuesta (una multa de) 20 marcos.
13. ¿Le doy el recibo de una vez?
14. W — ¡Eso es caro! Prefiero irme (más lejos).

201

C 1 EJERCICIOS

A. Übersetzen

1. ¿Puedo pedirle su nombre?
2. Él tiene que mandar reparar su auto.
3. No me gusta la cocina alemana.
4. ¿Puede recomendarme un hotel?
5. No puede estacionarse aquí. Eso está prohibido.
6. Hágalo como (usted) guste.

B. Ergänzen: Benutzen Sie das angegebene Verb!

● *Ich ..... morgen ein Examen machen. (müssen)*

1. Du ..... nicht so viel essen. (sollen)
2. Er ..... keinen Wein trinken. (dürfen)
3. Sie ..... aufs Land fahren. (wollen)
4. Es ..... morgen regnen. (können)
5. Wir ..... die Bretagne sehr gern. (mögen)
6. Die Kinder ..... in die Schule gehen. (müssen)
7. Sie ..... nicht so viel arbeiten. (sollen)

C. ●● Antworten: Ich kann/muß ... noch mehr/besser ...

● *Müssen Sie auch so viel arbeiten wie ich?*

1. Mögen Sie Champagner auch so gern wie ich?
2. Können Sie auch so gut Deutsch sprechen wie ich?
3. Dürfen Sie auch so lange Ferien machen wie ich?
4. Wollen Sie auch so früh kommen wie ich?
5. Sollen Sie auch so oft Postkarten schreiben wie ich?

C 2 GRAMÁTICA

● Para escoger entre **wollen, können, sollen, dürfen** o **mögen**:

Er hat die Absicht, ins Kino zu gehen.
 → Er **will** ins Kino gehen.

Es ist nicht möglich, nach England zu gehen.
 → Man **kann** nicht nach England gehen.

Es ist nötig zu essen.
 → Man **muß** essen.

Es ist besser, nicht so viel zu rauchen.
 → Man **soll** nicht so viel rauchen.

Es ist verboten, in der U-Bahn zu rauchen.
 → Man **darf** in der U-Bahn nicht rauchen.

Er trinkt gern Wein.
 → Er **mag** Wein.

C 3 RESPUESTAS

A. Traducir
1. Darf ich Sie um Ihren Namen bitten?
2. Er muß seinen Wagen (sein Auto) reparieren lassen.
3. Ich mag die deutsche Küche nicht.
4. Können Sie mir ein Hotel empfehlen?
5. Sie dürfen hier nicht parken. Das ist verboten.
6. Das können Sie machen, wie Sie wollen.

B. Completar: ¡Use el verbo indicado!
→ *Ich muß morgen ein Examen machen.*
1. Du sollst nicht so viel essen.
2. Er darf keinen Wein trinken.
3. Sie will/wollen aufs Land fahren.
4. Es kann morgen regnen.
5. Wir mögen die Bretagne sehr gern.
6. Die Kinder müssen in die Schule gehen.
7. Sie soll(en) nicht so viel arbeiten.

C. ●● **Contestar: Yo puedo/debo ... más todavía/mejor ...**
→ *Ich muß noch mehr arbeiten als Sie.*
1. Ich mag Champagner noch lieber als Sie.
2. Ich kann noch besser Deutsch sprechen als Sie.
3. Ich darf noch länger Ferien machen als Sie.
4. Ich will noch früher kommen als Sie.
5. Ich soll noch öfter Postkarten schreiben als Sie.

C 4 TRADUCCIÓN

Él tiene la intención de ir al cine.
→ Él quiere ir al cine.
No es posible ir a Inglaterra caminando.
→ No se puede ir a Inglaterra caminando.
Es necesario comer.
→ Se debe comer.
Es mejor no fumar tanto.
→ No se debe fumar tanto.
Está prohibido fumar en el metro.
→ No se puede fumar en el metro.
Le gusta beber vino.
→ Le gusta el vino.

A 1 PRESENTACIÓN

Warum ...?	*¿Por qué ...?*
weil ...	*porque ...*
Warum ist er nicht da?	*¿Por qué no está?*
Weil er arbeitet.	*Porque trabaja.*
Weil er arbeiten muß.	*Porque tiene que trabajar.*
Weil er nicht kann.	*Porque no puede.*
Weil er nicht da sein kann.	*Porque no puede estar (aquí).*
Weil er nicht kommen darf.	*Porque no tiene el derecho de venir.*
Weil er heute arbeiten will.	*Porque quiere trabajar hoy.*
(Geld) verdienen	*ganar dinero*
schreien	*gritar*
sonst	*si no, en caso contrario*

A 2 APLICACIÓN

Die Tochter (T) fragt ihre Mutter (M):

1. T — Warum spielt Papa heute nicht mit mir?
2. M — Weil er nicht mit dir spielen kann.
3. T — Warum kann er nicht mit mir spielen?
4. M — Weil er im Büro ist.
5. T — Warum ist er im Büro?
6. M — Weil er arbeiten muß.
7. T — Warum muß er arbeiten?
8. M — Weil er Geld verdienen muß.
9. T — Warum muß er Geld verdienen?
10. M — Weil wir Geld brauchen.
11. T — Warum brauchen wir Geld?
12. M — Weil du essen mußt.
13. T — Warum muß ich essen?
14. M — Weil du sonst Hunger hast und schreist.
15. T — Ich habe aber gar keinen Hunger!

A 3   OBSERVACIONES

> En una oración subordinada, el verbo se coloca al final.

Warum spielt Papa nicht mit mir?
¿Por qué Papá no juega conmigo?

Independiente
Er *ist* nicht da.

Subordinada
..., weil er ☐ nicht da *ist*.

→ *Él no está (ahí).*   *... porque él no está (ahí).*

> La oración subordinada siempre está separada de la principal por una coma.

A 4   TRADUCCIÓN

La hija (H) le pregunta a su madre (M):

1. H — ¿Por qué Papá no juega conmigo hoy?
2. M — Porque no puede jugar contigo.
3. H — ¿Por qué no puede jugar conmigo?
4. M — Porque está en la oficina.
5. H — ¿Por qué está en la oficina?
6. M — Porque tiene que trabajar.
7. H — ¿Por qué tiene que trabajar?
8. M — Porque necesita ganar dinero.
9. H — ¿Por qué necesita ganar dinero?
10. M — Porque necesitamos dinero.
11. H — ¿Por qué necesitamos dinero?
12. M — Porque tienes que comer.
13. H — ¿Por qué tengo que comer?
14. M — Porque si no vas a tener hambre y vas a gritar.
15. H — ¡Pero no tengo nada de hambre!

B 1 PRESENTACIÓN

Wann ...? *¿Cuándo ...?*	**Wenn ...** *Cuando ...*
Wann steigen die Preise?	*¿Cuándo suben los precios?*
Wenn die Kosten steigen.	*Cuando suben los costos.*
Wenn die Löhne steigen.	*Cuando suben los salarios.*
steigen	*subir, aumentar*
werden, es wird ...	*volverse, devenir*
verlangen	*pedir, exigir, reivindicar*
erhöhen	*aumentar*
der Streik, ~s, streiken	*la huelga, estar en huelga*
der Preis, ~e	*el precio*
der Lohn, ¨e	*el salario, el sueldo*
das Lebensmittel	*el producto alimenticio*
die Miete, ~n	*el alquiler, la renta*
der Arbeitnehmer, ~	*el trabajador*
der Arbeitgeber, ~	*el patrón, el empleador*
der Kompromiß, ~misse	*el compromiso, el acuerdo*
die Produktionskosten	*los costos de producción*
das Produkt, ~e	*el producto*
immer + comparativo	*cada vez más*

B 2 APLICACIÓN

Wann steigen die Preise?

1. Alles wird immer teurer: Lebensmittel, Autos, Mieten, ...
2. Darum verlangen die Arbeitnehmer mehr Geld.
3. Wenn die Arbeitnehmer Geld verlangen,
4. dann wollen die Arbeitgeber zuerst nichts geben.
5. Wenn die Arbeitgeber die Löhne nicht erhöhen wollen,
6. dann können die Arbeiter streiken.
7. Doch das ist teuer für Arbeitnehmer und Arbeitgeber.
8. Darum macht man lieber einen Kompromiß.
9. Die Arbeitgeber erhöhen also die Löhne ein wenig.
10. Die Löhne steigen, aber wenn sie steigen,
11. dann steigen auch die Produktionskosten.
12. Und wenn die Produktionskosten steigen,
13. dann verlangen die Fabriken mehr für ihre Produkte.
14. Dann wird alles teurer: Lebensmittel, Autos, ...
15. Und wenn alles teurer wird ...

B 3   OBSERVACIONES

> No confunda la palabra interrogativa **wann** (con una **a**), *cuándo*,
> con la conjunción de subordinación **wenn** (con una **e**), *cuando*:
> **Wann kommst du?**   →   *¿Cuándo vienes?*
> **— Wenn ich kann.**   →   *— Cuando pueda.*

■ **werden**, *volverse*, es un verbo fuerte: la **e** se convierte en **i**:
  ich werde   →   **du wirst**   →   **er wird**

• **Das Wetter wird schön**   →   *El tiempo se vuelve bonito.*

  werden + un adjetivo   →   *volverse, devenir* ... se traduce generalmente al español por un verbo específico:
  Das Kind wird groß.   →   *El niño "se vuelve grande", crece.*

  El adjetivo puede ser comparativo, con terminación ~**er**:
  Die Mieten werden teurer. → *Los alquileres se vuelven más caros.*
                              → *Los alquileres aumentan.*
  Alles wird immer teurer. → *Todo se vuelve cada vez más caro.*
                              → *Todo aumenta cada vez más.*

• un adjetivo que termina en ~**er** pierde la ~**e**~ delante de la
  terminación ~**er** del comparativo: **teuer** + **er** → **teurer**.

B 4   TRADUCCIÓN

¿Cuándo aumentan los precios?

1. Todo aumenta cada vez más: alimentos, autos, alquileres, ...
2. Por eso los trabajadores exigen más dinero.
3. Cuando los trabajadores exigen dinero,
4. los patrones no quieren, al principio, darles nada.
5. Cuando los patrones no quieren aumentar los salarios,
6. (entonces) los trabajadores pueden declararse en huelga.
7. Pero eso es caro para los trabajadores y los patrones.
8. Por eso prefieren (hacer =) llegar a un acuerdo.
9. Así que los patrones aumentan un poco los salarios.
10. Los salarios aumentan, pero cuando aumentan,
11. entonces también aumentan los costos de producción.
12. Y cuando aumentan los costos de producción,
13. (entonces) las fábricas exigen más por sus productos.
14. Entonces aumenta todo: alimentos, autos, ...
15. Y cuando todo aumenta ...

C 1   EJERCICIOS

A. Umformen: Er ißt nicht, denn/weil ...
- *Er ißt nicht, denn er hat keinen Hunger.*
1. Du arbeitest nicht, denn du hast Ferien.
2. Ich arbeite, denn ich muß Geld verdienen.
3. Sie trinkt Bier, denn sie hat Durst.
4. Wir müssen laufen, denn wir kommen sonst zu spät.
5. Sie gehen zur Bank, denn sie brauchen Geld.
6. Ich komme nicht mit, denn ich kann nicht.
7. Er hat schlechte Laune, denn er hat viel Ärger.

B. ●● **Antworten: Weil er/sie (nicht) ... kann/will.**
- *Warum arbeitet er heute? (müssen)*
1. Warum parkt sie hier nicht? (dürfen)
2. Warum spricht er nicht Deutsch? (können)
3. Warum geht sie ins Kino? (wollen)
4. Warum schreibt er den Brief? (sollen)
5. Warum trinkt sie kein Bier? (mögen)

C. Antworten: Wenn ich essen/trinken/lesen ... will.
- *Wann gehen Sie ins Restaurant? (essen)*
1. Wann kaufen Sie eine Zeitung? (lesen)
2. Wann gehen Sie ins Café? (etwas trinken)
3. Wann bleiben Sie zu Haus? (nicht arbeiten)
4. Wann gehen Sie ins Kino? (einen Film sehen)
5. Wann fahren Sie in die Stadt? (etwas kaufen)

C 2   GRAMÁTICA

Antworten Sie auf die Fragen!
Was brauchen Sie, ...
1. wenn Sie die Tür zuschließen wollen?
2. wenn Sie bezahlen müssen?
3. wenn Sie eine Zigarette rauchen wollen?
4. wenn Sie krank sind?
5. wenn Sie ins Theater gehen wollen?

Wenn ich ... will/muß/bin,
1. dann brauche ich einen Schlüssel.
2. dann brauche ich Geld.
3. dann brauche ich Feuer.
4. dann brauche ich einen Arzt.
5. dann brauche ich eine Karte.

C 3 RESPUESTAS

A. Transformar: Él no come porque ...

→ *Er ißt nicht, weil er keinen Hunger hat.*

1. Du arbeitest nicht, weil du Ferien hast.
2. Ich arbeite, weil ich Geld verdienen muß.
3. Sie trinkt Bier, weil sie Durst hat.
4. Wir müssen laufen, weil wir sonst zu spät kommen.
5. Sie gehen zur Bank, weil sie Geld brauchen.
6. Ich komme nicht mit, weil ich nicht kann.
7. Er hat schlechte Laune, weil er viel Ärger hat.

B. ●● Contestar: Porque él/ella (no) ... puede/quiere.

→ *Weil er heute arbeiten muß.*

1. Weil sie hier nicht parken darf.
2. Weil er nicht Deutsch sprechen kann.
3. Weil sie ins Kino gehen will.
4. Weil er den Brief schreiben soll.
5. Weil sie kein Bier trinken mag.

C. Contestar: Cuando quiero comer/beber/leer ...

→ *Wenn ich essen will.*

1. Wenn ich lesen will.
2. Wenn ich etwas trinken will.
3. Wenn ich nicht arbeiten will.
4. Wenn ich einen Film sehen will.
5. Wenn ich etwas kaufen will.

C 4 OBSERVACIONES

¡Responda a las preguntas!
¿Qué necesita usted ...

1. cuando quiere cerrar la puerta (con llave)?
2. cuando tiene que pagar?
3. cuando quiere fumar un cigarro?
4. cuando está enfermo?
5. cuando quiere ir al teatro?

Cuando quiero/debo/estoy ...

1. necesito una llave.
2. necesito dinero.
3. necesito fuego.
4. necesito un médico.
5. necesito un boleto.

A 1   PRESENTACIÓN

Man sagt, daß ...	*Dicen que ...*
Es ist möglich, daß ...	*Es posible que ...*
glauben *creer*	hoffen *esperar (de esperanza)*
denken *pensar*	heißen *significar*
scheinen *parecer*	regnen *llover*
sprechen (über + acus.)	*hablar (de)*
(du sprichst, er spricht)	
Das heißt, daß ...	*Eso significa que ...*
die Zeitung, ~en	*el periódico*
der Wetterbericht, ~e	*el informe meteorológico*
das Radio, ∅ [ra:dyo]	*la radio*
die Sonne, ~n	*el sol*
der Optimist, ~en [optimíst]	*el optimista*
der Regenschirm, ~e	*el paraguas*
die Wolke, ~n	*la nube*
bewölkt	*nublado*
wechselnd	*cambiante*
wechselnd bewölkt	*parcialmente nublado*
sogar	*incluso*

A 2   APLICACIÓN

Hans (H) und Peter (P) sprechen über das Wetter.

1. H — Was sagt der Wetterbericht?
2. P — In der Zeitung steht: Wechselnd bewölkt.
3. H — Das sagt man auch im Radio.
4.   Was heißt das?
5. P — Das heißt, daß alles möglich ist.
6.   Es ist möglich, daß die Sonne scheint.
7.   Es kann aber auch regnen.
8.   Sicher ist nur, daß der Himmel nicht ganz blau ist,
9.   und daß es Wolken am Himmel gibt.
10. H — Glaubst du, daß es morgen regnet?
11. P — Nein! Ich bin Optimist und hoffe,
12.   daß das Wetter morgen schön ist,
13.   und daß vielleicht sogar die Sonne scheint.
14.   Was denkst du denn?
15. H — Ich glaube, daß es morgen regnet
16.   und daß es besser ist, einen Regenschirm mitzunehmen.

A 3   OBSERVACIONES

■ **La oración subordinada** (continuación).
La conjunción de subordinación más común es **daß** → *que*. En una oración subordinada el verbo se ubica al final.
Independiente: **Er *ist* nicht da.**
Subordinada: **Ich sage, daß er** ⬚ **nicht da *ist*.**

■ No confundir (ver 32 A2):
heißen 1 → *llamarse*: **Ich heiße Braun.** → *Me llamo Braun.*
heißen 2 → *significar*. **Das heißt, daß ...** → *Eso significa que* ...

■ La partícula **zu** del infinitivo complemento se coloca, en el caso de los verbos con prefijo separable, entre el prefijo y el verbo:
mit=nehmen → **mit*zu*nehmen**

Ich nehme meinen Regenschirm mit, wenn es regnet.
→ *Me llevo mi paraguas cuando llueve.*
Es ist besser, einen Regenschirm mit*zu*nehmen, wenn es regnet.
→ *Es mejor llevarse un paraguas cuando llueve.*

A 4   TRADUCCIÓN

Juan (J) y Pedro (P) hablan del clima.
1. J — ¿Qué dice el informe meteorológico?
2. P — Según el periódico: parcialmente nublado.
3. J — Eso dicen también en la radio.
4.   ¿Qué significa?
5. P — Significa que todo es posible.
6.   Es posible que brille el sol.
7.   Pero también puede llover.
8.   Lo único seguro es que el cielo no estará del todo azul,
9.   y que habrá nubes en el cielo.
10. J — ¿Crees que va a llover mañana?
11. P — ¡No! Soy optimista y espero
12.   que el tiempo sea bonito mañana,
13.   y que inclusive brille el sol.
14.   ¿Y tú qué piensas?
15. J — Yo creo que va a llover mañana
16.   y que es mejor llevar un paraguas.

B 1 PRESENTACIÓN

..., ob ... (?)	... si ... (¿?) (incertidumbre, interrogación)
Wissen Sie, ob ...?	*¿Sabe usted si ...?*
Ich weiß nicht, ob ...	*No sé si ...*
Können Sie mir sagen, ob ...	*¿Puede decirme si ...?*
Ich kann nicht sagen, ob ...	*No puedo decir(le) si ...*

der Passant, ~en *transeúnte*	**das Glück,** ∅ *la suerte*
warten *esperar*	**irgendwo** *en algún lado*
geöffnet [gəöefnət] *abierto*	**finden** *encontrar*

in der Nähe	*cerca de*
die Bushaltestelle	*la parada de autobús*
an der Bushaltestelle	*en la parada de autobús*
der Taxistand	*la parada de taxis*
die Uhr, ~en	*el reloj*
Die Uhr geht richtig/falsch.	*El reloj funciona bien/mal.*
richtig/falsch	*exacto/falso*
Sie haben Glück.	*Tiene usted suerte.*
Ich glaube schon.	*Creo que sí.*
halten	*parar*

B 2 APLICACIÓN

Herr Weiß (W) und ein Passant (P) warten an der Bushaltestelle.

1.	W —	Glauben Sie, daß die Uhr da richtig geht?
2.	P —	Ich glaube schon, daß sie richtig geht.
3.		Ich weiß aber nicht, ob sie richtig geht oder falsch.
4.	W —	Wissen Sie, ob hier bald ein Bus kommt?
5.	P —	Ich weiß nur, daß der Bus hier hält.
6.		Ich weiß aber nicht, ob er gleich kommt.
7.	W —	Wissen Sie, ob hier irgendwo ein Taxistand ist?
8.	P —	Ich kann Ihnen leider nicht sagen,
9.		ob hier in der Nähe ein Taxistand ist.
10.		Wollen Sie nicht lieber telefonieren?
11.	W —	Ja, aber dann muß ich ein Telefon finden.
12.		Können Sie mir sagen,
13.		ob man hier irgendwo telefonieren kann?
14.	P —	Ich weiß nicht, ob die Post da geöffnet ist.
15.		Ich glaube, daß hier irgendwo eine Telefonzelle ist.
16.		Ah, Sie haben Glück! Da kommt unser Bus!

B 3 OBSERVACIONES

■ **La interrogación global indirecta**
       Wissen Sie, ob die Post geöffnet ist?
        → *¿Sabe usted si el correo está abierto?*
       Ich weiß nicht, ob die Post geöffnet ist.
        → *No sé si el correo está abierto.*

● Si no se formula directamente una interrogación global (a la que se responde por *sí* o por *no*, ver 4 B1), la interrogación es indirecta y se encuentra en una frase subordinada, y por lo tanto, con el verbo en última posición.

● La interrogación indirecta es introducida por **ob** → *si*:
       Ich frage Sie, *ob* man hier telefonieren kann.
        → *Le pregunto si se puede hablar por teléfono aquí.*

● **ob** → *si* expresa también la incertidumbre:
       Ich weiß nicht, ob die Post geöffnet ist.
        → *No sé si el correo está abierto.*

B 4 TRADUCCIÓN

El Sr. Weiss (W) y un transeúnte ('T) esperan en la parada del autobús.

1. W — ¿Cree usted que ese reloj anda bien?
2. P — Creo que sí anda bien.
3.   Pero no sé si anda bien o mal.
4. W — ¿Sabe usted si va a llegar un autobús aquí pronto?
5. P — Sólo sé que el autobús para aquí.
6.   Pero no sé si va a llegar pronto.
7. W — ¿Sabe usted si hay una parada de taxis por aquí?
8. P — Desgraciadamente no puedo decirle
9.   si hay una parada de taxis por aquí.
10.   ¿No prefiere hablar por teléfono?
11. W — Sí, pero entonces tengo que encontrar una cabina telefónica.
12.   ¿Puede usted decirme
13.   si se puede hablar por teléfono por aquí?
14. P — No sé si en la oficina de correos, ahí, está abierta.
15.   Creo que por aquí hay una cabina telefónica.
16.   ¡Ah, tiene usted suerte! ¡Aquí viene nuestro autobús!

C 1   EJERCICIOS

A. Umformen: Ich glaube, daß ...
- *Ich glaube, er kommt nicht mehr.*
1. Du glaubst, das Wetter bleibt schön.
2. Er glaubt, morgen scheint die Sonne.
3. Sie glaubt, es ist besser, einen Schirm mitzunehmen.
4. Wir glauben, der Himmel bleibt bewölkt.

B. Antworten: Ich denke/glaube, daß ...
- *Regnet es morgen? Was denken Sie?*
1. Müssen Sie morgen arbeiten? Was sagt Ihr Chef?
2. Bleibt das Wetter schön? Was steht in der Zeitung?
3. Ist der Film gut? Was sagt die Kritik?

C. ●● Antworten: Ich weiß nicht, ob ...
- *Wissen Sie, ob er heute noch kommt?*
1. Wissen Sie, ob sie morgen im Büro ist?
2. Wissen Sie, ob der Bus hier hält?
3. Wissen Sie, ob die Zeitung von heute ist?

D. Umformen: Er fragt, ob ... Ich antworte, daß ...
- *Er fragt: Müssen Sie morgen arbeiten?*
- *Ich antworte: Ich muß morgen leider arbeiten.*
1. Sie fragt: Ist die Zeitung von heute?
2. Ich antworte: Die Zeitung ist nicht von heute.
3. Du fragst: Hast du eine Zigarette für mich?
4. Ich antworte: Ich habe leider keine Zigarette für dich.

C 2   GRAMÁTICA

- Llenar los espacios en blanco con **ob** o **daß**
  (traducción en la página siguiente, solución al final de esta página)
  1. Er fragt, ... sie mit ihm ausgehen will.
  2. Sie antwortet, ... sie heute keine Zeit hat.
  3. Er fragt, ... sie Freitag Zeit hat.
  4. Sie antwortet, ... sie Freitag ein Examen hat.
  5. Er fragt, ... sie Samstag auch ein Examen hat.
  6. Sie antwortet, ... sie Samstag zu Haus bleiben muß.
  7. Er fragt, ... sie Sonntag auch zu Haus bleiben muß.
  8. Sie antwortet, ... sie es sich überlegen will.

1. ob   2. daß   3. ob   4. daß   5. ob   6. daß   7. ob   8. daß

C 3 RESPUESTAS

A. Transformar: Creo que ...
- → *Ich glaube, daß er nicht mehr kommt.*
1. Du glaubst, daß das Wetter schön bleibt.
2. Er glaubt, daß morgen die Sonne scheint.
3. Sie glaubt, daß es besser ist, einen Schirm mitzunehmen.
4. Wir glauben, daß der Himmel bewölkt bleibt.

B. Contestar: Pienso/creo que ...
- → *Ich denke, daß es morgen regnet.*
1. Mein Chef sagt, daß ich morgen arbeiten muß.
2. In der Zeitung steht, daß das Wetter schön bleibt.
3. Die Kritik sagt, daß der Film gut ist.

C. ●● Contestar: No sé si ...
- → *Ich weiß nicht, ob er heute noch kommt.*
1. Ich weiß nicht, ob sie morgen im Büro ist.
2. Ich weiß nicht, ob der Bus hier hält.
3. Ich weiß nicht, ob die Zeitung von heute ist.

D. Transformar: Él pregunta si ... Yo respondo que ...
- → *Er fragt, ob ich morgen arbeiten muß.*
- → *Ich antworte, daß ich morgen leider arbeiten muß.*
1. Sie fragt, ob die Zeitung von heute ist.
2. Ich antworte, daß die Zeitung nicht von heute ist.
3. Du fragst, ob ich eine Zigarette für dich habe.
4. Ich antworte, daß ich leider keine Zigarette für dich habe.

C 4 TRADUCCIÓN

Traducción del ejercicio de la página anterior (**ob**, *si*, se usa en particular después de un verbo interrogativo; **daß**, *que*).

1. Él pregunta si ella quiere salir con él.
2. Ella contesta que hoy no tiene tiempo.
3. Él pregunta si tiene tiempo el viernes.
4. Ella contesta que el viernes tiene un examen.
5. Él pregunta si tiene un examen también el sábado.
6. Ella contesta que el sábado tiene que quedarse en casa.
7. Él pregunta si también tiene que quedarse en casa el domingo.
8. Ella contesta que lo va a pensar.

A 1 PRESENTACIÓN

Können Sie mir sagen,	¿Puede decirme
wo ...?	dónde ...?
was ...?	qué ...?
wieviel ...?	cuánto ...?
wie ...?	cómo ...?
tanken	cargar gasolina
anspringen (an-springen)	arrancar
abschleppen (ab-schleppen)	remolcar
die Autopanne, ~n	la avería del auto
die Werkstatt, ~en	el taller
die Tankstelle, ~n	la gasolinera
die Reparatur, ~en	la reparación
die Batterie, ~n	la batería
Wie komme ich ...?	¿Cómo llego ...?
Das wäre nett von Ihnen.	Eso sería muy amable de su parte.
Was ist los?	¿Qué pasa?
Was ist mit dem Wagen los?	¿Qué tiene el auto?
in Ordnung	en orden, en buen estado

A 2 APLICACIÓN

Herr Braun (B) hat eine Autopanne. Er fragt einen Passanten (P):

1. B — Entschuldigen Sie, ich habe eine Panne.
2.   Können Sie mir sagen, wo eine Werkstatt ist?
3. P — Ich weiß, daß nicht weit von hier eine Tankstelle ist.
4.   Ich glaube, daß sie auch Reparaturen machen.
5.   Wissen Sie, was mit Ihrem Wagen los ist?
6. B — Ich weiß nur, daß er nicht anspringt.
7. P — Haben Sie Benzin?
8. B — Ja! Ich weiß auch, daß die Batterie in Ordnung ist.
9.   Ich hoffe, der Mechaniker findet sofort,
10.   was mit dem Wagen los ist.
11.   Sonst muß ich ihn abschleppen lassen.
12.   Wissen Sie, wieviel das kostet?
13. P — Ich weiß nur, daß das nicht billig ist.
14.   Soll ich Ihnen zeigen, wie Sie zur Tankstelle kommen?
15. B — Das wäre sehr nett von Ihnen! Vielen Dank!

A 3 OBSERVACIONES

La interrogación parcial indirecta
>   **Was *ist* mit Ihrem Wagen los?**
>   *¿Qué pasa con su auto?*

Können Sie mir sagen, was ☐ **mit Ihrem Wagen los *ist*?**
→ *¿Puede decirme qué pasa con su auto?*

• A la interrogación parcial directa (ver 11 A3) con el verbo en segunda posición, le corresponde una interrogación indirecta, introducida por la misma palabra interrogativa pero con el verbo al final de la oración.

■ La oración subordinada sin **daß**:

Ich glaube, daß er morgen kommt.

Ich glaube, er kommt morgen. → *Creo que viene mañana.*

• Una oración subordinada puede estar simplemente yuxtapuesta a la principal, sin la conjunción **daß**, después de los verbos que expresan de manera general una opinión como **sagen**, *decir*, **glauben**, *creer*, **hoffen**, *esperar*, etc.

■ El verbo **fragen** → *preguntar a*, rige el acusativo:

>   **Die Sekretärin fragt den Direktor ...**
>   → *La secretaria pregunta al director ...*

A 4 TRADUCCIÓN

Al Sr. Braun (B) se le descompuso el auto. Pregunta a un transeúnte (T):

1. B — Disculpe, tengo una avería.
2.   ¿Puede decirme dónde hay un taller?
3. T — Sé que no lejos de aquí hay una gasolinera.
4.   Creo que también hacen reparaciones.
5.   ¿Sabe usted qué le pasa a su auto?
6. B — Sólo sé que no arranca.
7. T — ¿Tiene gasolina?
8. B — ¡Sí! También sé que la batería funciona.
9.   Espero que el mecánico encuentre inmediatamente
10.   qué le pasa al auto.
11.   Si no, tengo que mandarlo remolcar.
12.   ¿Sabe usted cuánto cuesta eso?
13. T — Sólo sé que no es barato.
14.   ¿Quiere que le enseñe cómo llegar a la gasolinera?
15. B — ¡Eso sería muy amable de su parte! ¡Muchas gracias!

217

B 1 PRESENTACIÓN

Wissen Sie, wann ...?	¿Sabe usted cuándo ...?
Wissen Sie, warum ...?	¿Sabe usted por qué ...?
Wissen Sie, wie alt ...?	¿Sabe usted qué edad ...?
die Reparaturwerkstatt, ~en	el taller (de reparaciones)
die Zündung	el encendido
die Zündkerze, ~n	la bujía
der Zündkontakt, ~e	el contacto
das Kabel, ~	el cable
der Motor, ~en [motor]	el motor
[moto:rən]	
abholen (ab=holen)	recoger
fertig	listo, terminado
früh	temprano
morgen früh	mañana en la mañana
genau	exacto, exactamente

B 2 APLICACIÓN

Herr Braun (B) ist in der Reparaturwerkstatt.
Er spricht mit dem Mechaniker (M):

1. B — Wissen Sie, warum der Motor nicht anspringt?
2. M — Ich weiß noch nicht, warum er nicht anspringt.
3.   Ich glaube aber, daß er nicht anspringt,
4.   weil die Zündung nicht in Ordnung ist.
5.   Wissen Sie, wie alt die Zündkerzen sind?
6. B — Ich glaube, daß sie ganz neu sind.
7. M — Dann ist es vielleicht ein Kabel.
8.   Es können auch die Zündkontakte sein.
9. B — Können Sie mir sagen, wann der Wagen fertig ist?
10. M — Das kann ich noch nicht sagen.
11.   Rufen Sie morgen früh an!
12.   Dann kann ich Ihnen genau sagen,
13.   wann Sie den Wagen abholen können,
14.   und wieviel die Reparatur kostet.

218

B 3 OBSERVACIONES

■ **La interrogación parcial indirecta** (continuación)
A las interrogaciones directas parciales introducidas por una palabra
que empieza con **w~** corresponden preguntas introducidas por la
misma palabra interrogativa que empieza con **w~**, pero **con el verbo
en última posición:**

Interrogación directa	Interrogación indirecta
Wann kommt er zu dir?	**Weißt du, wann er zu dir kommt?**
¿Cuándo viene a tu casa?	*¿Sabes cuándo viene a tu casa?*
Warum ist er nicht da?	**Wissen Sie, warum er nicht da ist?**
¿Por qué no está (él)?	*¿Sabe usted por qué no está (él)?*
Wie alt sind Ihre Kinder?	**Ich frage, wie alt Ihre Kinder sind.**
¿Qué edad tienen sus hijos?	*Pregunto qué edad tienen sus hijos.*
Was wollen sie morgen machen?	**Ich weiß nicht, was sie morgen machen wollen.**
¿Qué quieren (ellos) hacer mañana?	*No sé qué quieren (ellos) hacer mañana.*

B 4 TRADUCCIÓN

El Sr. Braun (B) está en el taller.
Habla con el mecánico (M):

1. B — ¿Sabe usted por qué no arranca el motor?
2. M — Todavía no sé por qué no arranca el motor.
3.   Pero creo que no arranca
4.   porque no funciona el encendido.
5.   ¿Sabe usted si las bujías son viejas?
6. B — Creo que son totalmente nuevas.
7. M — Entonces, a la mejor es un cable.
8.   También pueden ser los contactos (del encendido).
9. B — ¿Puede decirme cuándo estará listo el auto?
10. M — Eso no lo puedo decir todavía.
11.   ¡Llame mañana en la mañana!
12.   Entonces podré decirle con exactitud
13.   cuándo puede recoger el auto
14.   y cuánto va a costar la reparación.

219

C 1 EJERCICIOS

A. ⬤⬤ **Umformen: Sagen Sie mir bitte, wo/was/ ...**

• *Was ist mit dem Wagen los?*

1. Wo ist die Sekretärin?
2. Wie komme ich zur Tankstelle?
3. Wieviel kostet ein Liter Benzin?
4. Warum springt das Auto nicht an?
5. Wann kommt der Bus?
6. Wie alt sind Ihre Kinder?
7. Wer ist hier der Chef?
8. Wie lange muß ich noch warten?
9. Wohin wollen Sie fahren?

B. Antworten: Ich weiß auch nicht, mit wem ...

• *Mit wem fährt er nach Bonn?*

1. Wo verbringt er seinen Urlaub?
2. Woher kommt er?
3. Wann hat er im Sommer Ferien?
4. Was macht er im August?
5. Wie teuer war sein Wagen?
6. Warum spricht er nicht Deutsch?
7. Wer arbeitet mit ihm?
8. Um wieviel Uhr kommt er morgen?
9. Gegen wen spielt er?

C 2 GRAMÁTICA

• Rellenar los espacios en blanco con una palabra (una expresión) interrogativa

1. Meine Uhr steht. Wissen Sie, ... es ist?
2. Ich finde den Regenschirm nicht. Wissen Sie, ... er ist?
3. Ich habe den Bus verpaßt. Wissen Sie, ... der nächste kommt?
4. Ich kenne die Preise nicht. Wissen Sie, ... das kostet?
5. Das verstehe ich nicht. Wissen Sie, ... er nicht kommt?
6. Ich habe den Namen vergessen. Wissen Sie, ... er heißt?
7. Ich kenne ihre Adresse nicht. Wissen Sie, ... sie wohnt?

1. wie spät/wieviel Uhr	2. wo	3. wann	4. wieviel
5. warum		6. wie	7. wo.

C 3 RESPUESTAS

A. ●● Transformar: Dígame por favor dónde/qué/...

→ *Sagen Sie mir bitte, was mit dem Wagen los ist.*

1. Sagen Sie mir bitte, wo die Sekretärin ist.
2. Sagen Sie mir bitte, wie ich zur Tankstelle komme.
3. Sagen Sie mir bitte, wieviel ein Liter Benzin kostet.
4. Sagen Sie mir bitte, warum das Auto nicht anspringt.
5. Sagen Sie mir bitte, wann der Bus kommt.
6. Sagen Sie mir bitte, wie alt Ihre Kinder sind.
7. Sagen Sie mir bitte, wer hier der Chef ist.
8. Sagen Sie mir bitte, wie lange ich noch warten muß.
9. Sagen Sie mir bitte, wohin Sie fahren wollen.

B. Contestar: Yo tampoco sé con quién ...

→ *Ich weiß auch nicht, mit wem er nach Bonn fährt.*

1. Ich weiß auch nicht, wo er seinen Urlaub verbringt.
2. Ich weiß auch nicht, woher er kommt.
3. Ich weiß auch nicht, wann er im Sommer Ferien hat.
4. Ich weiß auch nicht, was er im August macht.
5. Ich weiß auch nicht, wie teuer sein Wagen war.
6. Ich weiß auch nicht, warum er nicht Deutsch spricht.
7. Ich weiß auch nicht, wer mit ihm arbeitet.
8. Ich weiß auch nicht, um wieviel Uhr er morgen kommt.
9. Ich weiß auch nicht, gegen wen er spielt.

C 4 TRADUCCIÓN

- Tape el ej. 35 C2 y traduzca de vuelta al alemán

1. Mi reloj está parado. ¿Sabe usted qué hora es?
2. No encuentro el paraguas. ¿Sabe usted dónde está?
3. Perdí el autobús. ¿Sabe usted cuándo pasa el siguiente?
4. No conozco los precios. ¿Sabe usted cuánto cuesta esto?
5. No entiendo (eso). ¿Sabe usted por qué no viene (él)?
6. Olvidé el nombre. ¿Sabe usted cómo se llama?
7. No conozco su dirección. ¿Sabe usted dónde vive (ella)?

A 1 PRESENTACIÓN

kaufen	**er kauft**	**er hat gekauft**
comprar	*él compra*	*él compró, ha comprado*
ein=kaufen	**er kauft ein**	**er hat eingekauft**
ir de compras	*él va de compras*	*él fue/ha ido de compras*
verkaufen	**er verkauft**	**er hat verkauft**
vender	*él vende*	*él vendió, ha vendido*
kontrollieren	**er kontrolliert**	**er hat kontrolliert**
controlar	*él controla*	*él controló, ha controlado*
erklären (hat erklärt)		*explicar*
zahlen (hat gezahlt)		*pagar*
vor=haben (hat vorgehabt)		*tener la intención de*
funktionieren (hat funktioniert)		*funcionar*
der Händler, ~		*el comerciante*
der Fernseher, ~		*el televisor*
der Farbfernseher, ~		*el televisor a colores*
das Gerät, ~e		*el aparato*
Ich habe Schwarzweiß.		*Yo tengo un televisor blanco y negro.*
zwar ... (aber ...)		*ciertamente ... (pero ...)*
froh (, daß ...)		*contento (de ...)*
dafür		*(a cambio) = para eso*

A 2 APLICACIÓN

Herr Schmitt (S) trifft einen Bekannten (B):

1. B — Was haben Sie gestern gemacht, Herr Schmitt?
2. S — Ich war in der Stadt und habe eingekauft.
3. B — Was haben Sie denn gekauft?
4. S — Ich habe einen Farbfernseher gekauft.
5. B — Haben Sie noch keinen Fernseher gehabt?
6. S — Ich habe nur Schwarzweiß gehabt.
7. Ich habe schon lange vorgehabt, ein Farbfernsehgerät zu kaufen.
8. Es hat ziemlich viel Geld gekostet,
9. aber ich habe dem Händler den alten Apparat verkauft.
10. Er hat mir noch 150 Mark dafür gezahlt.
11. Ich glaube, er war sehr froh,
12. daß er einen Apparat verkauft hat.
13. Er hat ihn noch kontrolliert
14. und dann hat er mir erklärt,
15. wie das Gerät funktioniert.

A 3   OBSERVACIONES

El pretérito compuesto (1): verbos *"débiles"* (regulares).
El pretérito compuesto se forma o con el auxiliar **haben** → *haber*
o con **sein** → *ser/estar*, más el participio pasado del verbo.
- El participio pasado se forma añadiendo **ge~** delante de la raíz del verbo (la forma del infinitivo sin la terminación ~**en**) y ~**t** al final:
  kaufen → **ge**kauf**t**: ich habe gekauft → *compré*.
- Para los verbos con prefijo separable, el prefijo se coloca delante del participio del verbo sencillo:
       ein=kaufen → **ein**gekauf**t**: ich habe eingekauft.

Los verbos con los prefijos **be~** , **emp~** , **ent~** , **er~** , **ver~** , llamados prefijos no separables, no añaden el prefijo **ge~** para formar su participio:
     verkaufen → **verkauft** → ich habe verkauft.
- El pretérito compuesto alemán se traduce tanto con el *pretérito* (pret. perf. simple) como con el *antepresente* (pret. perf. comp.) al español.
- Los verbos en ~**ieren** no añaden el prefijo **ge~** para formar su participio:
  fotografieren → **fotografiert** → er hat fotografiert.

El participio pasado se coloca al final de la oración.

A 4   TRADUCCIÓN

El Sr. Schmitt (S) habla con un conocido (C):

1. C — ¿Qué hizo usted ayer, Sr. Schmitt?
2. S — Estuve en la ciudad e hice compras.
3. C — ¿Y qué compró usted?
4. S — Compré un televisor a colores.
5. C — ¿Todavía no tenía usted un televisor?
6. S — Sólo tenía un televisor blanco y negro.
7.   Hacía tiempo que tenía la intención de comprar un televisor a colores.
8.   Costó bastante dinero,
9.   pero le vendí el aparato viejo al comerciante.
10.   Me pagó 150 marcos por él.
11.   Creo que estaba muy contento
12.   de haber vendido un aparato.
13.   Todavía lo verificó (controló)
14.   y luego me explicó
15.   cómo funciona el aparato.

B 1   PRESENTACIÓN

waschen	**er wäscht**	**er hat gewaschen**
lavar	*él lava*	*el lavó/ha lavado*
sich waschen	**er wäscht sich**	**er hat sich gewaschen**
bañarse	*él se baña*	*él se bañó/ha bañado*
ab=waschen	**er wäscht ab**	**er hat abgewaschen**
lavar trastes	*él lava trastes*	*el lavó/ha lavado trastes*

bekommen (hat bekommen)	*recibir*
verlassen (hat verlassen)	*irse, abandonar*
helfen (hat geholfen) + dativo	*ayudar*
sich an=ziehen (hat sich angezogen)	*vestirse*
tun (hat getan)	*hacer*
frühstücken (hat gefrühstückt)	*desayunar*
auf=räumen (hat aufgeräumt)	*escombrar, poner en su lugar*
verbringen (hat verbracht)	*pasar (el tiempo)*
lachen (hat gelacht)	*reír*
schlafen (hat geschlafen)	*dormir*
das Abendessen, ~	*la cena*
der Vormittag, ~e	*la mañana*
der Besuch, ~e	*la visita*
abends (adv. de tiempo)	*en la noche*

B 2   APLICACIÓN

Wie haben Sie das Wochenende verbracht?
1. Wir haben nichts Besonderes getan.
2. Am Samstag habe ich lange geschlafen.
3. Dann habe ich mich gewaschen und mich angezogen.
4. Ich habe nicht gefrühstückt,
5. weil es schon zu spät war.
6. Ich habe nur eine Tasse Kaffee getrunken
7. und dann haben wir gleich Mittag gegessen.
8. Nach dem Mittagessen habe ich meiner Frau geholfen.
9. Wir haben zusammen abgewaschen und aufgeräumt.
10. Dann haben wir gelesen und Briefe geschrieben.
11. Nach dem Abendessen haben wir ein wenig ferngesehen.
12. Sonntag haben wir Besuch von Freunden bekommen.
13. Sie haben den ganzen Tag bei uns verbracht.
14. Wir haben zusammen gegessen und getrunken,
15. viel gesprochen und viel gelacht.
16. Unsere Freunde haben uns sehr spät abends verlassen,
17. und so haben wir nur wenig geschlafen.

B 3 OBSERVACIONES

El pretérito compuesto (II): Los verbos *"fuertes"* (irregulares).
Los verbos fuertes forman su participio pasado con el prefijo **ge ~**, pero siempre terminan en **~en:**

waschen → **gewaschen: er hat gewaschen** → *él lavó/ha lavado*

- La mayoría de los verbos fuertes presentan en el participio pasado otra vocal que la del infinitivo (ver la lista de verbos fuertes p. 279):
  trinken → **getrunken: er hat getrunken** → *él bebió/ha bebido*
  sprechen → **gesprochen: er hat gesprochen** → *él habló/ha hablado*

- Los verbos con prefijo, separable o no, funcionan como los verbos débiles (ver 36 A3): ver 36 B1 para **ab = waschen** y **bekommen** o **verlassen**.

> Los verbos pronominales se construyen siempre con el auxiliar **haben: sich waschen** → **er *hat* sich gewaschen** → *él se ha bañado*

> El verbo **helfen** rige el dativo:
> **Er *hat* mir geholfen.** → *Él me ayudó/ha ayudado.*

B 4 TRADUCCIÓN

¿Cómo pasó usted el fin de semana?
1. No hicimos nada en especial.
2. El sábado dormí hasta tarde.
3. Luego me bañé y me vestí.
4. No desayuné
5. porque ya era demasiado tarde.
6. Sólo bebí una taza de café
7. e inmediatamente después comimos.
8. Después de la comida le ayudé a mi esposa.
9. Lavamos y recogimos los trastes juntos.
10. Luego leímos y escribimos cartas.
11. Después de la cena vimos un poco de televisión.
12. El domingo tuvimos visita de amigos.
13. Pasaron todo el día con nosotros (en casa).
14. Comimos y bebimos juntos,
15. hablamos y reímos mucho.
16. Nuestros amigos se fueron muy tarde en la noche,
17. y por lo tanto dormimos muy poco.

C 1   EJERCICIOS

A. ●● **Ins Perfekt setzen:**

• *Sie kauft für eine ganze Woche ein.*

1. Er verkauft seinen Wagen nicht.
2. Ich habe im Sommer drei Wochen Urlaub.
3. Wir haben am Sonntag nichts Besonderes vor.
4. Sie erklären mir den Fernsehapparat.
5. Du räumst am Samstag dein Zimmer auf.
6. Ich bekomme viel Post aus Amerika.
7. Du verläßt das Büro um halb sechs.
8. Er sieht am Abend oft fern.
9. Sie ißt mit ihren Kollegen in der Kantine.
10. Wir schlafen am Sonntag immer sehr lange.
11. Die Kinder waschen sich nicht gern.
12. Sie lesen am Morgen zwei Zeitungen.

B. Ins Perfekt setzen:

• *Warum helfen Sie mir nicht?*

1. Wo verbringen Sie Ihren Urlaub?
2. Wann trinken Sie eine Tasse Tee?
3. Was bringen Sie Ihren Eltern mit?
4. Warum schreiben Sie keine Postkarte?
5. Was zieht Fräulein Müller am Sonntag an?
6. Warum tun Sie am Wochenende nichts?

C 2   GRAMÁTICA

• Indique y memorice el pretérito compuesto de estos verbos fuertes (ver lista pp. 279-281).

unterschreiben	*firmar*	treffen	*reunirse con*
heißen	*llamarse*	werfen	*lanzar*
schreien	*gritar*	empfehlen	*recomendar*
scheinen	*brillar*	bitten	*pedir*
bringen	*traer*	sitzen	*estar (sentado)*
verbringen	*pasar*	liegen	*estar (acostado)*
kennen	*conocer*	stehen	*estar (de pie)*
denken	*pensar*	verstehen	*entender*
wissen	*saber*	finden	*encontrar*

C 3 RESPUESTAS

A. ⬤⬤ **Poner en pretérito perfecto:**

→ *Sie hat für eine ganze Woche eingekauft.*

1. Er hat seinen Wagen nicht verkauft.
2. Ich habe im Sommer drei Wochen Urlaub gehabt.
3. Wir haben am Sonntag nichts Besonderes vorgehabt.
4. Sie haben mir den Fernsehapparat erklärt.
5. Du hast am Samstag dein Zimmer aufgeräumt.
6. Ich habe viel Post aus Amerika bekommen.
7. Du hast das Büro um halb sechs verlassen.
8. Er hat am Abend oft ferngesehen.
9. Sie hat mit ihren Kollegen in der Kantine gegessen.
10. Wir haben am Sonntag immer sehr lange geschlafen.
11. Die Kinder haben sich nicht gern gewaschen.
12. Sie haben am Morgen zwei Zeitungen gelesen.

B. Poner en pretérito perfecto:

→ *Warum haben Sie mir nicht geholfen?*

1. Wo haben Sie Ihren Urlaub verbracht?
2. Wann haben Sie eine Tasse Tee getrunken?
3. Was haben Sie Ihren Eltern mitgebracht?
4. Warum haben Sie keine Postkarte geschrieben?
5. Was hat Fräulein Müller am Sonntag angezogen?
6. Warum haben Sie am Wochenende nichts getan?

C 4 GRAMÁTICA

- Pretérito compuesto de los verbos fuertes de 36 C2 (¡memorícelos!):

hat unterschrieben	hat getroffen
hat geheißen	hat geworfen
hat geschrien	hat empfohlen
hat geschienen	hat gebeten
hat gebracht	hat gesessen
hat verbracht	hat gelegen
hat gekannt	hat gestanden
hat gedacht	hat verstanden
hat gewußt	hat gefunden

A 1   PRESENTACIÓN

kommen	→ er ist gekommen	venir	→ él vino/ha venido
fahren	→ er ist gefahren	ir	→ él fue/ha ido (en auto)
gehen	→ er ist gegangen	ir	→ él fue/ha ido (a pie)
fliegen	→ er ist geflogen	ir	→ él fue/ha ido (en avión)
sein	→ er ist gewesen	ser/estar	→ él fue/ha sido
			él estuvo/ha estado
bleiben	→ er ist geblieben	quedarse	→ él se quedó/ha quedado

zurück-kommen (ist zurückgekommen)   regresar
weg-fahren (ist weggefahren)   irse (en auto)
aus-gehen (ist ausgegangen)   salir
vergehen (ist vergangen)   pasar (tiempo)
auf-passen (hat aufgepaßt) auf + acus.   estar atento/a,
  tener cuidado con

Spanien	[s^ch**pa**:nyən]	España
das Theater, ~	[te**a**:tər]	el teatro

> Algunos verbos fuertes añaden una (o varias) consonante(s) a la raíz
> del infinitivo (ver lista de verbos fuertes p. 279):
>   essen, *comer*: er hat gegessen, *él comió/ha comido*
>   gehen, *ir*: er ist gegangen, *él fue/ha ido (a pie)*

A 2   APLICACIÓN

Herr Schmitt (S) ist aus dem Urlaub zurückgekommen.
Ein Nachbar (N) fragt ihn:

1. N — Wo waren Sie in den Ferien?
2. S — Wir sind in Spanien gewesen.
3. N — Sind Sie mit dem Auto gefahren?
4. S — Nein, wir sind von Frankfurt nach Barcelona geflogen.
5.   Dann sind wir mit dem Zug ans Meer gefahren.
6. N — Wie lange sind Sie geblieben?
7. S — Wir sind dort drei Wochen geblieben.
8.   Leider ist die Zeit viel zu schnell vergangen.
9.   Und Sie, wo sind Sie gewesen?
10. N — Wir sind nicht weggefahren.
11.   Unsere Eltern sind gekommen
12.   und haben auf die Kinder aufgepaßt.
13.   Wir sind oft ausgegangen
14.   und im Theater, im Kino und im Restaurant gewesen.

A 3 OBSERVACIONES

■ Optar por el auxiliar adecuado: ¿**haben** o **sein**?
El auxiliar es un verbo que **ayuda** a conjugar un verbo: *he* en *yo he comido* es un auxiliar que ayuda a formar el antepresente (pret. perf. comp.).

> **Er hat geschlafen.** → *Él durmió/ha dormido.*
> **Er hat gekauft.** → *Él compró/ha comprado.*
> **Er ist gekommen.** → *Él vino/ha venido.*

En general, se usa el auxiliar **haben**, *haber*, para formar el pretérito perfecto compuesto en alemán, salvo en los siguientes casos:
1) **sein** y **bleiben**,
2) los verbos que expresan un *desplazamiento* y pueden ser, en general, seguidos de un complemento de lugar:

> **fahren: Er ist ans Meer gefahren.**
> → *Él fue (ha ido) al mar (en auto).*
> **fliegen: Er ist nach Europa geflogen.**
> → *Él ha volado (ha ido) a Europa (en avión).*

A 4 TRADUCCIÓN

El Sr. Schmitt (S) regresó de sus vacaciones.
Un vecino (V) le pregunta:
1. V — ¿Dónde estuvieron ustedes durante las vacaciones?
2. S — Estuvimos en España.
3. V — ¿Se fueron en auto?
4. S — No, nos fuimos de Francfort a Barcelona en avión.
5. Después fuimos al mar en tren.
6. V — ¿Cuánto tiempo se quedaron allá?
7. S — Nos quedamos tres semanas.
8. Desgraciadamente el tiempo pasó demasiado rápido.
9. ¿Y ustedes, dónde estuvieron?
10. V — No nos fuimos (lejos).
11. Vinieron nuestros padres
12. y cuidaron a los niños.
13. Salimos mucho,
14. y fuimos al teatro, al cine y al restaurante.

B 1 PRESENTACIÓN

auf=wachen, er ist aufgewacht	*despertar(se)*
auf=stehen, er ist aufgestanden	*levantarse*
ein=steigen, er ist eingestiegen	*subir*
aus=steigen, er ist ausgestiegen	*bajar*
weiter=gehen, er ist weitergegangen	*seguir (caminando)*
laufen, er ist gelaufen	*caminar*
werden, er ist geworden	*volverse, devenir*
an=fangen, er hat angefangen	*empezar*
nehmen, er hat genommen	*tomar, coger*
bringen, er hat gebracht	*traer*
warten, er hat gewartet	*esperar*
regnen, es hat geregnet	*llover*
begrüßen, er hat begrüßt	*saludar*
sich rasieren, er hat sich rasiert	*rasurarse*
putzen, er hat geputzt	*limpiar*
sich die Zähne putzen	*cepillarse los dientes*
der Zahn, ~e	*el diente*
das Badezimmer, ~	*el cuarto de baño*
die Dusche, ~n	*la ducha, la regadera*
naß	*mojado*
Punkt 8.	*A las 8 en punto.*

B 2 APLICACIÓN

Heute morgen ist Herr Weiß ins Büro gegangen.
1. Herr Weiß ist heute um halb sieben aufgewacht.
2. Bis zwanzig vor sieben ist er im Bett geblieben.
3. Dann ist er aufgestanden und ins Badezimmer gegangen.
4. Er hat eine Dusche genommen, sich rasiert,
5. sich die Zähne geputzt und sich angezogen.
6. Dann hat ihm seine Frau das Frühstück gebracht.
7. Es ist etwas spät gewesen.
8. 5 Minuten nach halb acht.
9. Darum ist er zur Bushaltestelle gelaufen.
10. Dort hat er auf den Bus gewartet.
11. Es hat geregnet und er ist ein wenig naß geworden.
12. Um 3 Viertel 8 ist der Bus gekommen.
13. Herr Weiß ist eingestiegen.
14. Er ist in die Stadt gefahren. Da ist er ausgestiegen.
15. Er ist zu Fuß weitergegangen.
16. Er ist in sein Büro gegangen, hat die Kollegen begrüßt.
17. Dann hat er sich an seinen Schreibtisch gesetzt.
18. Punkt 8 hat er angefangen zu arbeiten.

B 3 OBSERVACIONES

■ ¿sein o haben?

> Er ist gekommen. → *Él ha venido.*
> Er ist gelaufen. → *Él ha corrido.*

Se emplea el auxiliar **sein** para formar el participio pasado de verbos que expresan un *desplazamiento* o un cambio de estado.

• **werden**, como **sein**, se conjuga con **sein**:

> werden: er ist geworden → *él se ha vuelto, ha devenido*
> sein: er ist gewesen → *él ha sido/estado*

Er hat angefangen *zu* arbeiten.
El infinitivo es precedido de **zu** salvo después de los verbos **können/dürfen, müssen/sollen, wollen, mögen** y **lassen** (ver 32 A/B).

■ **La hora** (ver 25 C2 y 27 B3)

la hora exacta:	**um 8**	*a las 8*
	Punkt 8	*a las 8 en punto*
los minutos:	**um 20 vor 8**	*a las 8 menos 20*
	um 20 nach 8	*a las 8 y 20*
los cuartos de hora:	**um Viertel vor 8**	*a las 8 menos cuarto*
	um Viertel nach 8	*a las 8 y cuarto*
la media hora:	**um halb 8**	*a las 7 y media*

B 4 TRADUCCIÓN

El Sr. Weiss fue a la oficina hoy en la mañana.

1. El Sr. Weiss se despertó hoy a las seis y media.
2. Se quedó en la cama hasta las siete menos veinte.
3. Entonces se levantó y fue al cuarto de baño.
4. Se duchó, se rasuró,
5. se cepilló los dientes y se vistió.
6. Entonces su esposa le trajo el desayuno.
7. Era algo tarde.
8. Las ocho menos veinticinco.
9. Por eso corrió hasta la parada del autobús.
10. Allí esperó el autobús.
11. Estaba lloviendo y se mojó un poco.
12. A las ocho menos cuarto llegó el autobús.
13. El Sr. Weiss subió.
14. Se fue a la ciudad. Ahí se bajó.
15. Siguió a pie.
16. Fue a su oficina, saludó a los colegas.
17. Entonces se sentó en su escritorio.
18. A las 8 en punto empezó a trabajar.

231

C 1   EJERCICIOS

A. Ins Perfekt setzen:

> ● *Die Kinder kommen um eins aus der Schule.*

1. Er fährt mit dem Auto in die Stadt.
2. Wir gehen nicht oft ins Kino.
3. Er fliegt im Oktober in die Schweiz.
4. Er ist am Wochenende auf dem Land.
5. Sie bleibt eine Woche im Krankenhaus.

B. Ins Perfekt setzen:

> ● *Er kommt um vier Uhr zurück.*

1. Sie geht mit ihrem Freund aus.
2. Die Sommerferien vergehen sehr schnell.
3. Er steht am Morgen früh auf.
4. Sie steigt an der Kirche in den Bus ein.
5. Sie wird im Regen naß.
6. Er kommt nicht mit.

C. ●● Ins Perfekt setzen:

> ● *Warum nehmen Sie nicht den Bus?*
> ● *Wohin laufen denn die Kinder?*

1. Um wieviel Uhr fängt das Theater an?
2. Wer paßt am Abend auf die Kinder auf?
3. Wann wachen Sie am Morgen auf?
4. Warum warten Sie nicht auf den Bus?
5. Wo steigen Sie aus dem Zug aus?

C 2   GRAMÁTICA

● Indique y memorice el pretérito compuesto de estos verbos fuertes (ver lista pp. 279-281).

fahren	*ir (en auto)*	steigen	*subir*
weiterfahren	*continuar*	einsteigen	*subir (auto)*
fliegen	*ir, volar*	aussteigen	*bajar*
weiterfliegen	*continuar*	anspringen	*arrancar*
gehen	*ir a pie*	werden	*volverse*
weitergehen	*continuar*	sein	*ser/estar*
kommen	*venir*	bleiben	*quedarse*
mitkommen	*venir con alguien*		

C 3 RESPUESTAS

A. Poner en pretérito compuesto:

→ *Die Kinder sind um eins aus der Schule gekommen.*

1. Er ist mit dem Auto in die Stadt gefahren.
2. Wir sind nicht oft ins Kino gegangen.
3. Er ist im Oktober in die Schweiz geflogen.
4. Er ist am Wochenende auf dem Land gewesen.
5. Sie ist eine Woche im Krankenhaus geblieben.

B. Poner en pretérito compuesto:

→ *Er ist um vier Uhr zurückgekommen.*

1. Sie ist mit ihrem Freund ausgegangen.
2. Die Sommerferien sind sehr schnell vergangen.
3. Er ist am Morgen früh aufgestanden.
4. Sie ist an der Kirche in den Bus eingestiegen.
5. Sie ist im Regen naß geworden.
6. Er ist nicht mitgekommen.

C. ●● Poner en pretérito compuesto:

→ *Warum haben Sie nicht den Bus genommen?*
→ *Wohin sind denn die Kinder gelaufen?*

1. Um wieviel Uhr hat das Theater angefangen?
2. Wer hat am Abend auf die Kinder aufgepaßt?
3. Wann sind Sie am Morgen aufgewacht?
4. Warum haben Sie nicht auf den Bus gewartet?
5. Wo sind Sie aus dem Zug ausgestiegen?

C 4 GRAMÁTICA

- Pretérito compuesto de los verbos fuertes de 36 C2 (¡memorícelos!):

ist gefahren	ist gestiegen
ist weitergefahren	ist eingestiegen
ist geflogen	ist ausgestiegen
ist weitergeflogen	ist angesprungen
ist gegangen	ist geworden
ist weitergegangen	ist gewesen
ist gekommen	ist geblieben
ist mitgekommen	

A 1 PRESENTACIÓN

Das ist/Das sind ...	*Esto es/Éstos son ...*
die deutsche Küche.	*la cocina alemana.*
das deutsche Bier.	*la cerveza alemana.*
der deutsche Wein.	*el vino alemán.*
die deutschen Produkte.	*los productos alemanes.*
Wir unterhalten uns über:	*Conversamos sobre:*
die deutsche Küche.	*la cocina alemana.*
das deutsche Bier.	*la cerveza alemana.*
den deutschen Wein.	*el vino alemán.*
die deutschen Produkte.	*los productos alemanes.*
Wir sprechen von:	*Hablamos de:*
der deutschen Küche.	*la cocina alemana.*
dem deutschen Bier.	*la cerveza alemana.*
dem deutschen Wein.	*el vino alemán.*
den deutschen Produkten.	*los productos alemanes.*

probieren	*probar*
schmecken	*saborear, gustar (comida, bebida)*
sich unterhalten über + acus.	*conversar sobre*

A 2 APLICACIÓN

Der deutsche Ingenieur Karl Weiß (K) hat den mexikanischen Ingenieur Durán getroffen. Frau Weiß (F) fragt ihren Mann:

1. F — Wie war's mit dem mexikanischen Kollegen?
2. K — Sehr nett. Herr Durán spricht sehr gut deutsch.
3. F — Worüber habt ihr euch unterhalten?
4. K — Über die moderne Technik natürlich.
5. F — Habt ihr nur von der modernen Technik gesprochen?
6. K — Nein, auch von der deutschen Küche.
7. F — Wie findet er die deutsche Küche?
8. K — Er findet sie nicht schlecht.
9. F — Ich hoffe, er mag das deutsche Bier.
10. K — Er hat das deutsche Bier probiert
11. und auch den deutschen Schnaps.
12. Dann hat er gesagt: Das deutsche Bier ist sehr gut.
13. Und der deutsche Schnaps ist auch nicht schlecht.
14. Aber das mexikanische Bier ist auch gut.
15. Und der mexikanische Tequila schmeckt viel besser.

A 3 OBSERVACIONES

■ **Declinación del adjetivo epíteto (I) después del artículo definido**

Salvo después de **der, die, das** (nominativo y acusativo singular) el adjetivo precedido del artículo definido termina en ~ **en**:

	masculino	neutro	femenino	plural
N.	der deutsche Wein	das deutsche Bier	die deutsche Küche	die deutschen Produkte
A.	den deutschen Wein			
D.	dem deutschen Wein/Bier		der deutschen Küche	den deutschen Produkten

■ En dativo plural, el sustantivo siempre termina en ~**n**: **den Produkten**.

A 4 TRADUCCIÓN

El ingeniero alemán Carlos Weiss (C) se reunió con el ingeniero mexicano Durán. La Sra. Weiss (S) le pregunta a su esposo:

1. S — ¿Cómo (te) fue con el colega mexicano?
2. C — Muy bien. El Sr. Durán habla muy bien el alemán.
3. S — ¿De qué hablaron?
4. C — De la técnica moderna, por supuesto.
5. S — ¿Sólo hablaron de la técnica moderna?
6. C — No, también de la cocina alemana.
7. S — ¿Qué le parece la cocina alemana?
8. C — No le parece mal.
9. S — Espero que le guste la cerveza alemana.
10. C — Él probó la cerveza alemana
11. y también el licor alemán.
12. Entonces dijo: La cerveza alemana es muy buena.
13. Y el licor alemán tampoco es malo.
14. Pero la cerveza mexicana también es buena.
15. Y el tequila sabe mucho mejor.

B 1   PRESENTACIÓN

Das ist/Das sind ...	*Esto es/Éstos son ...*
eine neue Wohnung.	*un apartamento nuevo.*
ein neues Auto.	*un auto nuevo.*
ein neuer Freund.	*un amigo nuevo.*
neue Produkte.	*productos nuevos.*
Wir haben:	*Tenemos:*
eine neue Wohnung.	*un apartamento nuevo.*
ein neues Auto.	*un auto nuevo.*
einen neuen Freund.	*un amigo nuevo.*
neue Produkte.	*productos nuevos.*
Sie spricht von:	*Ella habla de:*
einer neuen Wohnung.	*un apartamento nuevo.*
einem neuen Auto.	*un auto nuevo.*
einem neuen Freund.	*un amigo nuevo.*
neuen Produkten.	*productos nuevos.*
erzählen (hat erzählt)	*contar, relatar*
der Spaziergang, ¨e	*el paseo*
der Medizinstudent	*el estudiante de medicina*
zufrieden mit [tsufriːdən]	*contento/satisfecho con*

B 2   APLICACIÓN

Karin (K) hat einen Spaziergang gemacht. Sie kommt nach
Haus. Ihr Mann Hans (H) fragt sie:

1. H — Du hast lange gebraucht! Wo warst du?
2. K — Entschuldigung! Ich habe Fräulein Müller getroffen.
3. H — Hat sie etwas Neues erzählt?
4. K — Sie hat sehr viel erzählt. Alles ist neu!
5.   Sie hat erzählt, daß sie eine neue Wohnung hat,
6.   ein neues Auto und einen neuen Freund.
7. H — Was macht der neue Freund?
8. K — Ihr neuer Freund ist Medizinstudent.
9.   Das neue Auto ist sehr schön und war sehr teuer,
10.   und für die neue Wohnung
11.   braucht sie neue Möbel.
12. H — Ist sie mit der neuen Wohnung zufrieden?
13. K — Mit der neuen Wohnung ist sie sehr zufrieden.
14.   Mit dem neuen Auto und dem neuen Freund
15.   will sie am Wochenende aufs Land fahren.

B 3 OBSERVACIONES

■ **Declinación del adjetivo epíteto (II) después del artículo indefinido**

El adjetivo precedido del artículo indefinido **ein(e)** indica en nominativo, y en acusativo para el neutro y el femenino, el género del sustantivo:

en **ein** neu**er** Freund	encontramos la **r** del artículo d**er**
en **ein** neu**es** Auto	encontramos la **s** del artículo da**s**
en **eine** neu**e** Wohnung	encontramos la **e** del artículo di**e**
en neu**e** Produkte	encontramos la **e** del artículo di**e**

En los demás casos, y en plural, las terminaciones son las mismas que después del artículo definido (ver 38 A3): ~**en**:

	masculino	neutro	femenino	plural
N.	**ein** neu**er** Freund	**ein** neu**es** Auto	**eine** neu**e** Wohnung	neu**e** Produkte
A.	**einen** neu**en** Freund			
D.	**einem** neu**en** Freund/Auto		**einer** neu**en** Wohnung	neu**en** Produkten

B 4 TRADUCCIÓN

Karin (K) salió a dar un paseo. Regresa a casa. Su esposo, Juan (J), le pregunta:

1. J — ¡Tardaste mucho! ¿Dónde estuviste?
2. K — ¡Disculpa! Me encontré con la Srta. Müller.
3. J — ¿(Te) contó algo nuevo?
4. K — (Me) contó muchas cosas. ¡Todo es nuevo!
5.   (Me) contó que tiene un apartamento nuevo,
6.   un auto nuevo y un amigo nuevo.
7. J — ¿A qué se dedica el nuevo amigo?
8. K — Su nuevo amigo es estudiante de medicina.
9.   El auto nuevo es muy bonito y fue muy caro,
10.   y para el apartamento nuevo
11.   necesita muebles nuevos.
12. J — ¿Está contenta con su nuevo apartamento?
13. K — Está muy contenta con su nuevo apartamento.
14.   Con el auto nuevo y el amigo nuevo
15.   quiere salir al campo este fin de semana.

C 1 EJERCICIOS

A. Ergänzen:

- *Das ..... Auto ist sehr ..... (neu, schön)*

1. Der ..... Film ist sehr ..... (neu, interessant)
2. Die ..... Wohnung ist sehr ..... (neu, groß)
3. Die ..... Kollegen sind sehr ..... (neu, nett)

B. Ergänzen:

- *Er fährt mit dem Wagen. (neu)*

1. Wir sprechen von dem Buch. (interessant)
2. Er spricht mit der Kollegin. (nett)
3. Er geht in das Haus. (groß)
4. Sie spricht über die Küche. (deutsch)
5. Wir trinken den Wein gern. (deutsch)

C. ●● Ergänzen:

- *Ein neuer Wagen ist schnell.*

1. Eine große Wohnung ist gut.
2. Ein guter Wein ist teuer.
3. Ein warmes Zimmer ist angenehm.

C 2 GRAMÁTICA

- Memorice las terminaciones del adjetivo epíteto:

nominativo	acusativo
Wie ist/sind	Er liest
das deutsche Buch?	das deutsche Buch.
der deutsche Roman?	den deutschen Roman.
die deutsche Zeitung?	die deutsche Zeitung.
die deutschen Zeitungen?	die deutschen Zeitungen.
Das ist/sind	Er liest
ein deutsches Buch.	ein deutsches Buch.
ein deutscher Roman.	einen deutschen Roman.
eine deutsche Zeitung.	eine deutsche Zeitung.
deutsche Zeitungen.	deutsche Zeitungen.

C 3 RESPUESTAS

A. Completar:

→ *Das neue Auto ist sehr schön.*

1. Der neue Film ist sehr interessant.
2. Die neue Wohnung ist sehr groß.
3. Die neuen Kollegen sind sehr nett.

B. Completar:

→ *Er fährt mit dem neuen Wagen.*

1. Wir sprechen von dem interessanten Buch.
2. Er spricht mit der netten Kollegin.
3. Er geht in das große Haus.
4. Sie spricht über die deutsche Küche.
5. Wir trinken den deutschen Wein gern.

C. ●● Completar:

→ *Ein neuer Wagen ist schneller als ein alter.*

1. Eine große Wohnung ist besser als eine kleine.
2. Ein guter Wein ist teurer als ein schlechter.
3. Ein warmes Zimmer ist angenehmer als ein kaltes.

C 4 TRADUCCIÓN

•

nominativo	acusativo
¿Cómo es/son	Él lee
el libro alemán	el libro alemán
la novela alemana	la novela alemana
el periódico alemán	el periódico alemán
los periódicos alemanes	los periódicos alemanes
Esto es/Éstos son	Él lee
un libro alemán	un libro alemán
una novela alemana	una novela alemana
un periódico alemán	un periódico alemán
periódicos alemanes	periódicos alemanes

A 1 PRESENTACIÓN

wenn + condicional	si
er hat → wenn er hätte	él ha, si hubiera, él tiene, si tuviera
er ist → wenn er wäre	él es, si fuera
er gewinnt → er würde gewinnen	él gana → él ganaría
Wenn er Geld hätte, ...	si él tuviera, ...
Wenn er reich wäre, ...	si él fuera rico, ...
Wenn er gewinnen würde, ...	si él ganara, ...
Wenn er gewonnen hätte, ...	si él hubiera ganado, ...
Wenn er gekommen wäre, ...	si él hubiera venido, ...

der andere, die anderen	el otro, los demás
die Million, ~en	el millón
das Lotto [loto:]	la lotería
der Gewinn, ~e	la ganancia, el boleto ganador
Schade, daß ...!	¡Lástima que ...!
kündigen (hat gekündigt)	renunciar
gewinnen (hat gewonnen)	ganar
träumen von (hat geträumt)	soñar con
reisen (ist gereist)	viajar
ein=laden (hat eingeladen)	invitar

A 2 APLICACIÓN

Peter (P) und Anna (A) träumen von einem Lottogewinn.

1. P — Hast du schon gehört?
2.   Herr Braun hat im Lotto gewonnen! 2 Millionen Mark!
3. A — Schade, daß immer die anderen gewinnen!
4.   Wenn ich Geld hätte, ...
5. P — Was würdest du denn tun, wenn du reich wärst?
6. A — Wenn ich viel Geld gewinnen würde,
7.   dann würde ich natürlich nicht mehr arbeiten.
8.   Ich würde sofort kündigen.
9.   Ich wäre frei und hätte immer Ferien.
10.   Ich würde mir ein schnelles Auto kaufen,
11.   und ich würde viel reisen.
12.   Was würdest du denn machen, wenn ...
13. P — Wenn ich wie Herr Braun im Lotto gewonnen hätte,
14.   wäre ich sehr froh und würde dich einladen.
15. A — Schade, daß du nicht gewonnen hast!

A 3 OBSERVACIONES

■ **El condicional**
● **Hätte** y **wäre** son las formas de **haben** y **sein** en condicional. Para los demás verbos, el condicional se forma con **würde** + el infinitivo:
  kommen → *venir*: **ich würde kommen** → *yo vendría*
  El condicional se usa tanto en la frase principal (traducido al español en este caso con el subjuntivo) como en la subordinada.

> **Wenn er kommt ...** → *Cuando venga ...*
> **Wenn er kommen würde ...** → *Si viniera ...*

subordinada	principal
Wenn er Geld hätte,	**würde er ein Auto kaufen.**
Si él tuviera dinero	*compraría un auto.*

El sujeto de la frase principal se coloca después de la forma conjugada **würde** si la oración comienza con la subordinada introducida por **wenn**.

● **Wenn er gewonnen hätte,**
  Si él hubiera ganado,
  Wenn er gekommen wäre,   **hätte er dich eingeladen.**
  Si él hubiera venido,   *te hubiera invitado.*

A 4 TRADUCCIÓN

Pedro (P) y Ana (A) sueñan con ganar en la lotería.
1. P — ¿Ya oíste?
2.   ¡El Sr. Braun ganó la lotería! ¡2 millones de marcos!
3. A — ¡Lástima que siempre ganen los demás!
4.   Si yo tuviera dinero, ...
5. P — ¿Qué harías, si fueras rica?
6. A — Si ganara mucho dinero,
7.   por supuesto ya no trabajaría.
8.   Renunciaría inmediatamente.
9.   Sería libre y siempre tendría vacaciones.
10.   Me compraría un auto veloz,
11.   y viajaría mucho.
12.   (Y) tú qué harías, si ...
13. P — Si hubiera ganado la lotería como el Sr. Braun,
14.   estaría muy contento y te invitaría.
15. A — ¡Lástima que no ganaste!

241

B 1 PRESENTACIÓN

Das muß gemacht werden.	*Esto debe hacerse.*
Das wird gemacht.	*Esto se está haciendo.*
Das ist gemacht worden.	*Esto se hizo.*
die Vertretung, ~en	*la agencia*
die Konkurrenz, ∅	*la competencia*
die Liste, ~n	*la lista*
die Preisliste, ~n	*la lista de precios*
verbinden (hat verbunden)	*comunicar*
drucken (hat gedruckt)	*imprimir*
verschicken (hat verschickt)	*mandar, enviar*
an=passen (hat angepaßt)	*adaptar*
verstehen (hat verstanden)	*entender*
rufen (hat gerufen)	*llamar*
irgendetwas	*"cualquier cosa" = algo*
die Sache, ~n	*la cosa*
einfach ganz einfach!	*fácil ¡muy fácil!*
der Markt, ~e	*el mercado*
fertig	*terminado, listo*

B 2 APLICACIÓN

Die Sekretärin (S) wird vom Direktor (D) gerufen.

1. D — Ich möchte mit unserer kolumbianischen Vertretung sprechen.
2. Lassen Sie mich bitte gleich verbinden!
3. S — Sie können heute nicht verbunden werden.
4. Am 20. Juli wird in Kolumbien nicht gearbeitet.
5. D — Heute ist der 20. Juli? Das hatte ich vergessen.
6. Ist die neue Preisliste fertig?
7. S — Die neue Preisliste ist gestern gedruckt worden.
8. Heute wird sie verschickt.
9. Eine Sache habe ich nicht verstanden:
10. Warum sind nicht alle Preise erhöht worden?
11. D — Das ist ganz einfach. Das ist eine Konkurrenzfrage.
12. Unsere Preise müssen dem Markt angepaßt werden.
13. S — Ich verstehe. Brauchen Sie sonst noch irgendetwas?
14. D — Bringen Sie mir bitte noch die Post.
15. S — Wird sofort gemacht, Herr Direktor.

B 3 OBSERVACIONES

> El pasivo   **Der Direktor *ruft* die Sekretärin.**
> *El director llama a la secretaria.*
> **Die Sekretärin *wird* vom Direktor *gerufen.***
> *La secretaria es llamada por el director.*

■ Cuando se pasa de la forma **activa** (el sujeto ejerce una **acción** sobre alguien o algo) a la forma **pasiva** (alguien o algo **sufre** una acción):
    1) el sujeto se convierte en **complemento**, introducido por von, *por*;
    2) el verbo activo (**ruft**) se conjuga con el auxiliar **werden** y el participio pasado del verbo; **wird ... gerufen** → *es llamado/a*;
    3) el complemento directo se convierte en sujeto de la oración pasiva.

> El pasivo se usa con una frecuencia mucho mayor en alemán que en español. Se traduce en general con la forma impersonal (*se*) o con la tercera persona plural:
> **Am 20. Juli wird in Kolumbien nicht gearbeitet.**
> *El 20 de julio no se trabaja en Colombia.*

■ El pretérito compuesto se forma con el auxiliar **sein** y el participio **worden: Die Preise sind erhöht worden.** → *Los precios han sido aumentados.* → *Los precios aumentaron.*

B 4 TRADUCCIÓN

El director (D) llama a la secretaria (S).

1. D — Quisiera hablar con nuestra agencia en Colombia.
2.   ¡Comuníqueme en seguida, por favor!
3. S — No puede comunicarse hoy.
4.   El 20 de julio no se trabaja en Colombia.
5. D — ¿Hoy es 20 de julio? Lo había olvidado.
6.   ¿Está terminada la nueva lista de precios?
7. S — La nueva lista de precios se imprimió ayer.
8.   Hoy va a ser enviada.
9.   Hay algo que no he entendido:
10.   ¿Por qué no se aumentaron todos los precios?
11. D — Eso es muy fácil. Es una cuestión de competencia.
12.   Nuestros precios deben estar adaptados al mercado.
13. S — Entiendo. ¿Necesita algo más?
14. D — Tráigame (todavía) el correo, por favor.
15. S — Ahora mismo (se hará enseguida), señor director.

243

C 1   EJERCICIOS

A. Umformen: Wenn ich ... hätte, würde ich ...

- *Wenn ich Zeit habe, komme ich.*

1. Wenn ich Geld habe, kaufe ich ein.
2. Wenn ich ein Problem habe, frage ich.
3. Wenn ich eine Idee habe, sage ich sie.

B. Umformen: Wenn ich ... wäre, würde ich ...

- *Wenn ich da bin, rufe ich an.*

1. Wenn ich im Büro bin, arbeite ich.
2. Wenn ich auf dem Land bin, erhole ich mich.
3. Wenn ich reich bin, mache ich eine Reise.

C. ●● **Ins Passiv setzen: Das wird sofort gemacht!**

- *Kannst du das machen?*

1. Kannst du das bringen?
2. Kannst du das verschicken?
3. Kannst du das kaufen?
4. Kannst du das schreiben?
5. Kannst du das drucken?

D. Ins Passiv setzen: Das ist schon gemacht worden.

- *Sollen wir den Brief schreiben?*

1. Sollen wir die Preise erhöhen?
2. Sollen wir die Preisliste drucken?
3. Sollen wir die Post bringen?
4. Sollen wir die Briefe verschicken?

C 2   GRAMÁTICA

- Memorice estas oraciones en condicional
  (traducción en 39 C4).

1. Ich hätte nicht Tag und Nacht gearbeitet.
2. Ich wäre nicht um sechs aufgestanden.
3. Ich hätte die Wohnung nicht aufgeräumt.
4. Ich wäre nicht naß geworden.
5. Ich hätte nicht Urlaub gemacht.
6. Ich wäre nicht zu spät gekommen.
7. Ich hätte es nicht eilig gehabt.
8. Ich wäre nicht zu Haus geblieben.
9. Ich hätte den Geburtstag nicht vergessen.

C 3 RESPUESTAS

A. Transformar: Si tuviera ..., yo ...

→ *Wenn ich Zeit hätte, würde ich kommen.*

1. Wenn ich Geld hätte, würde ich einkaufen.
2. Wenn ich ein Problem hätte, würde ich fragen.
3. Wenn ich eine Idee hätte, würde ich sie sagen.

B. Transformar: Si fuera/estuviera ..., yo ...

→ *Wenn ich da wäre, würde ich anrufen.*

1. Wenn ich im Büro wäre, würde ich arbeiten.
2. Wenn ich auf dem Land wäre, würde ich mich erholen.
3. Wenn ich reich wäre, würde ich eine Reise machen.

C. ●● Transformar en pasivo: ¡Esto se hará enseguida!

→ *Das wird sofort gemacht!*

1. Das wird sofort gebracht!
2. Das wird sofort verschickt!
3. Das wird sofort gekauft!
4. Das wird sofort geschrieben!
5. Das wird sofort gedruckt!

D. Transformar en pasivo: Esto ya se hizo.

→ *Er ist schon geschrieben worden.*

1. Sie sind schon erhöht worden.
2. Sie ist schon gedruckt worden.
3. Sie ist schon gebracht worden.
4. Sie sind schon verschickt worden.

C 4 TRADUCCIÓN

- Traducción de las oraciones de 39 C2.
  Trate de traducirlas de vuelta al alemán.
  1. Yo no hubiera trabajado día y noche.
  2. Yo no me hubiera levantado a las seis.
  3. Yo no hubiera escombrado/ordenado el apartamento.
  4. Yo no me hubiera mojado.
  5. Yo no hubiera tomado vacaciones.
  6. Yo no hubiera llegado tarde.
  7. Yo no hubiera tenido prisa.
  8. Yo no me hubiera quedado en casa.
  9. Yo no hubiera olvidado el cumpleaños.

A 1 PRESENTACIÓN

Er hat gekonnt.	*Él pudo.*
Er hat kommen können.	*Él pudo venir.*
Sie hat gewollt.	*Ella quiso.*
Sie hat ihm helfen wollen.	*Ella quiso ayudarle.*
Wir haben gemußt.	*Estuvimos obligados.*
Wir haben arbeiten müssen.	*Tuvimos que trabajar.*
Du hast nicht gedurft.	*No pudiste (no tuviste permiso).*
Du hast nicht ausgehen dürfen.	*No te dejaron salir.*
Er läßt sich einen Zahn ziehen.	*Le están sacando un diente.*
Er hat sich einen Zahn ziehen lassen.	*Le sacaron un diente.*
ziehen (hat gezogen)	*tirar, sacar*
um-ziehen (ist umgezogen)	*mudarse*
aus-ziehen (ist ausgezogen)	*mudarse (fuera de)*
ein-ziehen (ist eingezogen)	*mudarse (hacia), instalarse*
vor-bereiten (hat vorbereitet)	*preparar*
erreichen (hat erreicht)	*contactar*
letzte Woche	*la semana pasada*

A 2 APLICACIÓN

Anna hat allein umziehen müssen.

1. Letzte Woche habe ich umziehen müssen.
2. Ich bin aus meiner alten Wohnung ausgezogen
3. und in meine neue Wohnung eingezogen.
4. Leider haben meine Freunde mir nicht helfen können.
5. Vielleicht haben sie aber auch nur nicht gewollt!
6. Peter hat nicht gekonnt,
7. weil er ein Examen hat vorbereiten müssen.
8. Hans hat nicht kommen dürfen,
9. weil er sich hat einen Zahn ziehen lassen
10. und das Haus nicht hat verlassen dürfen.
11. Karl hat lieber mit Karin ausgehen wollen.
12. Dieter habe ich nicht erreichen können.

A 3 OBSERVACIONES

■ El "doble infinitivo"

Los verbos **können/dürfen, müssen/sollen, wollen** (y **lassen**)
tienen dos participios pasados, el primero con ge ~ t como los verbos
débiles y el segundo idéntico al infinitivo:

Inf.	P.P. (I)	P.P. (II)
können	gekonnt	**können**
dürfen	gedurft	**dürfen**
müssen	gemußt	**müssen**

Inf.	P.P. (I)	P.P. (II)
sollen	gesollt	**sollen**
wollen	gewollt	**wollen**
lassen	(gelassen)	**lassen**

Er hat gekonnt. **Er hat kommen können.**
→ *Él pudo.* → *Él pudo venir.*

Este segundo participio (II) se usa cuando el verbo tiene un infinitivo
complemento.

> En una frase subordinada, la forma conjugada de **haben** no se coloca
> – excepcionalmente– al final de la frase sino **delante** del "doble
> infinitivo".

Er hat ein Examen vorbereiten müssen.
→ *Tuvo que preparar un examen.*
Ich glaube, daß er ein Examen *hat* vorbereiten müssen.
→ *Creo que tuvo que preparar un examen.*

A 4 TRADUCCIÓN

Ana tuvo que mudarse sola.

1. La semana pasada tuve que mudarme.
2. Me mudé (salí) de mi viejo apartamento
3. y me instalé en mi nuevo apartamento.
4. Desgraciadamente, mis amigos no pudieron ayudarme.
5. ¡Pero quizá simplemente no quisieron!
6. Pedro no pudo
7. porque tuvo que preparar un examen.
8. A Juan no le dieron permiso
9. porque le sacaron una muela
10. y no lo dejaron salir de casa.
11. Carlos prefirió salir con Karin.
12. Con Dieter no pude comunicarme.

B 1   PRESENTACIÓN

Warum ...? → **Weil ...**	*¿Por qué?* → *Porque ...*
Wozu ...? → **Um ... zu ...**	*¿Para qué ...?* → *Para ... (+ inf.)*
man	*se, uno* (impersonal)
sich erholen (hat sich erholt)	*descansar, reponerse*
schneiden (hat geschnitten)	*cortar*
spazieren=gehen (ist spazierengegangen)	*pasearse (a pie)*
lernen (hat gelernt)	*aprender*
nach=sehen (hat nachgesehen)	*verificar*
das Haar, ~e	*el cabello, el pelo*
der Park, ~s	*el parque*
der Frisör, ~e [frizö:r]	*el peluquero*

B 2   APLICACIÓN

1. **Warum gehen Sie ins Restaurant? Weil ich Hunger habe.**
2. **Wozu gehen Sie ins Restaurant? Um zu essen.**
3. **Wozu fährt man am Wochenende aufs Land?**
4. **Man fährt aufs Land, um sich zu erholen.**
5. **Wozu geht man zum Frisör?**
6. **Um sich die Haare schneiden zu lassen.**
7. **Wozu fährt man in die Werkstatt?**
8. **Um den Wagen nachsehen oder reparieren zu lassen.**
9. **Wozu geht man in den Park? Um spazierenzugehen.**
10. **Wozu arbeitet man? Um Geld zu verdienen.**
11. **Wozu spielt man Lotto? Um Geld zu gewinnen.**
12. **Wozu lernt man Deutsch? Um zu verstehen und zu sprechen.**

B 3   OBSERVACIONES

■ **La oración infinitiva**

Wir essen, um zu leben; wir leben nicht, um zu essen.
→ *Comemos para vivir; no vivimos para comer.*

La oración infinitiva (**um zu leben** = *para vivir*) se introduce con **um**, el verbo está en infinitivo y precedido por **zu**, y se coloca al final de la oración.

■ Los interrogativos **Warum ...?**, *¿Por qué?* y **Wozu ...?**, *¿Para qué?*

> **Warum ißt er?** → **Weil er Hunger hat.**
> → *¿Por qué come?* → *Porque tiene hambre.*
> **Wozu ißt er?** → **Um zu leben.**
> → *¿Para qué come?* → *Para vivir.*

B 4   TRADUCCIÓN

1. ¿Por qué va al restaurante? Porque tengo hambre.
2. ¿Para qué va al restaurante? Para comer.
3. ¿Para qué se (la gente) va al campo los fines de semana?
4. Se (la gente) va al campo para descansar.
5. ¿Para qué se va a la peluquería?
6. Para cortarse el cabello.
7. ¿Para qué se va al taller?
8. Para mandar a revisar o reparar el auto.
9. ¿Para qué (la gente) va al parque? Para pasearse.
10. ¿Para qué se trabaja? Para ganar dinero.
11. ¿Para qué se juega a la lotería? Para ganar dinero.
12. ¿Para qué se (la gente) aprende alemán? Para entender y para hablar.

C 1   EJERCICIOS

A. Umformen:

- *Er geht ins Büro, weil er arbeiten will.*

1. Sie fährt in die Stadt, weil sie einkaufen will.
2. Du machst ein Examen, weil du Arzt werden willst.
3. Wir gehen ins Restaurant, weil wir essen wollen.
4. Ich arbeite, weil ich Geld verdienen will.
5. Sie fahren aufs Land, weil Sie sich erholen wollen.

B. ●● Ins Perfekt setzen:

- *Ich kann leider nicht kommen.*

1. Er darf keine Zigarette rauchen.
2. Sie will das Bier nicht trinken.
3. Wir müssen sehr viel arbeiten.
4. Du sollst mir die Post bringen.
5. Ich lasse das Auto reparieren.

C. Antworten:

- *Warum ist er nicht gekommen? (können)*

1. Wozu ist er ins Kino gegangen? (einen Film sehen)
2. Warum hat er nichts gegessen? (wollen)
3. Warum ist er weggefahren? (müssen)
4. Wozu ist er ins Büro gegangen? (arbeiten)
5. Warum ist er nicht ausgegangen? (dürfen)

C 2   GRAMÁTICA

- Memorice las oraciones siguientes:
  1. Wenn er nicht ins Kino gegangen wäre,
     dann wäre er sicher gekommen.
  2. Wenn er nicht im Büro gearbeitet hätte,
     dann wäre er sicher gekommen.
  3. Wenn er nicht im Bett geblieben wäre,
     dann wäre er sicher gekommen.
  4. Er hat nicht kommen können,
     weil er lieber ins Kino hat gehen wollen.
  5. Er hat nicht kommen können,
     weil er im Büro hat arbeiten müssen.
  6. Er hat nicht kommen können,
     weil er im Bett hat bleiben müssen.

C 3 RESPUESTAS

A. Transformar:

→ *Er geht ins Büro, um zu arbeiten.*

1. Sie fährt in die Stadt, um einzukaufen.
2. Du machst ein Examen, um Arzt zu werden.
3. Wir gehen ins Restaurant, um zu essen.
4. Ich arbeite, um Geld zu verdienen.
5. Sie fahren aufs Land, um sich zu erholen.

B. ●● Poner en pretérito compuesto:

→ *Ich habe leider nicht kommen können.*

1. Er hat keine Zigarette rauchen dürfen.
2. Sie hat das Bier nicht trinken wollen.
3. Wir haben sehr viel arbeiten müssen.
4. Du hast mir die Post bringen sollen.
5. Ich habe das Auto reparieren lassen.

C. Contestar:

→ *Weil er nicht hat kommen können.*

1. Um einen Film zu sehen.
2. Weil er nichts hat essen wollen.
3. Weil er hat wegfahren müssen.
4. Um zu arbeiten.
5. Weil er nicht hat ausgehen dürfen.

C 4 TRADUCCIÓN

- Trate de traducir estas oraciones de vuelta al alemán:
  1. Si él no hubiera ido al cine,
     seguramente hubiera venido.
  2. Si él no hubiera trabajado en la oficina,
     seguramente hubiera venido.
  3. Si él no se hubiera quedado en la cama,
     seguramente hubiera venido.
  4. Él no pudo venir
     porque prefirió ir al cine.
  5. Él no pudo venir
     porque tuvo que trabajar en la oficina.
  6. Él no pudo venir
     porque tuvo que quedarse en la cama.

RESUMEN GRAMATICAL

Conocer, hablar un idioma, no es solamente reemplazar unas palabras por otras, sino también saber colocarlas en una oración: no se trata sólo de juntar piedras, también hay que encontrar el cimiento, que es la gramática ... La gramática alemana tiene fama de ser compleja, pero no lo es más que la de otras lenguas. Una vez que se conocen algunas estructuras propias al alemán, es bastante fácil construir una oración correcta.

El primer obstáculo es la **declinación** del artículo, del adjetivo y del sustantivo.

La **conjugación** requiere ciertamente un esfuerzo de memoria, pero es mucho más sencilla que la del español.

En cuanto a la **oración alemana**, ésta se caracteriza más que nada por el lugar del verbo, muchas veces al final de la oración.

Estos fenómenos han sido tratados progresivamente en el transcurso de las 40 lecciones; el lector encontrará aquí una recapitulación para ayudarle en su aprendizaje del alemán.

SUMARIO

1 - TRANSCRIPCIÓN FONÉTICA

Tabla de equivalencias entre los signos fonéticos utilizados aquí y los del A.F.I. (Alfabeto Fonético Internacional).[1]

A.F.I.		aquí		ejemplos en alemán	sonido cercano en español
				Vocales	
[i:]	[I]	[i:]	[i]	Wien, ist	libro, hijo
[y:]	[Y]	[ü:]	[ü]	kühl, fünf	?
[u:]	[U]	[u:]	[u]	du, Butter	cura, cubo
[e:]		[e:]		Peter	teme
[Ø:]	[oe]	[ö]		nervös, zwölf	?
[o:]	[ɔ]	[o:]	[o]	Rom, Bonn	todo, norte
[ɛ:]	[ɛ]	[ɛ:]	[ɛ]	Käse, Wetter-Lärm	Pedro, perro
[a:]	[a]	[a:]	[a]	da, hast	papa
[ə]		[ə]		Tasse	?
[a]		[a]		Restaurant	?
[i̯]		[y]		Ferien	?
				Diptongos	
[aI]		[ai]		bleiben	fraile
[aU]		[ao]		Frau	pausa
[ɔY]		[oi]		heute-Bäume	soy
				Consonantes	
[p]	[b]	[p]	[b]	Peter-ab, Bonn	Pedro, barco
[t]	[d]	[t]	[d]	Tür-Land, dann	tabla, danza
[k]	[g]	[k]	[g]	Karl-Tag, gehen	queso, gato
[m]	[n]	[m]	[n]	Mann	mar, nube
[ŋ]		[ŋ]		Camping, Zeitung	manga
[f]		[f]		Vater, Fest	fiesta
[v]		[v]		Wagen, Wien	vista
[s]		[s]		Haus, bist	sol
[z]		[z]		sie, so, lesen	?
[ʃ]		[s^ch]		schön	s de ¡Silencio!
[ʒ]		[ʒ]		Garage	calle, yo (argent.)
[ç]		[c^h]		ich, Techniker	jirafa
[j]		[y]		ja	hierba
[x]		[j]		Buch	jardín
[r]		[r]		Radio	?
[l]		[l]		Land	largo
[h]		[h]		Herr, haben	?
[ʔ]		["]		er/ist [e:r"ist]	?

[1] El signo de interrogación simboliza la ausencia de su equivalente o cercano en español.

254

El cuadro de la página anterior (p. 254) muestra la transcripción que se adoptó aquí para representar los sonidos alemanes y la del Alfabeto Fonético Internacional (A.F.I.) con los sonidos españoles cercanos a los del alemán (cuando existen).

La pronunciación del alemán presenta las características siguientes:

1. Acentuación: Cada palabra de al menos dos sílabas presenta una sílaba acentuada que se pronuncia con más fuerza que la o las demás (en alemán no le corresponde un signo ortográfico, como en español). **La vocal acentuada se marca en negrita aquí.**

El acento tónico se encuentra en general en la primera sílaba: **leben** [le:bən], **Antwort**, [antvort], **Arbeit** [arbait], **Urlaub** [u:rlaop].

Las palabras de origen extranjero (sobre todo del francés y del latín) se acentúan en la última sílaba. Algunas palabras, sin embargo, se acentúan en 1) la penúltima sílaba: las palabras en ~**e** (**der Kollege**) y 2) la antepenúltima sílaba: las palabras en ~**ika**/~**iker** (**Amerika**, **der Mechaniker**).

2. Vocales largas - vocales breves: en alemán hay una oposición entre vocales largas y breves, lo cual permite distinguir palabras como **die Väter** [fɛ:tər] → *los padres* y **der Vetter** [fɛtər] → *el primo*. Las vocales largas son más o menos dos veces más largas que las breves.

3. Salvo algunas excepciones como **mit** [mit], **ob** [op], etc., la ortografía permite detectar las vocales largas y breves:

1) Una vocal es larga delante de una consonante única (**haben**, **müde**).

2) Una vocal es breve delante de al menos dos consonantes (**essen**, **finden**, **morgen**).

Nota 1: La letra **e** después de **i** no se pronuncia y transcribe una [i:] larga (**Kiel**, **Wien**, **Bier**).

Nota 2: La letra **h** después de una vocal también indica una vocal larga (**Lohn**, **kühl**, **Bahn**).

Nota 3: Una vocal es larga al final de una palabra (**da**, **sie**, **so**).

Nota 4: Una vocal duplicada es larga (**Haar**, **Meer**, **Idee**).

4. En alemán hay **tres diptongos**: [ai] (**Ei**, **bleiben**), [ao] (**Haus**, **laufen**) y [oi] (**Leute**, **teuer**). Hay que tener cuidado de no pronunciar dos vocales separadas.

5. La vocal [ə] no acentuada se parece a la [e] pronunciada débilmente: **Tasse**, **Frage**, **Name**, etc.

6. [y] simboliza la semivocal que se escribe **i** delante de [ə] (**Ferien**, **Familie**) o una vocal acentuada (**Ingenieur**).

7. ~**an**~ se pronuncia [ã]. Es un sonido nasal que se encuentra en algunas palabras de origen francés (**Restaurant**, **Rendezvous**, etc.).

8. Las consonantes se pronuncian por lo general más fuertemente que en español. Concretamente:

1) [b] [d] [g] no existen al final de una palabra; en ese caso, las letras **b**, **d** y **g** se pronuncian [p] [t] [k] (ver 6 A/B3 y 7 A3).

2) Las consonantes específicas del alemán:

a - El **Ich-Laut** ("el sonido **Ich**") [cʰ], llamado así porque aparece en el pronombre **ich**. Se pronuncia con los labios estirados hacia atrás, y no debe confundirse con [sᶜʰ].

b - El **Ach-Laut** ("el sonido **Ach**") [j] que encontramos en la palabra **Ach!** → *¡Ah!*, muy parecido a la *j* en español (ver 4 A3).

c - La consonante [ŋ], que transcribe las letras **ng**, por ejemplo en las palabras *ping-pong* o *camping*.

d - La letra **h** al inicio de una palabra transcribe la aspiración que acompaña a la vocal (**Haus** [haos], **haben** [haːbən], etc.).

e - ["] indica la *glotal*, es decir, la ausencia de enlace entre una consonante y una vocal.

9. Ortografía y pronunciación

1) Las letras **ä**, **ü** y **ö** (con diéresis) se pronuncian respectivamente [ɛ] (**Lärm** [lɛrm]), [ü] (**fünf** [fünf]) y [ö] (**zwölf** [tsvölf]).

2) **b**, **d**, **g** se pronuncian [p] [t] [k] al final de una palabra (ver punto 8,1).

3) La letra **z** se pronuncia siempre [ts] (ver 5 B3).

4) Las letras **w** y **v** se pronuncian respectivamente [v] y [f]: (el auto) **Volkswagen** =[folksvaːgən].

5) La letra **ß**, específica del alemán, se pronuncia [s]. Se escribe **ß** después de una vocal larga (**Straße** [sᶜʰtraːsə]) y después de un diptongo (**heißen** [haisən]). Remplaza a ~**ss**~ al final de una palabra y delante de la consonante ~**t**: **müssen** → **er muß** → **er hat gemußt**.

6) Las letras **ch** transcriben el sonido [j] (ver punto 8, 2b) después de **a**, **o**, **u** y **au**, y [cʰ] después de las demás vocales, **i**, **e/ä**, **ü**, **ö**, los diptongos **ei** y **eu/äu** y ~**n** (**München** [müncʰən] y **r** (**Architekt** [arcʰitɛkt]).

Nota: La inflexión conlleva una transformación de la vocal en plural: **u** se convierte en **ü**, **o** se convierte en **ö**, **a** se convierte en **ä**, y de allí el cambio de [j] a [cʰ] para **ch**: **Buch** [buːj] → **Bücher** [büːcʰər], **Tochter** [tojtər] → **Töchter** [töcʰtər], etc.

7) La letra **s** (ver 4 A3) se pronuncia [z] al inicio de una palabra (**sie** [ziː]) y entre dos vocales (**Kusine** [kuziːnə]) y [s] en todos los demás casos: al final (**Haus** [haos]) y en medio de una palabra delante de una consonante (**du hast** [hast]).

Nota: **s** se pronuncia [sᶜʰ] al inicio de una palabra delante de una consonante (**Student** [sᶜʰtudɛnt]).

3 - EL SUSTANTIVO

1. Todos los sustantivos, ya sean nombres propios o comunes, se escriben con mayúscula: **Peter** → *Pedro*, **Wien** → *Viena*, **der Vater** → *el padre*, **die Mutter** → *la madre*, **das Leben** → *la vida*.

2. El género
En alemán hay tres géneros:
— el masculino y el femenino que por lo general coinciden con el sexo: **der Mann** → *el hombre/el esposo*, **die Frau** → *la mujer/la esposa*, **der Student** → *el estudiante*, **die Studentin** → *la estudiante*.
— el neutro para señalar lo que no es ni masculino ni femenino: **das Kind** → *el niño* = un niño o una niña.
De hecho el género es casi siempre arbitrario, y hay que memorizarlo junto con la palabra (ver 10 A1).

3. Los masculinos débiles
Algunos masculinos como **der Name** → *el nombre*, **der Nachbar** → *el vecino*, **der Herr** → *el señor* terminan en ~**n** en acusativo y en dativo singular (**Herr Müller: Ich sehe Herrn Müller** → *Veo al Señor Müller*, **Ich spreche mit Herrn Müller** → *Hablo con el Señor Müller*). A estos masculinos se les llama débiles. Su plural termina en ~**n** en todos los casos (sin embargo: **Meine Herren!** → *¡Señores!*).

4. Las marcas del plural
a) **los femeninos** forman su plural con ~**(e)n**: se añade ~**(e)n** a la forma del singular: **die Frau** → **die Frauen**, **die Fabrik** → **die Fabriken**, **die Karte** → **die Karten**.
Nota 1: Los derivados femeninos en ~**in** forman su plural con ~**innen**: **die Freundin** → *la amiga* → **die Freundinnen**.
Nota 2: Algunos femeninos forman su plural en ¨**e**: **die Wand**, *la pared* → **die Wände**, **die Nacht** [najt] → **die Nächte** [nɛchtə].
Nota 3: Hay dos femeninos que forman su plural exclusivamente con la inflexión: **die Mutter** → *la madre* → **die Mütter**, **die Tochter** → *la hija* → **die Töchter** ([tojtər] → [töchtər]).
b) **los neutros** forman su plural añadiendo ~**er** o ¨**er** cuando la vocal de la palabra en singular es **a, o, u** o **au** (ver 13 A3): **das Kind** → *el niño* → **die Kinder**, **das Buch** → *el libro* → **die Bücher**, **das Haus** → *la casa* → **die Häuser**.
Nota 1: Las palabras de origen extranjero (**das Telegramm**, **das Problem**) y algunos neutros forman su plural añadiendo ~**e**: **Flugzeug** → *avión*, **Haar** → *cabello*, **Jahr** → *año*, **Schiff** → *barco*, **Schwein** → *cerdo*, **Spiel** → *juego*, **Tor** → *gol*.

Nota 2: El plural de los neutros que terminan en ~**er** es idéntico al singular (marca cero): **das Zimmer** → *el cuarto* → **die Zimmer**.

Nota 3: Las palabras de origen extranjero, del francés en particular, forman su plural añadiendo ~**s**: **das Hotel** → **die Hotels**, **das Restaurant** → **die Restaurants**, **das Auto** → **die Autos**, **das Büro** → **die Büros**, etc.

c) **los masculinos** por lo general forman su plural en ~**e** o ~̈**e** cuando la inflexión es posible (ver más arriba el caso de los neutros): **der Brief** → *la carta* → **die Briefe**, **der Lohn** → *el salario* → **die Löhne**.

Sin embargo, hay muchas excepciones para el masculino. Note que algunos forman su plural añadiendo:

• ~**e**: **Abend** → *noche*, **Apparat** → *aparato*, **Besuch** → *visita*, **Monat** → *mes*, **Punkt** → *punto*, **Tag** → *día* (a pesar de que la inflexión es posible).

Nota: el plural de **der Bus** es **die Busse**.

• ~**en** para los masculinos débiles (ver punto 3 más arriba) y para las palabras que terminan en ~**ant**, ~**ent** e ~**ist**: **der Passant** → **die Passanten**, **der Student** → **die Studenten**, **der Polizist** → **die Polizisten**.

• ̈ (inflexión sin terminación) en **der Bruder** → *el hermano* → **die Brüder**, **der Garten** → *el jardín* → **die Gärten**, **der Mantel** → *el abrigo* → **die Mäntel**, **der Vater** → *el padre* → **die Väter**.

• ~ (sin marca de plural) para las palabras que terminan en ~**er**: **der Verkäufer** → *vendedor* → **die Verkäufer** y ~**en**: **der Wagen** → *auto*.

• ̈**er** para algunas palabras como **der Mann** → *hombre/esposo* → **die Männer**, **der Wald** → *bosque* → **die Wälder**.

5. Algunas palabras no tienen plural (o bien no es usual), como por ejemplo **das Wetter** → *el tiempo, el clima*, **der Urlaub** → *las vacaciones*; esto es cierto en términos generales para las unidades de medida: **die Mark** → *marco*, **das Grad** → *grado*, **das Kilo** → *kilo*, **der Pfennig** → *el centavo*.

Nota: **die Ferien** → *las vacaciones*, **die Leute** → *la gente*, **die Eltern** → *los padres* no tienen singular.

6. El dativo plural siempre termina en ~**n**: **das Kind** → **die Kinder** → **mit den Kindern** → *con los niños* (salvo, por supuesto, si la marca del plural es ~**s** (**die Autos**) o ya es ~**(e)n**.

7. Las palabras compuestas (ver 8 A3):

— se forman de la derecha hacia la izquierda: **die Fabrik für Möbel** → *la fábrica (para) de muebles* → **die Möbelfabrik** → *la fábrica de muebles*: el determinante antecede al determinado.

— Se escriben en una sola palabra.

— El género es el de la última componente, del determinado.

— El determinado también es el que recibe la marca del plural: **die Haustür** → *la puerta (entrada) de la casa* → **die Haustüren**, *las puertas de entrada.*

4 - EL ARTÍCULO

1. El artículo definido: *der*, *das*, *die*
A los tres géneros les corresponden tres artículos:
- masculino : **der** : **der Mann**, *el hombre*
- neutro : **das** : **das Kind**, *el niño/la niña*
- femenino : **die** : **die Frau**, *la mujer*

En plural, al contrario del español, la oposición entre los tres géneros desaparece en alemán —se dice que es **neutralizada**: el artículo definido único del plural es **die**:

der Mann → **die Männer**, *los hombres*
das Kind → **die Kinder**, *los niños/las niñas*
die Frau → **die Frauen**, *las mujeres*

El artículo se declina, se dice que concuerda, según los casos en singular:
- el nom. y el acus. son idénticos en femenino y en neutro.
- el acus. masculino es **den**:

    Er fragt *den* Nachbarn. → *Él le pregunta al vecino.*
- el dativo **dem** es idéntico para el masc. y el neutro:

    Er spricht mit *dem* Nachbarn/mit dem Kind.
    → *Él habla con el vecino/con el niño.*
- el artículo femenino es **der** en dativo:

    Er spricht mit *der* Mutter. → *Él habla con la madre.*

En plural, el nominativo y el acusativo son idénticos, pero el dativo es **den**:

    Er spricht mit *den* Direktoren/Kindern/Müttern.
    → *Él habla con los directores/los niños/las madres.*

El cuadro siguiente resume la declinación del artículo definido tomando en cuenta las formas comunes a varios casos:

	masculino	neutro	femenino	plural
nominativo	der	das	die	die
acusativo	den	das	die	die
dativo	dem	dem	der	den

2. El artículo indefinido: *ein*, *eine*
— El masculino y el neutro no se distinguen en nominativo: **der Wagen-das Auto** → **ein Wagen/Auto**. El femenino sí se marca: **ein*e***, con una ~ **e** final.

— Como en el caso del artículo definido, el nom. y el acus. del neutro y del femenino son idénticos, solamente el masculino presenta la desinencia ~**en**, que corresponde a la ~**n** final de **den**: **den Wagen** → **einen Wagen**:

Haben Sie einen Wagen? → *¿Tiene usted un auto?*
— Los artículos **einem** y **einer** en dativo corresponden a las terminaciones ~ **m** del masculino y del neutro y ~**r** del femenino de los artículos definidos **dem** y **der** en singular:

$$\text{der/das} \rightarrow \text{dativo}: \text{de}m \rightarrow \text{eine}m$$
$$\text{die} \rightarrow \text{dativo}: \text{de}r \rightarrow \text{eine}r$$

El siguiente cuadro resume la declinación del artículo indefinido tomando en cuenta las formas comunes a varios casos (note que **ein(e)** no tiene plural, ver Nota 2 más abajo):

	masculino	neutro	femenino
nominativo	ein	ein	eine
acusativo	einen		
dativo	einem		einer

3. Uso del artículo

El artículo definido se usa para señalar una persona o una cosa precisa, conocida, mientras que el artículo indefinido indica una persona o una cosa cualquiera, no conocida:

Wo ist der Wagen? → *¿Dónde está el auto?* (el nuestro, p.ej.)
Hast du einen Wagen? → *¿Tienes un auto?*
(sin importar la marca, o a quien pertenece, etc.)

Nota 1: La ausencia de artículo señala el partitivo: **Er hat Appetit** → *Él tiene apetito*, **Er hat Ärger** → *Él tiene disgustos*.

Nota 2: Al artículo indefinido *un/una* del español le corresponde el plural *unos/unas*. En alemán no hay artículo indefinido plural: la ausencia de artículo con un sustantivo plural indica el indefinido (como a veces también se da en español):

Ich habe ein Kind.   **Ich habe Kinder.**
→ *Tengo un niño (hijo).*   → *Tengo (unos) niños.*
(Para el uso de **ein** en la forma negativa, ver **La negación**, p. 274).

Nota 3: Como en español, los nombres de países generalmente no llevan artículo: **Deutschland** → *Alemania*, **Spanien** → *España*, **Mexiko** → *México*, **Argentinien** → *(la) Argentina*. Sólo algunos casos excepcionales, como **die Schweiz** → *Suiza* y **der Libanon** → *Líbano* tienen artículo. Los nombres compuestos de países sí llevan artículo: **die BRD** (Bundesrepublik Deutschland) → *la R.F.A. (República Federal de Alemania)*, **die Vereinigten Staaten (von Amerika)** → *los Estados Unidos (de América)*, **die Niederlande** → *los Países Bajos*.

Ein neues Auto ist immer schön.

1. El adjetivo atributo (relacionado al sujeto por medio del verbo *ser/estar*) **es invariable** tanto en género como en número (ver 3 B1).

<blockquote>

Peter ist nett. → *Pedro es simpático.*

Anna ist nett. → *Ana es simpática.*

Sie sind nett. → *Ellos/Ellas son simpáticos/as.*

</blockquote>

2. El adjetivo epíteto (pegado directamente al sustantivo) **se coloca delante** del sustantivo y concuerda con él en género y número:

1) en género:

masculino:	**ein neuer Wagen**	→	*un auto nuevo*
neutro :	**ein neues Auto**	→	*un auto nuevo*
femenino :	**eine neue Frage**	→	*una pregunta nueva*

Nota: El género sólo concuerda en el caso del artículo indefinido (ver más abajo, punto 3).

2) en número:

singular: **der neue Wagen**   plural: **die neuen Wagen**

<blockquote>

das neue Auto   **die neuen Autos**

die neue Frage   **die neuen Fragen**

</blockquote>

3) y en caso: **ein neuer Wagen - mit einem neuen Wagen**

<blockquote>→ *con un auto nuevo*</blockquote>

3. Declinación del adjetivo epíteto

Principio básico: se añade siempre mínimamente una ~ **e**, el grupo artículo + adjetivo + sustantivo *debe* indicar el género del sustantivo: el artículo **der**, **das**, **die** indica el género, y por lo tanto la desinencia es sencillamente ~ **e**; sin embargo, el artículo indefinido **ein** es tanto masculino como neutro, y la marca del género se da en el adjetivo:

<blockquote>

el hombre joven → **der junge Mann** →

ein junger Mann → *un hombre joven*

el auto nuevo → **das neue Auto** →

ein neues Auto → *un auto nuevo*

</blockquote>

eine es femenino, la desinencia es simplemente ~**e**:

<blockquote>**die junge Frau** → **eine junge Frau** → *una mujer joven*</blockquote>

Es decir, la marca del género es ~**e**, ~**er** o ~**es** en nominativo (y en acusativo para el neutro y el femenino); en los demás casos (acus. masc. y dativo para los tres géneros) y el plural, la marca es ~**en**.

Nota: Ya que el artículo indefinido **ein(e)** no tiene plural, las terminaciones virtuales del artículo **die** en nom. y en acus. y **den** son trasladados al adjetivo:

die jungen Kinder - junge Kinder

mit den jungen Kindern - mit jungen Kindern

Los dos cuadros que se presentan a continuación retoman la declinación del adjetivo epíteto en ambos casos:

Declinación del adjetivo después del artículo definido

	masculino	neutro	femenino	plural
nom.	**der junge Mann**	**das junge Kind**	**die junge Frau**	**die jungen Kinder**
acus.	**den jungen Mann**			
dat.	**dem jungen Mann/Kind**		**der jungen Frau**	**den jungen Kindern**

Declinación del adjetivo después del artículo indefinido

	masculino	neutro	femenino	plural
nom.	**ein junger Mann**	**ein junges Kind**	**eine junge Frau**	**junge Kinder**
acus.	**einen jungen Mann**			
dat.	**einem jungen Mann/Kind**		**einer jungen Frau**	**jungen Kindern**

4. La comparación

La igualdad o desigualdad se marca de la manera siguiente:

> ... **so ... wie ...** → ... *tan ... como ...*
>
> ... **nicht so ... wie ...** → ... *no tan ... como ...*
>
> **Peter ist (nicht) so groß wie Hans.**
>
> → *Pedro (no) es tan grande como Juan.*

La superioridad se expresa por medio de:

> adjetivo + **~er als** → *más ... que ...*

Peter ist kleiner als Hans. → *Pedro es más pequeño que Juan.*

Nota: Algunos adjetivos tienen un comparativo irregular (como *mejor* para *bien, bueno* en esp.) (ver 31 A/B/C):

bien, bueno	**gut** →	**besser**	*mejor*
mucho	**viel** →	**mehr**	*más*
con gusto	**gern** →	**lieber**	*con más gusto*
alto	**hoch** →	**höher**	*más alto*

Otros adjetivos llevarán la inflexión:

viejo	**alt** → **älter**	*cercano*	**nah** → **näher**
pobre	**arm** → **ärmer**	*corto*	**kurz** → **kürzer**
grande	**groß** → **größer**	*largo*	**lang** → **länger**
joven	**jung** → **jünger**	*negro*	**schwarz** → **schwärzer**
frío	**kalt** → **kälter**	*fuerte*	**stark** → **stärker**
enfermo	**krank** → **kränker**	*caliente*	**warm** → **wärmer**

262

6 - EL PRONOMBRE POSESIVO

1. El cuadro siguiente indica los adjetivos posesivos que corresponden a los pronombres personales:

singular	plural
ich → mein du → dein	wir → unser ihr → euer
er/es → sein sie → ihr	sie/Sie → ihr/Ihr

Recuerde que:

1) En la tercera persona del singular, el pronombre posesivo es **sein** si el posesor es masculino o neutro, pero **ihr** si es femenino: **sein Vater** → *su padre de él*, **ihr Vater** → *su padre de ella* (ver 23 B3).

2) La forma de respeto se escribe con una mayúscula, como en el caso del pronombre: **Ihr Vater** → *su padre de usted*.

3) **ihr** es el pronombre posesivo que corresponde a **sie** femenino singular y al plural en general:　　**Anna**　　**Ihr Vater ist krank.**
　　　　　　　　　　　　　　Peter und Anna → *Su padre está enfermo.*

4) No confunda:

— el pronombre personal **ihr** → *ustedes*; **Kommt ihr?** → *¿vienen ustedes?*

— el pronombre posesivo **ihr** → *su, sus*; **ihr Sohn** → *su hijo (de ella)*, **ihre Söhne** → *sus hijos (de ellos, ellas)*, **Ihr Sohn** → *su hijo (de usted)*.

— el dativo del pronombre **sie**: **Ich spreche mit ihr.** → *Yo hablo con ella.*

2. Declinación

El pronombre posesivo se declina como el artículo indefinido, se le aplican las mismas terminaciones que a **ein**, y en consecuencia el adjetivo epíteto (entre el adjetivo posesivo y el sustantivo) se declina como después de **ein**. En plural, **mein, dein, ihr, unser,** etc., terminan en ~**e** (~**en** en dativo) y el adjetivo termina en ~**en** en todos los casos:

	mein neuer Wagen meine neue Wohnung		mein neues Auto meine neuen Bücher	
	masculino	neutro	femenino	plural
N.	mein neuer Wagen	mein neues Auto	meine neue Wohnung	meine neuen Bücher
A.	meinen neuen Wagen			
D.	meinem neuen Wagen/Auto		meiner neuen Wohnung	meinen neuen Büchern

263

7 - EL PRONOMBRE PERSONAL

A semejanza del alemán, el español presenta una declinación del pronombre personal: *yo* y *tú* son sujetos, *me* y *te* son complementos. Los pronombres *él, lo, le* son de la misma manera respectivamente sujeto *(él viene)*, objeto directo *(yo lo veo)* y complemento de atribución *(yo le doy)*.

1. Declinación

Los pronombres alemanes tienen formas diferentes según su función como sujeto (= nom.), complemento directo (= acus.) o complemento de atribución o circunstancial introducido por **mit**, **von**, etc... (= dat.). Con los verbos **kommen** → *venir*, **sehen** → *ver* y **geben** → *dar*, tenemos los pronombres siguientes:

(yo vengo)			*(él me ve)*			
yo	ich	komme	Er sieht	mich	=	*me*
tú	du	kommst	–	dich	=	*te*
él	er	kommt	–	ihn	=	*lo/le*
	es	kommt	–	es	=	*lo/le*
ella	sie	kommt	–	sie	=	*la*
nosotros	wir	kommen	–	uns	=	*nos*
ustedes	ihr	kommt	–	euch	=	*los*
ellos/as	sie	kommen	–	sie	=	*los/las/les*

(él me da)

Er gibt	mir	*me (a mí)*	– uns	=	*nos (a nosotros)*
–	dir	*te (a ti)*	– euch	=	*les (a ustedes)*
–	ihm	*le (a él)*			
–	ihr	*le (a ella)*	– ihnen	=	*les (a ellos/as)*

En el siguiente cuadro se toman en cuenta las formas idénticas:

Personas	nomin.	acusat.	dativo	traducción
1ª	ich	mich	mir	*yo - me - a mí*
2ª	du	dich	dir	*tú - te - a ti*
3ª	er	ihn	ihm	*él - lo/le - a él*
	es			
	sie		ihr	*ella - la/le - a ella*
1ª	wir	uns		*nosotros - nos - a nosotros*
2ª	ihr	euch		*ustedes - les - a ustedes*
3ª	sie		ihnen	*ellos/as - los/las - a ellos = les*

Declinación del pronombre personal.

A los artículos definidos **der, das, die** les corresponden los pronombres **er, es, sie**, que terminan con las mismas letras:

    der → **er** **das** → **es** **die** → **sie**

También en dativo la última letra es idéntica:

    den → ih**n** **dem** → ih**m** **der** → ih**r**

Nota: El dativo del plural **sie** es **ihnen**.

— como en el caso de los artículos, los pronombres **es, sie** y el plural **sie** son idénticos en nominativo y en acusativo;

— el dativo singular es el mismo para **er** y **es: ihm**;

— las formas del acusativo y del dativo son idénticas para **wir = uns** e **ihr = euch**.

2. La forma de respeto

En alemán, la forma de respeto tanto singular como plural es la tercera persona del plural. Para evitar ambigüedades (salvo al inicio de una oración), el pronombre sujeto y complemento se escribe con mayúscula:

    Haben sie Geld? = *¿Tienen (ellos/ellas) dinero?*

    Haben Sie Geld? = *¿Tiene usted/tienen ustedes dinero?*

3. El pronombre reflexivo

El pronombre personal del acusativo (y del dativo en ciertos casos) puede ser reflexivo: la acción se ejerce sobre el sujeto, **Ich wasche mich** → *Yo me baño* → *"yo baño me"*.

En la tercera persona el pronombre reflexivo es **sich** para los tres géneros: **Er/Es/Sie wäscht sich** → *Él/Ella se baña*, y también para el plural: **Sie waschen sich** → *Ellos/Ellas se bañan*.

---

8 - LAS PREPOSICIONES

Las preposiciones son elementos de relación (nexos) que establecen un vínculo entre un verbo y un sustantivo (**Er geht in das Haus** → *Él entra a la casa.*) o entre dos sustantivos (**die Vase auf dem Tisch** → *El florero (que está) en la mesa.*).

En alemán existe una distinción básica, desconocida en español, en el uso de las preposiciones:

— entre el lugar en el que uno se encuentra, llamado locativo,

— y el lugar al que uno se dirige, llamado direccional.

La misma preposición, **in** → *en*, por ejemplo, introduce:

— el acusativo si el verbo expresa un desplazamiento,

— el dativo si el verbo indica que no hay cambio de lugar.

    Es el caso de los verbos llamados de desplazamiento o de posición (ver 29 A/B3):

        Er legt den Koffer in den Schrank.

    → *Él coloca (acostada) la maleta en el armario.*

        Der Koffer liegt in dem Schrank.

    → *La maleta está (acostada) en el armario.*

Si algunos verbos tienen solamente el sentido de desplazamiento hacia (se dice que son esencialmente direccionales) (los verbos de movimiento y p.ej. **bringen** → *traer*, **einziehen** → *mudarse*, **werfen** → *lanzar*) y otros esencialmente locativos (los verbos de posición y p.ej. **arbeiten** → *trabajar*, **wohnen** → *habitar*, **leben** → *vivir*), otros son direccionales o locativos (**stecken** → *estar adentro*, **gehen** → *ir*, **laufen** → *correr*) según si el movimiento expresado se da hacia o al interior de un lugar:

> **Er fährt nicht gern in *die* Stadt.**
> → *No le gusta ir a la ciudad en auto.*
> **Er fährt nicht gern in *der* Stadt.**
> → *No le gusta manejar en la ciudad.*

1. Algunas de las preposiciones que pueden regir tanto un **dativo** como un **acusativo** son:

an, *cerca de, en*	**auf**, *sobre*	**hinter**, *detrás*
in, *dentro de, en*	**neben**, *al lado de*	**vor**, *delante*

2. La oposición entre direccional y locativo no interviene para ciertas preposiciones, que introducen automáticamente o el acusativo o el dativo. Se dice que "rigen" el uno o el otro caso:

— el acusativo (entre otras preposiciones): **für** → *para*, **gegen** → *contra*,

— el dativo: **aus** → *fuera de*, **bei** → *cerca de/en casa de*, **mit** → *con*, **nach** → *hacia/después*, **seit** → *desde*, **von** → *de/procedente de*, **zu** → *hacia*.

3. La mayoría de las preposiciones pueden tener varios sentidos, consagrados por el uso: **am Meer** → *a orillas del mar*, **auf der Straße** → *en la calle*, **im Juli**, *en julio*, etc.

Es importante retener sobre todo el uso de preposiciones diferentes necesarias para expresar la oposición direccional - locativo delante de sustantivos usados sin artículo (particularmente los nombres de países, ver Nota 3, p. 260):

direccional	locativo
Er fährt *nach* Deutschland.	**Er wohnt *in* Deutschland.**
→ *Él va a Alemania.*	→ *Él vive en Alemania.*
Er geht *nach* Haus.	**Er ist *zu* Haus.**
→ *Él va a casa.*	→ *Él está en casa.*

Nota 1: *a casa de* (direccional) se traduce por **zu**, y *en casa de* (locativo) se traduce por **bei**:

Er geht *zu* seinem Vater.	**Er wohnt *bei* seinem Vater.**
→ *Él va a casa de su padre.*	→ *Él vive en casa de su padre.*

Nota 2: **in, an, von, bei** y **zu** seguidos del dativo (masculino o neutro) singular **dem** pueden contractarse: **im, am, vom, beim** y **zum**.

Nota 3: **um** se usa para la hora (**um 8** → *a las 8*) y **am** para los días de la semana (**am Sonntag** → *el domingo*, ver 21 A3) y las partes del día (**am Morgen** → *en la mañana*, **am Abend** → *en la noche*).

---

9 - EL ADVERBIO

---

1. **La mayoría de los adjetivos pueden ser usados también como adverbios:**

Er ist langsam.	*Él es lento.*
Er arbeitet langsam.	*Él trabaja despacio.*

2. **Los adverbios se escriben con minúscula:**
heute, *hoy*; **heute abend**, *hoy en la noche*; **morgen**, *mañana*.

3. **Además de los adverbios ya mencionados note los siguientes:**
1) adverbios de tiempo:

bald, *pronto*	**nie**, *nunca*
dann, *entonces*	**heute früh**, *hoy en la mañana*
lange, *durante largo tiempo*	**bis morgen**, *hasta mañana*
oft, *frecuentemente*	**bis bald**, *hasta pronto*
früh, *temprano*	**übermorgen**, *pasado mañana*
sofort, *inmediatamente*	**heute abend**, *hoy en la noche*
jetzt, *ahora*	**noch nie**, *nunca hasta ahora*

2) adverbios de lugar:

hier, *aquí* **da**, *ahí*	**dort**, *allí*
rechts, *a la derecha*	**links**, *a la izquierda*

3) adverbios interrogativos:

wann? *¿cuándo?*	**wo?** *¿dónde?*
womit? *¿con qué?*	**wie?** *¿cómo?*
woher? *¿de dónde?*	**was?** *¿qué?*
warum? *¿por qué?*	**wohin?** *¿a dónde?*
wozu? *¿para qué?*	

4) otros adverbios: **leider**, *desgraciadamente*

gern, *con gusto*	**viel**, *mucho*
immer, *siempre*	**sehr viel**, *muchísimo*
nur, *solamente*	**gerade**, *justamente*
sonst, *si no*	**mehr**, *más*
ganz, *completamente*	**sogar**, *incluso*
sehr, *muy*	**vielleicht**, *quizá*

El verbo en alemán tiene dos originalidades, oponiendo:

1) a verbos regulares, llamados "débiles" con verbos irregulares, llamados "fuertes", cuya conjugación presenta a veces ciertas particularidades.

2) a verbos simples (**kommen**, p.ej.) con verbos compuestos de un verbo sencillo y un prefijo separable (**mit**, p.ej. para **mit = kommen** → *acompañar*) o inseparable (**bekommen** → *recibir*).

Los prefijos verbales separables son, entre otros (ver repertorio de palabras citadas, págs. 282-288): **ab=, an=, auf=, aus=, ein=, fern=, mit=, nach=, um=, vor=, weg=**.

Los prefijos verbales inseparables son: **be-** (begrüßen), **emp-** (empfangen), **er-** (erklären), **ge-** (gewinnen), **ver-** (verkaufen).

1. El presente

a) Verbos débiles: las terminaciones de la conjugación pueden verse en el cuadro siguiente con el verbo **machen**, *hacer* (ver 15 A/B 3):

<table>
<tr><td colspan="2" align="center">machen</td><td colspan="2" align="center">terminaciones</td></tr>
<tr><td>singular</td><td>plural</td><td>singular</td><td>plural</td></tr>
<tr><td>ich mache
er/es
sie } macht</td><td>wir
sie } machen</td><td>ich -e
er/es
sie } -t</td><td>wir
sie } -en</td></tr>
<tr><td>du machst</td><td>ihr macht</td><td>du -st</td><td>ihr -t</td></tr>
</table>

b) verbos fuertes: algunos verbos fuertes presentan una transformación de la vocal del infinitivo: **a** se convierte en **ä** (fahren, waschen), **e** se convierte en **i/ie** (geben - er gibt, sehen - er sieht), **au** se convierte en **äu** (laufen - er läuft) en la 2ª y 3ª persona del singular (las terminaciones de la conjugación son idénticas a las de los verbos débiles). (Ver la lista de los verbos fuertes, págs 279-281.) Ejemplo para **treffen**:

> singular: **ich treffe, du triffst, er/es/sie trifft**
> plural: **wir/sie treffen, ihr trefft**

Nota 1: La 2ª y 3ª persona de **nehmen** son **du nimmst, er nimmt**.

Nota 2: Si la raíz del verbo termina con el sonido [s], la 2ª y la 3ª persona son idénticas:

- **les-en: du/er liest**
- **verlass-en: du/er verläßt**
- **ess-en: du/er ißt**
- **sitz-en: du/er sitzt**

c) Conjugación de los verbos **haben**, *haber/tener* y **sein**, *ser/estar*

haben				sein			
ich	habe	wir		ich	bin	wir	
er/es	hat	sie	haben	er/es	ist	sie	sind
sie				sie			
du	hast	ihr	habt	du	bist	ihr	seid

2. El pretérito

Este tiempo corresponde en español al pretérito (pret. perf. simple), al copretérito (pret. imperf.) y a veces al antepresente (pret. perf. comp.). No se especificará aquí más que el pretérito de los verbos **haben** y **sein**.

haben				sein			
ich		wir		ich		wir	
er/es	hatte	sie	hatten	er/es	war	sie	waren
sie				sie			
du	hattest	ihr	hattet	du	warst	ihr	wart

Note que la 1^a y la 3ª persona del singular y del plural son idénticas.

3. El pretérito compuesto

a) corresponde en español al antepresente (pret. perf. comp.) pero también a veces al pretérito (pret. perf. simple). Se compone del auxiliar **haben** o **sein** y del participio pasado que se forma en el caso de:

- los verbos débiles con **ge~** + raíz + **~t**: mach-en → **gemacht**,
- los verbos fuertes con **ge~** + raíz + **~en**: halt-en → **gehalten**.

- Nota 1: Algunos verbos fuertes tienen un participio pasado irregular (ver lista de verbos fuertes p. 279), como por ejemplo **essen** → **gegessen** → *comido*, **nehmen** → **genommen** → *tomado*. La vocal es casi siempre distinta de la del infinitivo: **gewinnen** → **gewonnen** → *ganado*, **liegen** → **gelegen** → *acostado*, **schreiben** → **geschrieben** → *escrito*.

- Nota 2: Los verbos con prefijo inseparable no tienen **ge~** : **bekommen** → **er hat bekommen** → *él ha recibido*.

- Nota 3: En el caso de los verbos con prefijo separable, **ge~** se coloca entre el prefijo y el P.P.: **aus=gehen** → **er ist ausgegangen** → *él ha salido*.

- Nota 4: Los verbos que terminan en **~ieren** no tienen **ge~** en el P.P.: **fotografieren** → **er hat fotografiert** → *él ha fotografiado*.

b) **El auxiliar: ¿haben o sein?** (ver 37 A/B 3)

Se usa:

- **haben** para casi todos los verbos (**kaufen** → **er hat gekauft** → *él ha comprado*, **sich waschen** → **er hat sich gewaschen** → *él se ha lavado*), salvo:

— **sein** para los verbos que expresan un cambio de estado (**werden → er ist geworden →** *él ha devenido*) o un movimiento (**laufen → er ist gelaufen →** *él ha corrido*), al igual que para **bleiben → er ist geblieben →** *él se ha quedado* y para **sein → er ist gewesen →** *él ha sido/estado*.

4. Los verbos auxiliares modificativos (modales): können/ dürfen, müssen/sollen, wollen/mögen.

Estos seis verbos se llaman así porque pueden ser usados solos, con un significado propio (**er will nicht →** *él no quiere*), pero con más frecuencia con un infinitivo complemento (**Er kann nicht kommen →** *Él no puede venir*), dándole una "modalidad" al verbo.

Con excepción de **sollen**, presentan un cambio en la vocal de la raíz en el singular del presente:

können:	ich/er kann,	du kannst;	wir/sie können,	ihr könnt
dürfen:	darf	darfst	dürfen	dürft
müssen:	muß	mußt	müssen	müßt
sollen:	soll	sollst	sollen	sollt
mögen:	mag	magst	mögen	mögt
wollen:	will	willst	wollen	wollt

Estos verbos modales tienen dos participios pasados (ver 40 A), uno primero que es regular (**ge~ t**, aunque sin inflexión cuando ésta existe en infinitivo) y otro segundo, idéntico al infinitivo, cuando el verbo se usa como auxiliar con un infinitivo complemento:

Er hat nicht gewollt.   **Er hat nicht kommen wollen.**
→ *Él no quiso (ha querido).* → *Él no quiso (ha querido) venir.*

• Nota: **lassen** en el sentido de *mandar hacer* también tiene un participio pasado idéntico a la forma del infinitivo:

Sie läßt den Doktor kommen.
→ *Ella manda llamar al doctor.*
Sie hat den Doktor kommen lassen.
→ *Ella mandó (ha mandado) llamar al doctor.*

5. El imperativo

El imperativo no existe más que en la 2ª persona del singular y del plural y en la 1ª y 3ª persona del plural (para la forma de respeto). El verbo se encuentra al inicio de la oración, y el sujeto se coloca detrás:

kommen:Komm!   *¡ven!*   **Kommt!**   *¡vengan!*
          Kommen wir! *¡vayamos!* **Kommen Sie!** *¡venga ud.!*

• Nota: En los verbos que convierten la vocal del infinitivo en **i/ie** en el singular del presente, esta vocal también se encuentra en el imperativo:

lesen → du liest: Lies! → *¡Lee!*   **essen → du ißt: Iß! →** *¡come!*

6. El infinitivo

El infinitivo se coloca al final de la oración (ver p. 273). Salvo en los casos que se exponen a continuación, es precedido por **zu**:

Er hofft morgen zu kommen.   *Él espera venir mañana.*

Puede ser complemento de un adjetivo:

Das ist interessant zu sehen.   *Es interesante verlo.*

Es ist möglich, hier zu rauchen.   *Es posible fumar aquí.*

Es ist verboten, hier zu rauchen.   *Está prohibido fumar aquí.*

o de un verbo:

Er hat vor, morgen zu kommen.   *Tiene la intención de venir mañana.*

Er denkt, morgen zu kommen.   *Piensa venir mañana.*

No se usa **zu**:

1) después de los verbos modales (ver 32 A/B):
   Er kann/muß kommen.   *Él puede/debe venir.*

2) después de los verbos **hören** y **sehen**:
   Sie hört/sieht ihn arbeiten.   *Ella lo oye/ve trabajar.*

3) con **lernen** y **lassen**:
   Er lernt schreiben.   *Él aprende a escribir.*
   Er läßt seinen Sohn arbeiten.   *Él hace trabajar a su hijo.*

4) después de **helfen** → *ayudar*:
   Sie hilft ihrer Mutter abwaschen.
   Ella ayuda a su madre a lavar los trastos.

- Nota: Como puede verse, salvo en el caso de **helfen** que rige el dativo, el sujeto del verbo en infinitivo está en acusativo: **Sein Sohn arbeitet** Ä Su hijo trabaja Ä **Er läßt seinen Sohn arbeiten** (ver el ejemplo citado más arriba).

---

11 - LA CONSTRUCCIÓN DE LA ORACIÓN

La oración en alemán se distingue de la oración en español por el lugar que ocupan las formas conjugadas y no conjugadas del verbo.

Por forma no conjugada del verbo se entiende el participio pasado y el infinitivo. La forma conjugada es aquella que tiene las marcas de las personas (**ich komme, er kommt,** etc.) y en particular los auxiliares **haben** y **sein** en pretérito compuesto (**er ist gekommen** → *él ha venido,* **er hat gegessen** → *él ha comido*), **werden** para el pasivo: **Die Löhne werden erhöht.** → *Los salarios son aumentados.*), y los verbos modales (**er kann kommen** → *él puede venir*).

Según la naturaleza de la frase, principal (o independiente) o subordinada, la forma conjugada del verbo está en primera, segunda o última posición, la forma no conjugada está en última o penúltima posición.

1. Posición del verbo

a) La forma conjugada del verbo.

- En una oración <u>declarativa</u>, el verbo se encuentra en segunda posición.

  (1) **Peter   kommt   morgen mit seinem Bruder.**
  (2) **Morgen   Peter mit seinem Bruder.**

  (1) → *Pedro viene mañana con su hermano.*
  (2) → *Mañana Pedro viene con su hermano.*

Es decir que <u>un solo</u> elemento (sujeto o complemento) puede ocupar la primera posición. El inicio de oración *Mañana Pedro* ... es imposible en alemán.

- En una oración <u>interrogativa</u> (ver 10/11 A3), el verbo está:
  − o en primera posición (interrogación global):

  (3) **Kommt Peter morgen mit seinem Bruder?**
  → *¿Viene Pedro mañana con su hermano?*

  − o en segunda posición (interrogación parcial):

  (4) **Wann/Mit wem kommt Peter?**
  → *¿Cuándo/Con quién viene Pedro?*

Es decir que el sujeto viene detrás del verbo, el cual se encuentra siempre en primera posición, o en segunda si la interrogación empieza con un pronombre (**wer?, wen?, wem?**) o un adverbio interrogativo (**wo?, womit?, wozu?**, etc., ver p. 267).

- En una oración <u>imperativa</u> el verbo ocupa la primera posición, seguido del sujeto en la 1ª persona del plural (**Gehen wir!** *¡Vayamos!*) o en la forma de respeto:

  (5) **Komm morgen mit deinem Bruder!**
  → *¡Ven mañana con tu hermano!*

  (6) **Kommen Sie morgen mit Ihrem Bruder!**
  → *¡Venga mañana con su hermano!*

- En una <u>subordinada</u>, el verbo se encuentra en última posición. La principal **Peter kommt morgen mit seinem Bruder** se convierte en:

  (7) **Ich glaube, daß Peter morgen mit seinem Bruder kommt.**
  → *Creo que Pedro viene mañana con su hermano.*

  (8) **Ich frage Sie, ob Peter morgen mit seinem Bruder kommt.**
  → *Le pregunto si Pedro viene mañana con su hermano.*

  (9) **Ich bin froh, weil Peter morgen mit seinem Bruder kommt.**
  → *Estoy contento porque Pedro viene mañana con su hermano.*

  (10) **Ich wäre froh, wenn Peter morgen mit seinem Bruder kommen würde.**
  → *Estaría contento si Pedro viniera mañana con su hermano.*

Las conjunciones de subordinación son (entre otras) **daß** → *si*, **weil** → *porque*, **ob** → *si* interrogativo y **wenn** → *si* condicional.

Nota: La misma palabra *si* corresponde en alemán a dos conjunciones distintas que no deben confundirse: ver las oraciones (8) y (10) más arriba (ver también 34 B3 y 39 B3).

b) La forma no conjugada del verbo.

- En una principal o independiente, el participio pasado y el infinitivo se encuentran en última posición:

    (11) **Peter ist gestern mit seinem Bruder** *gekommen.*
    → *Pedro vino ayer con su hermano.*

    (12) **Peter muß morgen mit seinem Bruder** *kommen.*
    → *Pedro debe venir mañana con su hermano.*

- En la subordinada se encuentran en la penúltima posición, ya que la última la ocupa la forma conjugada (ver más arriba):

    (13) **Er sagt, daß Peter gestern mit seinem Bruder** *gekommen* **ist.**

    (14) **Er sagt, daß Peter morgen mit seinem Bruder** *kommen* **muß.**

Nota: En una subordinada, la forma conjugada **haben** precede al "doble infinitivo" (ver 40 A3):

    (15) **Er sagt, daß Peter gestern mit seinem Bruder** *hat kommen* **müssen.** → *Dice que Pedro tuvo que venir ayer con su hermano.*

2. El primer elemento de la oración

En una oración declarativa (ver oraciones (1) y (2) más arriba), el sujeto está en <u>primera</u> o en <u>tercera</u> posición —**nunca en segunda**— si un "complemento", cualquiera que sea (adjetivo, adverbio, complemento de tiempo, de lugar, etc.) se encuentra en primera posición.

El primer "complemento" puede indicar cierta insistencia: **Morgen kommt Peter ...** → *Es mañana que viene Pedro ...* Sin embargo, esto es bastante **excepcional**: el primer elemento es casi siempre un evento, un hecho, una cosa o una persona, etc., sobre el cual se aporta una información: **Peter kommt morgen.** → *Esto es lo que Pedro va a hacer: viene mañana*; **Morgen kommt Peter ...** → *Esto es lo que va a pasar mañana: Pedro va a venir ...*

El primer elemento puede ser más o menos complejo, estar formado por dos sustantivos coordinados, sujetos (**Peter und Anna sind nicht da.** → *Pedro y Ana no están.*) o complementos (**in Bremen und in Köln** → *en Brema y en Colonia,* ver 7 B3). Una frase subordinada puede desempeñar la función de primer elemento, y en ese caso el verbo se coloca inmediatamente detrás de la subordinada (y la coma), seguido del sujeto:

    (16) **Wenn du willst, gehen wir ins Kino.**
    → *Si quieres vamos al cine.*

Notemos que las conjunciones de coordinación (**aber** → *pero*, **denn** → *porque*, **oder** → *o*, **und** → *y*) no son consideradas, no cuentan como primeros elementos, se dice que están al margen de la construcción.

---

12 - LA NEGACIÓN

---

1. La negación principal en alemán es **nicht** → *no* ..., que se coloca:
1) delante de la palabra negada, sustantivo o adjetivo atributo:

Der Wagen ist schön.	→	**Der Wagen ist nicht schön.**
→ *El auto es bonito.*		→ *El auto no es bonito.*
Das ist mein Wagen.	→	**Das ist nicht mein Wagen.**
→ *Es mi auto.*		→ *No es mi auto.*

2) la mayoría de las veces detrás del complemento en acusativo:

Ich finde meinen Regenschirm nicht.
→ *No encuentro mi paraguas.*

2. La segunda negación del alemán, **kein(e)**, se usa:
1) para negar un sustantivo precedido del artículo indefinido **ein(e)**:

Ich habe einen Bruder und eine Schwester.
→ *Tengo un hermano y una hermana.*

Ich habe keinen Bruder und keine Schwester.
→ *No tengo ni hermano ni hermana.*

2) Para negar una palabra sin artículo, expresión del partitivo o del indefinido en plural (ver Notas 1/2, p. 260):

Ich habe Geld.	→	**Ich habe kein Geld.**
Tengo dinero.		*No tengo dinero.*
Ich habe Zeit.	→	**Ich habe keine Zeit.**
Tengo tiempo.		*No tengo tiempo.*
Ich habe Appetit.	→	**Ich habe keinen Appetit.**
Tengo apetito.		*No tengo apetito.*
Ich habe Bücher.	→	**Ich habe keine Bücher.**
Tengo libros.		*No tengo libros.*

Nota: El género reaparece en la forma negativa, y **kein** debe ser declinado (el modelo es el adjetivo posesivo, ver p. 263).

---

13 - LÉXICO GRAMATICAL

---

acentuada (sílaba): ver sílaba.

activa (oración/forma): ver pasivo.

acusativo: caso del objeto directo en la declinación: *auto* en *Él tiene un auto*.

antónimo: palabra cuyo sentido se opone directamente a otro: *comprensible - incomprensible*, por ejemplo.

atribución (complemento de): se introduce con *a* en español e identifica al beneficiario de un verbo (*dar, traer*, etc.). El complemento de atribución está en dativo en alemán.

atributo: sustantivo (*Él es técnico*) o adjetivo (*Él está enfermo*) relacionado con el sujeto por medio del verbo *ser/estar*. El adjetivo atributo es invariable en alemán (ver 3 B1).

auxiliar: verbo (*haber, ser/estar*) que no tiene sentido propio sino sirve ("auxilia") para conjugar otro verbo, en pretérito compuesto por ejemplo.

comparativo: comparación entre dos o más seres u objetos. Aquí son tratados 1) el comparativo de superioridad → *más ... que ...* 2) el comparativo de igualdad → *tan ... como ...*, o de desigualdad → *menos ... que ...* (ver 31 A B).

complemento: todo elemento constitutivo de una oración (sujeto, complemento en el sentido tradicional).

conjunción: palabra invariable que pone en relación dos palabras o dos frases. Las **conjunciones de coordinación** (pero, o, y, etc.) relacionan dos palabras (*Pedro y Ana*) o dos frases (*Pedro viene y Ana se va*). Las **conjunciones de subordinación** (cuando, que, etc.) introducen una frase subordinada (ver oración) que depende de la principal.

consonante: sonido (p, t, k, f, s, r, etc.) que acompaña a las vocales (ver vocal).

coordinación (conjunción): ver conjunción.

dativo: caso del complemento de atribución en alemán. También se usa después de algunas preposiciones (ver resumen gramatical, p. 265).

débil: 1) verbo cuya conjugación es regular, 2) masculino que en alemán termina en ~**n** (der Herr, der Kollege, etc.) en singular y en plural.

declarativa (oración): al contrario de la oración interrogativa o imperativa, la oración declarativa (positiva o negativa) sirve para exponer, declarar un hecho: *Él se fue, Él no se ha ido todavía*.

declinación: conjunto de formas que pueden revestir los sustantivos, pronombres, adjetivos según su uso como sujetos o complementos de una oración. En español se declina, p.ej., el pronombre personal (ver resumen gramatical, p. 264).

desinencia: terminación de un sustantivo, un adjetivo o un verbo: ~**é** y ~**amos** por ejemplo para canté y cantamos.

determinado: palabra de base precisada por el determinante en una palabra compuesta: *puerta* es determinado por *casa* en *la puerta de la casa*.

determinante: palabra que determina, dentro de una palabra compuesta, la palabra de base: *casa* determina a *puerta* en *la puerta de la casa* → alem. die Haustür.

diminutivo (sufijo): sufijo que expresa la idea de pequeñez: ~*ito* e ~*ita* en esp. para, p.ej., *niñito*, *niñita*, "-tein"; "-che" en alemán.

diptongo: vocal cuyo timbre cambia mientras es emitida, pasando de [a] a [o] p.ej. en [ao]. Se trata, sin embargo, de un sonido único y no de dos vocales sucesivas.

direccional: este caso se opone al locativo y expresa el movimiento hacia un lugar.

directa (interrogación): ver interrogación.

entonación: melodía (música) de la oración que permite distinguir, por ejemplo, una oración interrogativa (*¿Comió?*) de una oración declarativa (*Comió.*).

epíteto: se opone al adjetivo atributo, y está pegado directamente al sustantivo que califica: *un niño pequeño*.

forma: ver pasivo.

fuera de construcción (elementos): no forman parte de los elementos constitutivos de la oración en alemán (particularmente las conjunciones de coordinación).

fuerte (verbo): verbos irregulares por su participio pasado en **ge~ en** (ver p. 269, punto 3) y por su 2ª y 3ª persona del singular en presente (ver p. 268, Notas 1/2 del punto 1).

género: categoría de los sustantivos (y pronombres) que distingue el masculino, el femenino y el neutro.

global: ver interrogación.

glotal: interrupción brusca (marcada ["]) de la voz al inicio de una palabra que impide el enlace con la última consonante de la palabra precedente, en esp. p.ej. *el hacha*.

imperativo: la oración imperativa expresa la orden, la exhortación: *¡Ven ahora mismo!*

impersonal (pronombre): expresa la ausencia de sujeto real: en alemán **Es regnet** → *Llueve*.

inacentuada (sílaba): ver sílaba.

independiente (frase): ver oración.

indirecta (interrogación): ver interrogación.

infinitivo: forma de un verbo sin las marcas de tiempo ni de persona. El infinitivo se llama **complemento** si es introducido por un adjetivo o un verbo (ver Resumen gramatical, p. 271).

inflexión: transformación de una vocal (**a → ä, o → ö, u → ü, au → äu, e → i/ie**) en el plural de las palabras (ver p. 257, punto 4) o en el verbo (ver p. 268, b del punto 1).

inseparable (prefijo verbal): elemento del verbo que no puede separarse de él (ver pp. 268 y 269, Nota 2).

interrogación: una oración interrogativa sirve para hacer una pregunta. Se llama:

1) **global** cuando la interrogación abarca el conjunto de la oración: la respuesta no puede ser más que sí o no, ej. *¿Vienes?*

2) **parcial** si no abarca más que una parte de la respuesta esperada; es introducida por un pronombre o un adverbio interrogativo: *¿Quién viene mañana? ¿Cuándo vienes?*

3) **directa** si se hace directamente (ver ejemplos más abajo).

4) **indirecta** si se formula como una frase subordinada dependiente de una principal (*Pregunto* ...) La interrogación global indirecta se introduce con si: *¿Vienes?* → *Te pregunto si vienes.*

intransitivo: ver transitivo.

locativo: este caso, al contrario del direccional, señala el lugar al interior del cual se desarrolla la acción expresada por el verbo.

modalidad (verbo de): verbo que puede usarse tanto con su sentido propio como para construir una forma verbal compuesta (*deber* en esp.: *Le debo dinero. –Debo venir mañana.*).

nasal: sonido (vocal o consonante) en la producción del cual la nariz juega un papel fundamental.

nominativo: caso del sujeto en la declinación (los pronombres *yo, tú, él, ella*, etc. en la declinación del pronombre en esp.).

número: categoría representada por el singular y el plural.

objeto: **completa** el sentido de un verbo (*Él come la sopa*). El objeto es **directo** cuando es introducido sin preposición, e **indirecto** en el caso contrario (*Él le pregunta al director* ...).

oración: oración sencilla (completa) o parte de una oración compuesta por un sujeto y un verbo. Una oración es **independiente** si se basta a sí misma: *Pedro no vino*. La misma oración puede ser **principal** si es completada por una oración **subordinada** ... porque está enfermo p.ej.:

independiente/principal:	*Pedro no vino (.)*
subordinada:	*... porque está enfermo.*

parcial (interrogación): ver interrogación.

participio (pasado): forma no conjugada del verbo en el pretérito compuesto, p.ej. (*cantado* en *él ha cantado*).

partitivo: expresa la parte de un todo.

pasivo (forma pasiva): oración en la cual el sujeto sufre la acción expresada por el verbo (*La secretaria es llamada por el director*), al contrario de la forma activa (*El director llama a la secretaria*) en la que el sujeto (que se convierte en complemento en pasivo) ejerce la acción sobre el complemento (que se convierte en sujeto en pasivo) (ver 39 B3).

personal (pronombre): palabra gramatical usada **para** (pro-nombre) una **persona** definida: *yo, tú, él, ella*, etc.

prefijo verbal separable: primer elemento de un verbo compuesto en alemán: **mit** en **mit-kommen** → *venir* con (sobre su lugar en la oración, ver p. 138).

preposición: palabra gramatical que establece una relación entre un verbo y un sustantivo (*Él va a la escuela*) (ver Resumen gramatical, p. 265).

pretérito: tiempo del pasado que le es propio al alemán y que corresponde tanto al pretérito (pret. perf. simple), al copretérito (pret. imperf.) como a veces al antepresente (pret. perf. comp.) en español (ver Resumen gramatical, p. 269).

pretérito compuesto: tiempo del pasado compuesto por un auxiliar y el participio pasado del verbo (*he cantado*).

principal (oración): ver oración.

raíz: parte de un sustantivo y en particular de un verbo que queda cuando se le quita la terminación del infinitivo: *cant~* para *cantar*, **komm~** para **kommen** → *venir* en alemán.

reflexivo: pronombre personal complemento que representa al sujeto que ejerce una acción sobre sí mismo: *se* en *se baña*.

semivocal: vocal que no puede formar una sílaba por sí sola, la *y* de *yo* por ejemplo.

sílaba: está formada por una vocal y una o más consonantes. Las palabras alemanas presentan una (única) sílaba acentuada que se pronuncia con mayor fuerza que la o las sílabas inacentuadas (pero no está marcada por un símbolo ortográfico, como en español).

subordinación (conjunción de): ver conjunción.

subordinada (oración): ver oración.

sufijo: elemento que se le añade a la raíz de un sustantivo o de un verbo para formar otra palabra, derivada: *~isa* para *poetisa*, p.ej.

transitivo: verbo que se construye con un objeto directo (*leer*), en oposición a los verbos intransitivos cuyo complemento es introducido por una preposición (*preguntar a*). Un verbo transitivo requiere de un objeto **directo**, sin preposición (ej. *él lee un libro*), mientras que un verbo **intransitivo** requiere de un complemento **indirecto**, con preposición (ej. *él recuerda a su abuela*).

Umlaut: traducción al alemán de *inflexión*; señala comúnmente la diéresis sobre las vocales **a, o, u** y **au** (ver inflexión).

vocal: sonido autónomo (puede pronunciarse solo): *a, e, i, o, u,* en español, contrariamente a las consonantes.

1) Se indican nada más la 2ª y 3ª persona del singular, cuando son irregulares.
2) El pretérito compuesto, con su auxiliar, viene en 3ª persona del singular.

infinitivo	presente		pretérito compuesto
anfangen	du fängst an	er fängt an	er hat angefangen
empezar			
anspringen			er ist angesprungen
arrancar			
bleiben			er ist geblieben
quedarse			
bringen			er hat gebracht
traer			
denken			er hat gedacht
pensar			
dürfen	du darfst	er darf	er hat gedurft[1]
poder			
einladen	du lädst ein	er lädt ein	er hat eingeladen
invitar			
empfangen	du empfängst	er empfängt	er hat empfangen
recibir			
empfehlen	du empfiehlst	er empfiehlt	er hat empfohlen
recomendar			
essen	du ißt	er ißt	er hat gegessen
comer			
fahren	du fährst	er fährt	er ist gefahren
ir (en auto)			
finden			er hat gefunden
encontrar			
fliegen			er ist geflogen
volar, ir (en avión)			
geben	du gibst	er gibt	er hat gegeben
dar			
gehen			er ist gegangen
ir (a pie)			
gewinnen			er hat gewonnen
ganar			
haben	du hast	er hat	er hat gehabt
haber, tener			

[1] Participio pasado idéntico a la forma del infinitivo con un infinitivo complemento.

infinitivo	presente		pretérito compuesto
halten	du hältst	er hält	er hat gehalten
pararse			
hängen			er hat gehangen
colgar			
helfen	du hilfst	er hilft	er hat geholfen
ayudar			
kennen			er hat gekannt
conocer			
kommen			er ist gekommen
venir			
können	du kannst	er kann	er hat gekonnt[1]
poder			
lassen	du läßt	er läßt	er hat (ihn kommen)
mandar hacer			lassen
laufen	du läufst	er läuft	er ist gelaufen
correr			
lesen	du liest	er liest	er hat gelesen
leer			
liegen			er hat gelegen
estar acostado			
mögen	du magst	er mag	er hat gemocht[1]
"gustar"			
müssen	du mußt	er muß	er hat gemußt[1]
deber			
nehmen	du nimmst	er nimmt	er hat genommen
tomar, coger			
rufen			er hat gerufen
llamar			
scheinen			er hat geschienen
brillar			
schlafen	du schläfst	er schläft	er hat geschlafen
dormir			
schließen	du schließt	er schließt	er hat geschlossen
cerrar			
schneiden	du schneidest	er schneidet	er hat geschnitten
cortar			
schreiben			er hat geschrieben
escribir			
schreien			er hat geschrie(e)n
gritar			
sehen	du siehst	er sieht	er hat gesehen
ver			

infinitivo	presente		pretérito compuesto
sein *ser/estar*	du bist	er ist	er ist gewesen
sitzen *estar sentado*	du sitzt	er sitzt	er hat gesessen
sollen *deber*	du sollst	er soll	er hat gesollt[1]
sprechen *hablar*	du sprichst	er spricht	er hat gesprochen
stehen *estar parado*			er hat gestanden
steigen *subir*			er ist gestiegen
treffen *reunirse con*	du triffst	er trifft	er hat getroffen
trinken *beber*			er hat getrunken
tun *hacer*	du tust	er tut	er hat getan
unterhalten (sich) *conversar*	du unterhältst dich	er unterhält sich	er hat sich unterhalten
verbinden *comunicar, unir*	du verbindest	er verbindet	er hat verbunden
vergessen *olvidar*	du vergißt	er vergißt	er hat vergessen
verlassen *abandonar*	du verläßt	er verläßt	er hat verlassen
waschen *lavar*	du wäschst	er wäscht	er hat gewaschen
werden *convertirse en, devenir, volverse*	du wirst	er wird	er ist geworden
werfen *lanzar*	du wirfst	er wirft	er hat geworfen
wollen *querer*	du willst	er will	er hat gewollt[1]
ziehen *ir*			er ist gezogen
ziehen *tirar*			er hat gezogen

Los números indican el módulo en el que se cita la palabra por primera vez (o a veces, en el que se repite) con su significado. Una palabra puede encontrarse en varios módulos si presenta particularidades (el participio pasado, por ejemplo) o si tiene varios significados (**Vertretung**: I, 30B, II, 39B p.ej.).

— Los verbos fuertes están identificados con el signo ° (ver lista p. 279).
— El prefijo de los verbos con prefijo separable está separado del verbo con el signo = (ej.: **ab=waschen**).
— La primera componente de las palabras compuestas se retoma por medio del signo ~ : ej.: **Telefon, ~buch (= Telefonbuch), ~zelle (= Telefonzelle).**

284

Esta obra se terminó de imprimir y encuadernar en marzo
de 2002 en Programas Educativos, S.A. de C.V.
Calz. Chabacano No. 65 México 06850, D.F.

La edición consta de 5 000 ejemplares

Empresa Certificada por el Instituto Mexicano de Normalización
y Certificación A. C. Bajo las Normas ISO-9002:1994/
NMX-CC-004:1995 con el Núm. de Registro RSC-048
e ISO-14001:1996/NMX-SAA-001:1998 IMNC/
con el Núm. de Registro RSAA–003